U0580779

国家出版基金项目
NATIONAL PUBLICATION FOUNDATION

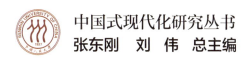

中国式现代化研究丛书

张东刚　刘　伟　总主编

新征程中的
国土空间格局优化

严金明　夏方舟　等　著

中国人民大学出版社
·北京·

图书在版编目（CIP）数据

新征程中的国土空间格局优化 / 严金明，夏方舟等著.
北京：中国人民大学出版社，2025.1. --（中国式现代
化研究丛书 / 张东刚，刘伟总主编）. -- ISBN 978 - 7
- 300 - 33202 - 4

Ⅰ. F129.9

中国国家版本馆 CIP 数据核字第 2024V4K745 号

国家出版基金项目

中国式现代化研究丛书

张东刚　刘　伟　总主编

新征程中的国土空间格局优化

严金明　夏方舟　等　著

Xin Zhengcheng zhong de Guotu Kongjian Geju Youhua

出版发行	中国人民大学出版社			
社　　址	北京中关村大街 31 号		**邮政编码**	100080
电　　话	010 - 62511242（总编室）		010 - 62511770（质管部）	
	010 - 82501766（邮购部）		010 - 62514148（门市部）	
	010 - 62515195（发行公司）		010 - 62515275（盗版举报）	
网　　址	http://www.crup.com.cn			
经　　销	新华书店			
印　　刷	涿州市星河印刷有限公司			
开　　本	720 mm×1000 mm　1/16		**版　　次**	2025 年 1 月第 1 版
印　　张	21.5 插页 3		**印　　次**	2025 年 1 月第 1 次印刷
字　　数	241 000		**定　　价**	99.00 元

版权所有　侵权必究　　印装差错　负责调换

中国式现代化：
强国建设、民族复兴的必由之路

历史总是在时代浪潮的涌动中不断前行。只有与历史同步伐、与时代共命运，敢于承担历史责任、勇于承担历史使命，才能赢得光明的未来。2022年10月，习近平总书记在党的二十大报告中庄严宣示："从现在起，中国共产党的中心任务就是团结带领全国各族人民全面建成社会主义现代化强国、实现第二个百年奋斗目标，以中国式现代化全面推进中华民族伟大复兴。"2023年2月，习近平总书记在学习贯彻党的二十大精神研讨班开班式上发表重要讲话进一步强调："概括提出并深入阐述中国式现代化理论，是党的二十大的一个重大理论创新，是科学社会主义的最新重大成果。中国式现代化是我们党领导全国各族人民在长期探索和实践中历经千辛万苦、付出巨大代价取得的重大成果，我们必须倍加珍惜、始终坚持、不断拓展和深化。"习近平总书记围绕以中国式现代化推进中华民族伟大复兴发表的一系列重要讲话，深刻阐述了中国式现代化的一系列重大理论和实践问题，是对中国式现代化理论的极大丰富和发展，具有很强的政治性、理论性、针对性、指导性，对于我们正确理解中国式现代化，全面学习、全面把握、全面落实党的二十大精神，具有十分重要的意义。

现代化是人类社会发展到一定历史阶段的必然产物，是社会基本矛盾运动的必然结果，是人类文明发展进步的显著标志，也是世界各国人民的共同追求。实现现代化是鸦片战争以来中国人民孜孜以求的目标，也是中国社会发展的客观要求。从 1840 年到 1921 年的 80 余年间，无数仁人志士曾为此进行过艰苦卓绝的探索，甚至付出了血的代价，但均未成功。直到中国共产党成立后，中国的现代化才有了先进的领导力量，才找到了正确的前进方向。百余年来，中国共产党团结带领人民进行的一切奋斗都是围绕着实现中华民族伟大复兴这一主题展开的，中国式现代化是党团结带领全国人民实现中华民族伟大复兴的实践形态和基本路径。中国共产党百年奋斗的历史，与实现中华民族伟大复兴的奋斗史是内在统一的，内蕴着中国式现代化的历史逻辑、理论逻辑和实践逻辑。

一个时代有一个时代的主题，一代人有一代人的使命。马克思深刻指出："人们自己创造自己的历史，但是他们并不是随心所欲地创造，并不是在他们自己选定的条件下创造，而是在直接碰到的、既定的、从过去承继下来的条件下创造。"中国式现代化是中国共产党团结带领中国人民一代接着一代长期接续奋斗的结果。在新民主主义革命时期，党团结带领人民浴血奋战、百折不挠，经过北伐战争、土地革命战争、抗日战争、解放战争，推翻帝国主义、封建主义、官僚资本主义三座大山，建立了人民当家作主的新型政治制度，实现了民族独立、人民解放，提出了推进中国式现代化的一系列创造性设想，为实现现代化创造了根本社会条件。在社会主义革命和建设时期，党团结带领人民自力更生、发愤图强，进行社会主义革命，推进社会主义建设，确立社会主义基本制度，完成了中华民族有史以来最广泛而深刻的社会变革，提出并积极推进"四个现代化"的战略目标，建立起独立的比较完整的工业体系和国民经济体系，在实现什么样的现代化、怎样实现现代化的重大问题上作出了宝贵探索，积累了宝贵经验，为现代化建设奠定了根本政治前提和宝贵经验、理论准备、物质基础。在改革开放和社会主义建设新时期，党团结带领人民解放思想、锐意进取，实现了新中国成立以来党的历史上具有深远意义的伟大转折，确立党在社会主义初级阶段的基本路线，坚定不移推进改革开放，开创、坚持、捍卫、发展中国特色社会主义，在深刻总结我国社会主义现代化建设正反两方面经验基础上提出了"中国式现代化"的命题，提出了"建设富强、民主、文明的社会主义现代化国家"的目标，制定了到21世纪中叶分三步走、基本实现社会主义现代化的发展战略，让中国大踏步赶上时代，为中国式现代化提供了充满新的活力的体制保证和快速发展的物质条件。进入中国特色社会主义新时代，以习近平同志为核心的党中央团结带领人民自信自强、守正创新，成功推进和拓展了中国式现代化。我们党在认识上不断深化，创立了习近平新时代中国特色社会主义思想，实现了马克思主义中国化时代化新的飞跃，为中国式现代化提供了根本遵循。明确指出中国式现代化是人口规模巨大的现代化、是全体人民共同富裕的现代化、是物质文明和精神文明相协调的现代化、是人与自然和谐共生的现代化、是走和平发展道路的现代化，揭示了中国式现代化的中国特色和科学内涵。在实践基础上形成的中国式现代化，其本质要求是，坚持中国共产党领导，坚持中国特色社会主义，实现高质量发展，发展全过程人民民主，丰富人民精神世界，实现全体人民共同富裕，促进人与自然和谐共生，推动构建人类命运共同体，创造人类文明新形态。习近平总书记强调，在前进道路上，坚持和加强党的全面领导，坚持中国特色社会主义道路，坚持以人民为中心的发展思想，坚持深化改革开放，坚持发扬斗争精神，是全面建设社会主义现代化国家必须牢牢把握的重大原则。中国式现代化理论体系的初步构建，使中国式现代化理论与实践更加清晰、更加科学、更加可感可行。我们党在战略上不断完善，深入实施科教兴国战略、人才强国战略、乡村振兴战略等一系列重大战略，为中国式现代化提供坚实战略支撑。我们党在实践上不断丰富，推进一系列变革性实践、实现一系列突破性进展、取得一系列标志性成果，推动党和国家事业取得历史性成就、发生历史性变革，特别是消除了绝对贫困问题，全面建成小康社会，为中国式现代化提供了更为完善的制度保证、更为坚实的物质基础、更为主动的精神力量。

思想是行动的先导，理论是实践的指南。毛泽东同志深刻指出："自从中国人学会了马克思列宁主义以后，中国人在精神上就由被动转入主动。"中国共产党是为中国人民谋幸福、为中华民族谋复兴的使命型政党，也是由科学社会主义理论武装起来的学习型政党。中国共产党的百年奋斗史，也是马克思主义中国化时代化的历史。正如习近平总书记所指出的："中国共产党为什么能，中国特色社会主义为什么好，归根到底是马克思主义行，是中国化时代化的马克思主义行。"一百多年来，党团结带领人民在中国式现代化道路上推进中华民族伟大复兴，始终以马克思主义为指导，不断实现马克思主义基本原理同中国具体实际和中华优秀传统文化相结合，不断将马克思关于现代社会转型的伟大构想在中国具体化，不断彰显马克思主义现代性思想的时代精神和中华民族的文化性格。可以说，中国式现代化是科学社会主义先进本质与中华优秀传统文化的辩证统一，是根植于中国大地、反映中国人民意愿、适应中国和时代发展进步要求的现代化。中国式现代化理论是中国共产党团结带领人民在百年奋斗历程中的思想理论结晶，揭示了对时代发展规律的真理性认识，涵盖全面建设社会主义现代化强国的指导思想、目标任务、重大原则、领导力量、依靠力量、制度保障、发展道路、发展动力、发展战略、发展步骤、发展方式、发展路径、发展环境、发展机遇以及方法论原则等十分丰富的内容，其中习近平总书记关于中国式现代化的重要论述全面系统地回答了中国式现代化的指导思想、目标任务、基本特征、本质要求、重大原则、发展方向等一系列重大问题，是新时代推进中国式现代化的理论指导和行动指南。

大道之行，壮阔无垠。一百多年来，党团结带领人民百折不挠，砥砺前行，以中国式现代化全面推进中华民族伟大复兴，用几十年时间走过了西方发达国家几百年走过的现代化历程，在经济实力、国防实力、综合国力和国际竞争力等方面均取得巨大成就，国内生产总值稳居世界第二，中华民族伟大复兴展现出灿烂的前景。习近平总书记在庆祝中国共产党成立100周年大会上的讲话中指出："我们坚持和发展中国特色社会主义，推动物质文明、政治文明、精神文明、社会文明、生态文明协调发展，创造了中国式现代化新道路，创造了人类文明新形态。"我们党科学擘画了中国式现代化的蓝图，指明了中国式现代化的性质和方向。党团结带领人民开创和拓展中国式现代化的百年奋斗史，就是全面推进中华民族伟大复兴的历史，也是创造人类文明新形态的历史。伴随着中国人民迎来从站起来、富起来再到强起来的伟大飞跃，我们党推动社会主义物质文明、政治文明、精神文明、社会文明、生态文明协调发展，努力实现中华文明的现代重塑，为实现全体人民共同富裕奠定了坚实的物质基础。中国式现代化是马克思主义中国化时代化的实践场域，深深植根于不断实现创造性转化和创新性发展的中华优秀传统文化，蕴含着独特的世界观、价值观、历史观、文明观、民主观、生态观等，在文明交流互鉴中不断实现综合创新，代表着人类文明进步的发展方向。

从国家蒙辱到国家富强、从人民蒙难到人民安康、从文明蒙尘到文明复兴，体现了近代以来中华民族历经苦难、走向复兴的历史进程，反映了中国社会和人类社会、中华文明和人类文明发展的内在关联和实践逻辑。中国共产党在不同历史时期推进中国式现代化的实践史，激活了中华文明的内生动力，重塑了中华文明的历史主体性，以面向现代化、面向世界、面向未来的思路建设民族的、科学的、大众的社会主义文化，以开阔的世界眼光促进先进文化向文明的实践转化，勾勒了中国共产党百余年来持续塑造人类文明新形态的历史画卷。人类文明新形态是党团结带领人民独立自主地持续探索具有自身特色的革命、建设和改革发展道路的必然结果，是马克思主义现代性思想和世界历史理论同中国具体实际和中华优秀传统文化相结合的产物，是中国共产党百余年来持续推动中国现代化建设实践的结晶。习近平总书记指出："一个国家走向现代化，既要遵循现代化一般规律，更要符合本国实际，具有本国特色。中国式现代化既有各国现代化的共同特征，更有基于自己国情的鲜明特色。"世界上没有放之四海而皆准的现代化标准，我们党领导人民用几十年时间走完了西方发达国家几百年走过的工业化进程，在实践创造中进行文化创造，在世界文明之林中展现了彰显中华文化底蕴的一种文明新形态。这种文明新形态既不同于崇尚资本至上、见物不见人的资本主义文明形态，也不同于苏联东欧传统社会主义的文明模式，是中国共产党对人类文明发展作出的原创性贡献，体现了现代化的中国特色和世界历史发展的统一。

中国式现代化是一项开创性的系统工程，展现了顶层设计与实践探索、战略与策略、守正与创新、效率与公平、活力与秩序、自立自强与对外开放等一系列重大关系。深刻把握这一系列重大关系，要站在真理和道义的制高点上，回答"中华文明向何处去、人类文明向何处去"的重大问题，回答中国之问、世界之问、人民之问、时代之问，不断深化正确理解和大力推进中国式现代化的学理阐释，建构中国自主的知识体系，不断塑造发展新动能新优势，在理论与实践的良性互动中不断推进人类文明新形态和中国式现代化的实践创造。

胸怀千秋伟业，百年只是序章。习近平总书记强调："一个国家、一个民族要振兴，就必须在历史前进的逻辑中前进、在时代发展的潮流中发展。"道路决定命运，旗帜决定方向。今天，我们比历史上任何时期都更接近中华民族伟大复兴的目标，比历史上任何时期都更有信心、有能力实现这个宏伟目标。然而，我们必须清醒地看到，推进中国式现代化，是一项前无古人的开创性事业，必然会遇到各种可以预料和难以预料的风险挑战、艰难险阻甚至惊涛骇浪。因而，坚持运用中国化时代化马克思主义的思想方法和工作方法，坚持目标导向和问题导向相结合，理顺社会主义现代化发展的历史逻辑、理论逻辑、实践逻辑之间的内在关系，全方位、多角度解读中国式现代化从哪来、怎么走、何处去的问题，具有深远的理论价值和重大的现实意义。

作为中国共产党亲手创办的第一所新型正规大学，始终与党同呼吸、共命运，服务党和国家重大战略需要和决策是中国人民大学义不容辞的责任与义务。基于在人文社会科学领域"独树一帜"的学科优势，我们凝聚了一批高水平哲学社会科学研究团队，以习近平新时代中国特色社会主义思想为指导，以中国式现代化的理论与实践为研究对象，组织策划了这套"中国式现代化研究丛书"。"丛书"旨在通过客观深入的解剖，为构建完善中国式现代化体系添砖加瓦，推动更高起点、更高水平、更高层次的改革开放和现代化体系建设，服务于释放更大规模、更加持久、更为广泛的制度红利，激活经济、社会、政治等各个方面良性发展的内生动力，在高质量发展的基础上，促进全面建成社会主义现代化强国和中华民族伟大复兴目标的实现。"丛书"既从宏观上展现了中国式现代化的历史逻辑、理论逻辑和实践逻辑，也从微观上解析了中国社会发展各领域的现代化问题；既深入研究关系中国式现代化和民族复兴的重大问题，又积极探索关系人类前途命运的重大问题；既继承弘扬改革开放和现代化进程中的基本经验，又准确判断中国式现代化的未来发展趋势；既对具有中国特色的国家治理体系和治理能力现代化进行深入总结，又对中国式现代化的未来方向和实现路径提出可行建议。

展望前路，我们要牢牢把握新时代新征程的使命任务，坚持和加强党的全面领导，坚持中国特色社会主义道路，坚持以人民为中心的发展思想，坚持深化改革开放，坚持发扬斗争精神，自信自强、守正创新、踔厉奋发、勇毅前行，在走出一条建设中国特色、世界一流大学的新路上，秉持回答中国之问、彰显中国之理的学术使命，培养堪当民族复兴重任的时代新人，以伟大的历史主动精神为全面建成社会主义现代化强国、实现中华民族伟大复兴作出新的更大贡献！

前　言

　　国土空间是指国家管辖下的地域空间，国土空间格局是指国土要素在地域空间的分布与配置。国土空间作为国民经济发展的基础平台、生态文明建设的空间载体以及区域发展的战略高地，是人们赖以生存和发展的家园。长期以来，我国以耕地保护制度保障国家粮食安全，以生态保护制度构筑国家生态安全屏障，以节约集约用地制度提升用地效率，以新型空间治理体系保障国民经济发展，取得了举世瞩目的国土空间开发保护成就。然而，当前我国仍然面临着全球气候变化加剧、资源约束不断收紧、生态环境压力加大、粮食安全保障需求上升等诸多风险和挑战，亟须深入探讨如何在新时代更好地构建高质量、高标准、高效能的国土空间格局，以有效解决经济布局与要素分布不协调、空间结构性矛盾凸显、国土开发质量不高、陆海缺乏统筹等诸多突出问题，切实实现国土空间高质量开发利用、实现国土空间治理体系和治理能力现代化。

　　2021 年 3 月，十三届全国人大四次会议表决通过的《中华人民共和国国民经济和社会发展第十四个五年规划和 2035 年远景目标纲要》指出，要立足资源环境承载能力，发挥各地区比较优势，深入实施区域重大战略、区域协调发展战略、主体功能区战略，构建高质量发展的国土空间支撑体系，促进各类要素合理流动和高效集聚，推动形成主体功能明显、优势互补、高质量发展的国土空间开发保护新格局。党的二十大报告指出，要"深入实施区域协调发展战略、区域重大战略、主体功能区战略、新型城镇化战略，优化重大生产力布局，构建优势互补、高质量发展的区域经济布局和国土空间体系"，"健全主体功能区制度，优化国土空间发展格局"。基于此，本书按照"十四五"时期"准确把握新发展阶段、深入贯彻新发展理念、加快构建新发展格局"的要求，以"优化国土空间开发保护格局"为主线，在全面分析我国国土资源开发保护面临的形势和现状格局的基础上，深刻把握我国国土空间开发保护格局优化的战略导向，从"空间与格局""规划与管控""底线与安全""效率与发展""整治与转型""治理与改革"六大方面深入分析和阐释了我国国土空间规划、开发、保护、利用、整治和治理的理论与实践，并基于人类命运共同体理念延伸探讨了国际公地治理模式。

本书共包含十一章。第一章为现状与形势，介绍我国国土资源禀赋及其特点，总结我国近年来国土资源开发保护成就，分析当前国土资源开发保护面临的严峻挑战，探讨国土空间开发保护格局亟待优化的客观现实；第二章为战略与导向，阐明了国土空间优化的战略机遇与导向，明确了国土空间格局优化的战略任务；第三章为理论与路径，剖析了中国式现代化对国土空间格局优化的切实需求，提出了国土空间格局优化助力中国式现代化的理论逻辑和战略路径；第四章为空间与格局，基于对国土空间区域发展格局的分析，探讨了国土空间开发格局和保护格局的构建；第五章为规划与管控，不仅诠释了国土空间规划的本质内涵和战略思考，更全面分析了国土空间规划的体系框架与法治逻辑；第六章为底线与安全，主要从国土资源开发保护的资源底线划定、空间阈值界定和安全内涵体系构建三个方面展开论述；第七章为效率与发展，重点分析了在新发展阶段国土资源利用效率提升的理论支撑、路径模式和保障机制；第八章为整治与转型，分析了国土综合整治内涵演变和战略转型"十大导向"，并以北京市海淀区为例讨论了整治功能单元划定方法；第九章为治理与改革，从规划与供给侧结构性改革、土地要素市场化改革和国土空间治理数字化改革三大改革方向开展了具体研究；第十章为国际公地的治理与展望，从国内国土空间展望国际公地，阐明了国际公地治理的现状与问题、伦理观和治理模式，探讨提出了中国参与国际公地治理的政策导向；第十一章为结论与建议，全面总结了全书在国土空间开发保护格局优化研究中的结论和政策建议。

笔者希望本书的研究能为我国新时期优化国土空间布局，推动国土空间的高质量发展，加快区域协调发展和新型城镇化的总体进程，实现国土空间治理现代化提供参考。国土空间格局发挥着基础性、保障性、支撑性作用，是一切生产生活的物质载体，是改革的必要着力点和重要发力点。"地基不牢，地动山摇"，国土空间格局优化牵一发而动全身，涉及的主体千差万别、牵扯的利益关系千头万绪、可能的优化方案千变万化，其日益彰显的复杂性、敏感性和艰巨性越来越要求我们不断抽丝剥茧地深入探索、挖掘规律、提炼理论，从而与时俱进地指导未来的实践方向。

本书主要由严金明、夏方舟撰写，在书稿完成的过程中，刘杰、沈悦、张雨榴、迪力沙提·亚库甫、董立宽、李储、张东昇、杨雨濛、赵哲、郭栋林、鲁平贞、蔡大伟、黄宇金、刘唱、王兴邦、胡可可、朱宇捷、聂钜洛等博士、硕士研究生参与了部分章节的写作、文献整理和文字校订工作，为全书的编撰整理作出了宝贵的贡献。全书最后由严金明、夏方舟、赵哲统撰成稿。作为近年来本研究团队对国土空间格局优化的新探索，本研究借鉴和吸收了许多专家学者和有关部门的研究成果，在此表示衷心的感谢。本书仅仅是一个起点，仍然还有诸多需要完善推敲之处，恳切期望能得到同行和读者们的批评和指正。为此，期望更多的同仁和学者关注国土空间格局优化的新动向、研究其中的新问题，期待学术界有更多的关于国土空间格局优化的新成果，也希望社会各界支持国土空间开发保护和自然资源管理事业实现更大的发展。

目　录

第一章

现状与形势

国土资源是一个国家主权管理范围内一切自然资源的总称，是一个国家及其人民赖以生存的物质基础和社会经济发展的动力源泉。国土资源开发利用现状与所面临的形势是开展国土空间数量和时空结构演变特征分析的重要基础，也是进行结构与格局优化的重要依据。因此，本章介绍我国国土资源禀赋及其特点，总结我国近年来国土资源开发保护成就，分析当前国土资源开发保护面临的严峻挑战，探讨国土空间开发保护格局亟待优化的现实。

◄◄◄ 第一节 ►►►

国土资源自然禀赋

一、国土资源状况

2021年8月，国家公布了第三次全国国土调查主要数据。2018年9月，国务院统一部署开展第三次全国国土调查（以下简称"三调"），以2019年12月31日为标准时点汇总数据。"三调"全面采用优于1米分辨率的卫星遥感影像制作调查底图，广泛应用移动互联网、云计算、无人机等新技术，创新运用"互联网＋调查"机制，全流程严格实行质量管控，历时3年，21.9万名调查人员先后参与，汇集了2.95亿个调查图斑数据，全面查清了全国国土利用状况。根据"三调"主要数据公报①，我国国土资源主要状况如下：

耕地 12 786.19 万公顷。其中，水田 3 139.20 万公顷，占 24.55%；水浇地 3 211.48 万公顷，占 25.12%；旱地 6 435.51 万公顷，占 50.33%。64%的耕地分布在秦岭—淮河以北。黑龙江、内蒙古、河南、吉林、新疆等 5 个省份耕地面积较大，占全国耕地的 40%。

园地 2 017.16 万公顷。其中，果园 1 303.13 万公顷，占 64.60%；茶园 168.47 万公顷，占 8.35%；橡胶园 151.43 万公顷，占 7.51%；其他园地 394.13 万公顷，占 19.54%。园地主要分布在秦岭—淮河以南地区，占全国园地的 66%。

林地 28 412.59 万公顷。其中，乔木林地 19 735.16 万公顷，占 69.46%；竹林地 701.97 万公顷，占 2.47%；灌木林地 5 862.61 万公顷，占 20.63%；其他林地 2 112.84 万公顷，占 7.44%。87%的林地分布在年降水量 400mm（含 400mm）以上地区。四川、云南、内蒙古、黑龙江等 4 个省份林地面积较大，占全国林地的 34%。

草地 26 453.01 万公顷。其中，天然牧草地 21 317.21 万公顷，占 80.59%；人工牧草地 58.06 万公顷，占 0.22%；其他草地 5 077.74 万公顷，占 19.19%。草地主要分布在西藏、内蒙古、新疆、青海、甘肃、四川等 6 个省份，占全国草地的 94%。

湿地 2 346.93 万公顷。其中，红树林地 2.71 万公顷，占 0.12%；森林沼泽 220.78 万公顷，占 9.41%；灌丛沼泽 75.51 万公顷，占 3.22%；

---

① 自然资源部，国家统计局. 第三次全国国土调查主要数据公报［R/OL］.（2021-08-26）［2021-08-26］. http://www.mnr.gov.cn/dt/ywbb/202108/t20210826_2678340.html.

沼泽草地 1 114.41 万公顷，占 47.48%；沿海滩涂 151.23 万公顷，占 6.44%；内陆滩涂 588.61 万公顷，占 25.08%；沼泽地 193.68 万公顷，占 8.25%。湿地主要分布在青海、西藏、内蒙古、黑龙江、新疆、四川、甘肃等 7 个省份，占全国湿地的 88%。

城镇村及工矿用地 3 530.64 万公顷。其中，城市用地 522.19 万公顷，占 14.79%；建制镇用地 512.93 万公顷，占 14.53%；村庄用地 2 193.56 万公顷，占 62.13%；采矿用地 244.24 万公顷，占 6.92%；风景名胜及特殊用地 57.71 万公顷，占 1.63%。

交通运输用地 955.31 万公顷。其中，铁路用地 56.68 万公顷，占 5.93%；轨道交通用地 1.77 万公顷，占 0.18%；公路用地 402.96 万公顷，占 42.18%；农村道路用地 476.50 万公顷，占 49.88%；机场用地 9.63 万公顷，占 1.01%；港口码头用地 7.04 万公顷，占 0.74%；管道运输用地 0.72 万公顷，占 0.08%。

水域及水利设施用地 3 628.79 万公顷。其中，河流水面 880.78 万公顷，占 24.27%；湖泊水面 846.48 万公顷，占 23.33%；水库水面 336.84 万公顷，占 9.28%；坑塘水面 641.86 万公顷，占 17.69%；沟渠 351.75 万公顷，占 9.69%；水工建筑用地 80.21 万公顷，占 2.21%；冰川及常年积雪 490.87 万公顷，占 13.53%。西藏、新疆、青海、江苏等 4 个省份水域面积较大，占全国水域的 45%。

"三调"是一次重大国情国力调查，也是党和国家机构改革后统一开展的自然资源基础调查。"三调"数据成果全面客观地反映了我国国土利用状况，也反映出耕地保护、生态建设、节约集约用地方面存在的问题，必须采取有针对性的措施加以改进。"三调"数据反映了我国国土资源开发利用现状，为国家制定经济社会发展重大战略规划、国土空间规划和各类相关专项规划、重要政策举措提供了基本依据。

二、国土资源特点

（一）幅员辽阔，陆海兼备

我国国土包括陆域国土和海域国土，其中，陆域面积 960 万平方公里，管辖的海域面积约 300 万平方公里①。我国位于北半球中低纬度，地处亚洲大陆东部、太平洋西岸，北起漠河以北的黑龙江主航道中心线，南至南沙群岛的曾母暗沙，西起帕米尔高原，东至黑龙江、乌苏里江的主航道交汇处，以秦岭—淮河为界分异南北。我国陆地边界长约 2.28 万公里，接壤 14 国。我国东部和南部大陆海岸线全长 1.8 万多公里，北起辽宁鸭绿江口，南至广西北仑河口，与 8 国海上相邻。辽阔的疆域为中华民族的生存发展提供了巨大空间，为社会经济发展奠定了雄厚的物质基础。

（二）地形地貌多样，地域分异显著

我国地形复杂，平原、丘陵、盆地、山地、高原分别占陆域面积的 12%、10%、19%、33% 和 26%。我国地势西高东低，西部高山广布，东部平坦低缓，自西向东呈现海拔差异明显的三级阶梯：西部青藏高原海拔多在 4 000 米以上，以昆仑山脉、祁连山脉、横断山脉为界，构成第一阶梯；青藏高原以东至大兴安岭、太行山、巫山和雪峰山之间构成第二阶

---

① 国务院. 全国国土规划纲要（2016—2030 年）[R/OL].（2017 - 01 - 03）[2017 - 02 - 04]. https://www.baidu.com/link?url=5v0IWZzQz-eqM-pNl3sjqBRV8Xkp2MXE07q2sDSOwWirG3qViM KT3TPDS6Art_2CQ7iC2JBVivV4NYygXYmyQwKTymp1FBLtYrvUCY_h4gC&.wd=&.eqid=f6c15114 00516a520000000262373702.

梯，海拔在 1 000～2 000 米，主要由山地、高原和盆地组成；东部平原和丘陵构成第三阶梯。我国气候条件复杂，既有热带、亚热带和温带季风气候，也有温带大陆性、高原山地和海洋性气候，东部地区气候呈雨热同期特征，西北地区气候为干旱少雨，青藏高原呈现干旱寒冷的气候特征。总体来看，水热条件自东南沿海向西北内陆呈现明显的空间分异。多种多样的地形和气候，为我国发展农、林、牧、副、渔多种经济提供了有利条件。

（三）江河水系众多，湖泊星罗棋布

我国是一个山高水长、河湖众多、河川径流量极大的国家。我国的陆地面积与欧洲和美国差不多，但大河数量远远超过欧洲和美国，是世界上河流最多的国家之一。我国流域面积超过 1 000 平方公里的河流有 1 500 多条，江河径流量呈现三级阶梯状分布：南方湿润区长江、珠江等年均径流量达万亿立方米级，华北半干旱区黄河、淮河等年均径流量达千亿立方米级，西北干旱区塔里木河、伊犁河等年均径流量达百亿立方米级。其中，长江全长 6 300 公里，为世界第三长河、中国第一长河；黄河全长 5 464 公里，为中国第二长河。我国有湖泊多达 24 800 多个，面积在 1 平方公里以上的有 2 700 多个。长江中下游地区分布着我国最大的淡水湖群，其中鄱阳湖为我国最大的淡水湖，面积达 3 583 平方公里；西部湖泊集中在青藏高原，多为内陆咸水湖，其中青海湖是我国最大的咸水湖，面积达 4 583 平方公里。这些河川湖泊，塑造了肥沃的平原，滋润了富饶的沃土，哺育了世世代代的中华儿女，孕育了中华民族的悠久文化。

（四）自然资源总量巨大，种类丰富齐全

我国土地资源、水资源、矿产资源丰富，山水林田湖草样样俱全，是

世界上自然资源种类最齐全的国家之一。我国耕地面积居世界第三；淡水资源总量为 2.8 万亿立方米，居世界第六；我国矿产资源十分丰富，数量大、品种多，是世界上矿种比较齐全的少数国家之一，矿产种类达 171 种，钨、锑、稀土、钼、钒等探明储量居世界首位；西北、华北、东北地区太阳能，西南地区水能，喜马拉雅地区地热能等可再生能源开发潜力巨大；植被类型丰富，森林、灌丛、草原、草甸、荒漠和草本沼泽多种类型共存，森林主要分布在南方和东北地区，草原主要分布在北方和青藏高原地区，森林面积达 2.08 亿公顷，人工林面积达 0.69 亿公顷，人工森林蓄积量达 24.83 亿立方米，居世界首位。丰富多样的自然资源为中华民族的生存与发展提供了广阔的天地，但由于我国人口众多这一基本国情的存在，导致我国人均自然资源显得相对不足，因此我们一定要注重自然资源的永续利用。

（五）生物多样性丰富，自然保护地遍布

生物多样性是生物（动物、植物、微生物）与环境形成的生态复合体以及与此相关的各种生态过程的总和，包括生态系统、物种和基因三个层次。我国动植物类型丰富，陆栖脊椎动物占世界的 9.8%，其中鸟类、兽类、两栖类分别占世界的 13.5%、11.3% 和 7.3%，种子植物多达 24 600 种，位居世界前列。《中国的生物多样性保护》白皮书表明，我国构建了以国家公园为主体的自然保护地体系[1]。自 1956 年建立第一个自然保护区以来，截至 2021 年，我国已建立各级各类自然保护地近万处，约占陆域国土面积的 18%。近年来，我国积极推动建立以国家公园为主体、以自然

---

[1] 国务院新闻办公室. 中国的生物多样性保护［M］. 北京：人民出版社，2021：2-20.

保护区为基础、以各类自然公园为补充的自然保护地体系，为保护栖息地、改善生态环境质量和维护国家生态安全奠定了基础。2015 年以来，我国先后启动三江源等 10 处国家公园体制试点，整合相关自然保护地并将其划入国家公园范围，实行统一管理、整体保护和系统修复。通过构建科学合理的自然保护地体系，90％的陆地生态系统类型和 71％的国家重点保护野生动植物物种得到了有效保护。生物多样性关系着人类的福祉，是人类赖以生存和发展的重要基础。人类必须尊重自然、顺应自然、保护自然，加大生物多样性保护力度，促进人与自然和谐共生。

◀◀◀ 第二节 ▶▶▶
国土资源开发保护成就

一、以耕地保护制度保障国家粮食安全

长久以来，我国一直坚持以耕地保护制度保障国家粮食安全。我国耕地保护制度的历史演变可以分为意识觉醒期（1949—1977 年）、概念深化期（1978—2003 年）、制度发展期（2004—2011 年）、转型完善期（2012年至今）四个时期[①]，但各个时期均以保障国家粮食安全为基本目标。其

---

① 牛善栋，方斌. 中国耕地保护制度 70 年：历史嬗变、现实探源及路径优化 [J]. 中国土地科学，2019，33（10）：1-12.

中，意识觉醒期的耕地保护旨在破解人口压力与粮食短缺问题，制定了《中国土地法大纲》和《土地改革法》，从法制层面明确了农村土地产权的归属，使"耕者有其田"。概念深化期的耕地保护旨在协调城市的快速发展与耕地数量的管控，1981 年的《政府工作报告》、1986 年的《土地管理法》、1994 年的《基本农田保护条例》等法律法规都明确强调了对耕地数量的保护。制度发展期的耕地保护旨在加强建设占用与耕地质量管控，治理"土地财政"与加速城镇化导致的非农建设用地需求长期居于高位、耕地占优补劣的问题，陆续颁布了《中国耕地质量等级调查与评定》《耕地占用税暂行条例》等文件。当前，我国耕地保护处于转型完善期，旨在建设新时代美丽中国与进行生态修复，2017 年《中共中央国务院关于加强耕地保护和改进占补平衡的意见》强调耕地占补产能（数量、质量、生态）本质的平衡保护[①]，关注了耕地数量与质量的空间联系，强调以耕地占补产能平衡提升粮食综合生产能力，保障国家粮食安全；转变了耕地保护战略思维，强调质量与数量的协调保护，要求将保护落实到基本农田田块；完善了耕地质量与生态的统一保护制度，明确了耕地综合治理与系统修复的具体要求，形成了全面统筹山水林田湖草科学治理的重要抓手；确立了"严保、节约、统筹、创新"的保护原则，明晰了新时期耕地保护工作任务，坚持差别化管理与全面统筹协调（国家、省、市、县），耕地保护过程中的权责利逐渐统一。

从耕地数量保护情况来看，"三调"结果显示 2019 年年末全国耕地约

---

① 陈美球，刘桃菊. 新时期提升我国耕地保护实效的思考［J］. 农业现代化研究，2018，39（1）：1—8.

19.18亿亩①，在全国层面上实现了耕地保有量目标。自"二调"以来的10年间，全国耕地地类减少了1.13亿亩，在非农建设占用耕地严格落实占补平衡的情况下，耕地地类减少的主要原因是农业结构调整和国土绿化。在地类转换中，有耕地流向林地、园地的情况，也有林地、园地流向耕地的情况。其中，耕地净流向林地1.12亿亩，净流向园地0.63亿亩。从耕地流向园地等农用地（本书中有时亦简称农地）的过程中，部分耕地的耕作层未受到破坏，约有8 700万亩可重新恢复为耕地的农用地，还有1.66亿亩可以通过工程措施恢复为耕地的农用地。因此，在规划的统筹安排和严格管控下可守住18亿亩耕地红线。

从耕地质量和生态保护情况来看，国务院出台《国务院关于建立粮食生产功能区和重要农产品生产保护区的指导意见》，确定了功能区和保护区的划定标准，提出粮食生产功能区和大豆、棉花、油菜籽、糖料蔗生产保护区划定应同时具备以下条件：水土资源条件较好，坡度在15度以下的永久基本农田；相对集中连片，原则上平原地区连片面积不低于500亩，丘陵地区连片面积不低于50亩；等等②。划定标准的出台为功能区和保护区的划定提供了坚实的基础，有利于严守耕地红线，提高耕地质量，确保谷物基本自给、口粮绝对安全。农业农村部出台《农业农村部办公厅关于做好2020年退化耕地治理与耕地质量等级调查评价工作的通知》，为酸化耕地治理工作提供指导，并做出了具体部署：在江苏、浙江、安徽等

---

① 自然资源部，国家统计局．第三次全国国土调查主要数据公报［R/OL］．（2021 - 08 - 26）［2021 - 08 - 26］．http：//www.mnr.gov.cn/dt/ywbb/202108/t20210826_2678340.html.

② 国务院．国务院关于建立粮食生产功能区和重要农产品生产保护区的指导意见［EB/OL］．（2017 - 03 - 31）［2017 - 04 - 10］．http：//www.gov.cn/zhengce/content/2017 - 04/10/content_5184613.htm.

13个地区土壤pH值小于5.5的强酸性耕地上开展酸化土壤治理试验示范，集成示范施用石灰质物质和酸性土壤调理剂、种植绿肥还田、增施有机肥等治理模式，并建立集中连片千亩以上试验示范区；同时，在河北、山西等8个地区开展盐碱耕地治理试验示范，与高标准农田建设相结合，集成示范施用碱性土壤调理剂、耕作压盐、增施有机肥等治理模式，并建立集中连片千亩以上试验示范区[①]。以上工作促进了耕地质量保护与生态安全提升，增强了农业综合生产能力。

二、以生态保护制度构筑国家生态安全屏障

党中央、国务院高度重视生态保护和修复工作，将生态文明建设纳入了"五位一体"总体布局、新时代基本方略、新发展理念和三大攻坚战中。在全面加强生态保护的基础上，不断加大生态修复力度，持续推进了大规模国土绿化、湿地与河湖保护修复、防沙治沙、水土保持、生物多样性保护、土地综合整治、海洋生态修复等重点生态工程，取得了显著成效。我国生态恶化趋势基本得到遏制，自然生态系统总体稳定向好，服务功能逐步增强，国家生态安全屏障骨架基本构筑。

从总体生态保护情况来看，"三调"结果显示，10年间，生态功能较强的林地、草地、湿地、河流水面、湖泊水面等地类合计净增加了2.6亿亩[②]，生态建设取得了积极成效。从不同地类来看，主要表现在如

---

① 农业农村部. 农业农村部办公厅关于做好2020年退化耕地治理与耕地质量等级调查评价工作的通知［EB/OL］.（2020-06-28）［2020-10-20］. http：//www. moa. gov. cn/nybgb/2020/202008/202010/t20201020_6354671. htm.

② 自然资源部，国家统计局. 第三次全国国土调查主要数据公报［R/OL］.（2021-08-26）［2021-08-26］. http：//www. mnr. gov. cn/dt/ywbb/202108/t20210826_2678340. html.

下几方面①：

森林资源总量持续快速增长。通过推进"三北"防护林、长江防护林等重点防护林体系建设，天然林资源保护，退耕还林等重大生态工程，深入开展全民义务植树，森林资源总量实现快速增长。截至 2018 年年底，全国森林面积居世界第五位，森林蓄积量居世界第六位，人工林面积长期居世界首位。

草原生态系统恶化趋势得到遏制。通过实施退牧还草、退耕还草、草原生态保护和修复等工程，以及草原生态保护补助奖励等政策，草原生态系统质量有所改善，草原生态功能逐步恢复。2011—2018 年，全国草原综合植被盖度从 51% 提高到 55.7%，重点天然草原牲畜超载率从 28% 下降到 10.2%。

水土流失及荒漠化防治效果显著。积极实施京津风沙源治理、石漠化综合治理等防沙治沙工程和国家水土保持重点工程，启动了沙化土地封禁保护区等试点工作，全国荒漠化和沙化面积、石漠化面积持续减少，区域水土资源条件得到明显改善。2012 年以来，全国水土流失面积减少了 2 123 万公顷，完成防沙治沙 1 310 万公顷、石漠化土地治理 280 万公顷，全国沙化土地面积已由上个世纪末年均扩大 34.36 万公顷转为年均减少 19.8 万公顷，石漠化土地面积年均减少 38.6 万公顷。

河湖、湿地保护恢复初见成效。大力推行河长制湖长制、湿地保护修复制度，着力实施湿地保护、退耕还湿、退田（圩）还湖、生态补水等保护和修复工程，积极保障河湖生态流量，初步形成了湿地自然保护区、湿

---

① 国家发展改革委，自然资源部．全国重要生态系统保护和修复重大工程总体规划（2021—2035 年）［EB/OL］．（2020 - 06 - 11）［2020 - 06 - 21］．https：//www．ndrc．gov．cn/xxgk/zcfb/tz/202006t20200611_1231112．html．

地公园等多种形式的保护体系，改善了河湖、湿地生态状况。截至 2018 年年底，我国有国际重要湿地 57 处、国家级湿地类型自然保护区 156 处、国家湿地公园 896 处，全国湿地保护率达到 52.2%。

海洋生态保护和修复取得积极成效。陆续开展了沿海防护林建设、滨海湿地修复、红树林保护、岸线整治修复、海岛保护、海湾综合整治等工作，局部海域生态环境得到改善，红树林、珊瑚礁、海草床、盐沼等典型生境退化趋势得到初步遏制，近岸海域生态状况总体呈现趋稳向好态势。截至 2018 年年底，累计修复岸线约 1 000 公里、滨海湿地 9 600 公顷、海岛 20 个。

生物多样性保护步伐加快。通过稳步推进国家公园体制试点，持续实施自然保护区建设、濒危野生动植物抢救性保护等工程，生物多样性保护取得积极成效。截至 2018 年年底，我国已有各类自然保护区 2 700 多处，90% 的典型陆地生态系统类型、85% 的野生动物种群和 65% 的高等植物群落被纳入保护范围。大熊猫、朱鹮、东北虎、东北豹、藏羚羊、苏铁等濒危野生动植物种群数量呈稳中有升的态势。

三、以节约集约用地制度提升用地效率

关于当前我国节约集约用地现状，"三调"结果显示，城镇村及工矿用地 52 959.53 万亩，交通建设用地 14 329.61 万亩，合计约 6.73 亿亩，较"二调"时减少了约 0.87 亿亩，减幅为 11.39%，同期国内生产总值增长 109.4%，常住人口城镇化率从 48.34% 提高到 62.71%，因此建设用地的增加与经济社会发展的用地需求总体相适应。但从"三调"数据看，城镇建设用地总规模达到 1.55 亿亩，节约集约程度仍有较大的提升空间，部分地区仍存在大量低效和闲置土地；全国村庄用地规模达 3.29 亿亩，

用地总量大，布局不够合理。因此，城乡建设用地有待进一步挖潜盘活。总体来看，在节约集约用地制度的全面推动下，近十年来建设用地的增加与经济社会发展的用地需求相适应，但仍有闲置低效土地亟待盘活。我国人多地少的国情和现代化建设的进程决定了土地供需矛盾还将持续相当长的时间，要实现高质量发展，就必须坚持最严格的节约用地制度，全面提升用地效率。

在节约集约利用创新示范平台建设方面，自 2008 年至 2017 年，原国土资源部批复广东、江苏、浙江、湖北、山东 5 省开展节约集约示范省建设。各省创新管理体制机制，强化规划统筹，大力盘活存量建设用地，提高资源节约集约利用水平，促进了经济转型发展，积累了管理经验。其中，广东以"三旧"改造为重点，将存量用地盘活利用与缓解土地供需矛盾、提升对经济社会发展的服务保障能力结合起来，形成了城镇低效用地再开发政策体系。原国土资源部印发的《关于深入推进城镇低效用地再开发的指导意见（试行）》将广东"三旧"改造实践经验提炼升华为国家政策，在全国予以推广，从国家层面对城镇低效用地再开发进行了顶层设计和总体部署①。广东实施低效用地再开发后节约土地 17.8 万亩，单位建设用地产出从 2008 年年底的 13.7 万元/亩增加到 2017 年年底的 28.9 万元/亩，增长了 110.9%。在 2016 年、2017 年、2018 年连续三年国有建设用地供应中，广东存量建设用地所占的比例分别达到了 58%、57% 和 31%，率先走进土地供应存量时代。浙江推进"亩均论英雄"改革，在全省所有

---

① 国土资源部.国土资源部关于印发《关于深入推进城镇低效用地再开发的指导意见（试行）》的通知 [EB/OL].（2016 - 11 - 11）[2021 - 09 - 11]. http://www.mnr.gov.cn/gk/tzgg/201702/t20170228_1991910.html.

工业企业和规模以上服务业企业及各类园区开展"亩产效益"综合评价，促进优胜劣汰，增强经济竞争力。近年来，浙江也以"空间换地"和全域土地综合整治为抓手，将存量用地盘活利用与乡村振兴、生态文明建设结合起来，促进全域土地资源配置效率提高。截至 2018 年年底，浙江全省单位建设用地 GDP 达到 27.98 万元/亩，比 2010 年提高了 75.97％。在浙江已完成低效用地再开发的地块中，工矿仓储用地的平均容积率从 0.8 提高到 1.7，投资强度从 103.4 万元/亩提高到 339.2 万元/亩，亩均产出从 96.7 万元提高到 373.7 万元，亩均税收从 12.9 万元提高到 41.5 万元。

在节约集约用地评价方面，自然资源部于 2019 年在唐山、无锡、福州等 10 个城市开展了建设用地节约集约利用状况详细评价试点工作[①]，覆盖宏观、中观、微观的全尺度城市建设用地节约集约利用评价体系逐步健全。各试点城市通过详细评价掌握了不同类型宗地的集约利用状况，完善了城市建设用地节约集约利用评价体系，详细评价成果为规划编制、城镇低效用地再开发、工业用地调查评价等工作提供了直接支撑。试点以宗地和功能区为基本评价单元、以城市中心城区为评价范围，主要评价中心城区中工业、商业、住宅等不同类型用地的利用效益，建设用地结构的合理性、低效用地的挖掘潜力等，为优化城市建设用地结构、推动低效用地再开发提供支撑。从定量评价结果来看，各试点城市中心城区低效利用型土地占比较高，集约利用水平有待提升。从潜力评价结果来看，各试点城市中心城区可开发改造用地均具备一定潜力，但构成有所不同，因城施策的

---

① 自然资源部办公厅. 关于部署开展城市建设用地节约集约利用状况详细评价试点工作的通知 [EB/OL]. (2019 - 06 - 25) [2014 - 10 - 03]. http: // o. southgis. com/education/resource/detail/7743.

挖潜方式势在必行。从本次详细评价数据来看，各试点城市的工业用地普遍表现出规划符合度不高、开发强度偏低的特点，盘活利用潜力巨大。

四、以新型空间治理体系保障国民经济发展

(一)"多规合一"国土空间规划体系保障国土空间有序开发

当前，"多规合一"国土空间规划体系总体形成，为国土空间的有序开发和国民经济的健康发展提供了有力支撑。按照党中央、国务院的决策部署，国土空间规划编制审批、实施监督、技术标准和法规政策四个子体系全面推进，"五级三类"（全国级、省级、市级、县级和乡镇级，总体规划、详细规划和相关专项规划）的统一国土空间规划编制全面开展，全国统一、责权清晰、科学高效的国土空间规划体系顶层设计和总体框架基本形成，有效地解决了过去"规划种类多、互相打架"的问题。当前，我国已完成第三次国土调查，并在全国推行《国土空间调查、规划、用途管制用地用海分类指南（试行）》，基本搭建起了上下贯通的国土空间规划"一张图"实施监督信息系统，初步实现了国土空间规划"统一底图、统一标准、统一规划、统一平台"。此外《国土空间规划法》（建议素材稿）已提交全国人大，国土空间全域管控和全生命周期管理制度初步建立，国土空间执行情况已纳入自然资源执法督察范围。

(二)"三区三线"划定生态、农业和城镇空间边界

按照中共中央办公厅、国务院办公厅《关于在国土空间规划中统筹划定落实三条控制线的指导意见》的要求，落实最严格的生态环境保护制度、耕地保护制度和节约集约用地制度，将生态保护红线、永久基本农田

和城镇开发边界三条控制线作为调整经济结构、规划产业发展、推进城镇化不可逾越的红线①。按照中共中央办公厅、国务院办公厅《关于建立以国家公园为主体的自然保护地体系的指导意见》的要求，以国家公园为主体的自然保护地体系正在加快构建，拟重点建设 50 个国家公园、2 500 个左右自然保护区和丰富多样的自然公园，并将优化调整后的自然保护地全部纳入生态保护红线②。此外，评估调整后生态保护红线约占陆域及近海管辖海域面积的 30%，涉及我国实施生物多样性保护的 35 个优先区域，覆盖了全国 94% 的植被群系、全国 400 余种国家重点保护物种栖息地。依据国土"三调"成果，现阶段永久基本农田划定不实问题全面处于核实整改阶段，在坚持"以水定地"和摸底耕地后备资源情况的基础上，2035 年的耕地和永久基本农田保护方案的制定工作正在全面推进。全国 108 个报国务院审批城市的城镇开发边界划定工作全面开展，以期解决城镇无序扩张问题，完善城镇内部功能，提升城镇空间品质，全力维护城镇发展的空间"底线"。

（三）国土空间用途管制统筹山水林田湖草综合治理

当前全域国土空间用途管制正在逐步探索完善，目前确定了对在城镇开发边界内的建设实行"详细规划＋规划许可"的管制方式，对在城镇开发边界外的建设，按照主导用途分区，实行"详细规划＋规划许可"和

---

① 中共中央办公厅，国务院办公厅.关于在国土空间规划中统筹划定落实三条控制线的指导意见［EB/OL］.（2019－11－01）［2019－11－03］. http：//www.gov.cn/xinwen/2019－11/01/content_5447654.htm.

② 中共中央办公厅，国务院办公厅.关于建立以国家公园为主体的自然保护地体系的指导意见［EB/OL］.（2019－06－26）［2019－06－26］. https：//baijiahao.baidu.com/s？id＝163739994748551 6605&wfr＝spider&for＝pc.

"约束指标＋分区准入"的管制方式。此外，落实简政放权要求，减少审批事项并赋予省级政府更大的土地审批自主权。改变以往采取因素法分配计划指标的方式，按照"要素跟着项目走，既算增量账，也算存量账"的原则，以真实有效的项目落地作为配置计划指标的依据，提高项目落地效率和土地利用效率，科学满足国民经济发展的高质量利用需要。

◀◀◀ 第三节 ▶▶▶

国土资源开发保护面临挑战

一、全球气候变化

我国国土空间格局受全球气候变化影响加大。青藏高原生态屏障区面临冰川消融、草地退化、土地沙化、生物多样性受损等生态问题，高原生态系统不稳定。超过70％的草原不同程度地存在退化问题，西藏和青海黑土滩型草原面积达1 100万公顷，草原鼠害严重；在强盛的风力和干旱的气候共同作用下，土地沙化加剧，西藏和青海沙化土地面积合计3 412万公顷，占全国沙化土地面积的19.78％；区域内水土流失面积约2 590万公顷。同时，我国海岸带局部海域典型海洋生态系统显著退化，部分近岸海域生态功能受损、生物多样性降低、生态系统脆弱，风暴潮、赤潮、绿潮等海洋灾害多发频发。具体表现为，17％以上的岸段遭受侵蚀，约42％

的海岸带区域资源环境超载；局部地区红树林、珊瑚礁、海草床、滨海湿地等生态系统退化问题较为严重，调节和防灾减灾功能无法充分发挥；珍稀濒危物种栖息地遭到破坏，有害生物危害严重，生物多样性损失加剧①。

二、资源约束不断收紧

（一）资源质量和功能问题较为突出

当前，全国乔木纯林面积达 10 447 万公顷，占乔木林的比例为 58.1%，较高的占比会导致森林生态系统不稳定，全国乔木林质量指数为 0.62，整体仍处于中等水平②。草原生态系统整体仍较脆弱，中度和重度退化面积仍占 1/3 以上。部分河道、湿地、湖泊生态功能降低或丧失。全国沙化土地面积达 1.72 亿公顷，水土流失面积达 2.74 亿公顷，形势依然严峻。红树林面积与 20 世纪 50 年代相比减少了 40%，珊瑚礁覆盖率下降、海草床盖度降低等问题较为突出，自然岸线缩减的现象依然普遍，防灾减灾功能退化，近岸海域生态系统整体形势不容乐观。

（二）资源粗放利用问题仍然存在

当前我国人均资源不足的基本国情尚未改变。2017 年，我国耕地保有量居世界第三位，但人均耕地面积不足 1.5 亩，不到世界平均水平的 1/2；2019 年，我国人均水资源量为 2 048 立方米，约为世界平均水平的 1/4，且时空分布极不平衡；油气、铁、铜等大宗矿产人均储量远低于世界平均

---

① 国家发展改革委，自然资源部. 全国重要生态系统保护和修复重大工程总体规划（2021—2035 年）[EB/OL]. (2020 - 06 - 11) [2020 - 06 - 21]. https://www.ndrc.gov.cn/xxgk/zcfb/tz/202006/t20200611_1231112.html.

② 国家林业局. 国家储备林建设规划（2016—2020 年）[EB/OL]. (2015 - 10 - 01) [2018 - 11 - 07]. https://max.book118.com/html/2018/1107/8120010031001132.shtml.

水平，对外依存度高；人均森林面积仅为世界平均水平的 1/5。城乡建设仍以外延扩张的发展模式为主，2018 年全国人均城镇工矿建设用地 146 平方米、人均农村居民点用地 317 平方米，超过国家标准上限；2018 年我国万元国内生产总值能耗 0.52 吨标准煤，明显高于世界平均水平；2017 年万元工业增加值用水量为 45.6 立方米，是世界先进水平的 2 倍①。

三、生态环境压力加大

(一) 自然生态系统较为脆弱

当前我国自然生态系统仍较为脆弱，生态保护和修复系统性不足。生态承载力和环境容量不足，经济发展带来的生态保护压力逐渐增大，部分地区重发展、轻保护所积累的矛盾愈加凸显。同时，在推进有关重点生态工程建设过程中，山水林田湖草系统治理的理念落实还不到位，也影响了治理工程整体效益的发挥。我国在生态方面历史欠账多、问题积累多、现实矛盾多，一些地区生态环境承载力已经达到或接近上限，且面临"旧账"未还又欠"新账"的问题，生态保护修复任务十分艰巨，既是攻坚战，也是持久战。且目前对于山水林田湖草作为生命共同体的内在机理和规律认识不够，与落实整体保护、系统修复、综合治理的理念和要求还有很大差距。权责对等的管理体制和协调联动机制尚未建立，统筹生态保护修复面临较大压力和阻力。部分生态工程建设目标、建设内容和治理措施相对单一，一些建设项目还存在拼盘、拼凑问题，以及忽视水资源、土壤、光热、原生物种等自然禀赋的现象，区域生态系统服务功能整体提升成效不明显。

---

① 陆昊. 全面提高资源利用效率 [EB/OL]. (2019 - 01 - 15) [2021 - 01 - 15]. http：//www. gov. cn/xinwen/2021—01/15/content_5580093. htm.

（二）多元化投入机制尚未建立

生态保护和修复工作具有明显的公益性、外部性，受盈利能力低、项目风险大等因素影响，加之市场化投入机制、生态保护补偿机制仍不够完善，缺乏激励社会资本投入生态保护修复的有效政策和措施，生态产品价值实现缺乏有效途径，社会资本进入意愿不强。目前，工程建设仍主要以政府投入为主，投资渠道较为单一，资金投入整体不足。同时，生态工程建设的重点区域多为老、少、边、穷地区，这些地区自有财力不足，不同程度地存在"等、靠、要"思想。

（三）科技支撑能力不强

生态保护和修复标准体系建设、新技术推广、科研成果转化等方面比较薄弱，理论研究与工程实践在一定程度上存在脱节现象，关键技术和措施的系统性和长效性不足。科技服务平台和服务体系不健全，生态保护和修复产业仍处于培育阶段。支撑生态保护和修复的调查能力、监测能力、评价能力、预警能力等能力不足，部门间信息共享机制尚未建立。

四、粮食安全保障需求上升

（一）粮食安全结构性调整需求日益突出

从总量上看，我国粮食供需基本平衡，但结构性过剩与短缺的矛盾日益突出，其中稻谷、小麦自给率为 103%，玉米为 118%，薯类杂粮为 91%，大豆只有 15%[①]。粮食供需结构性失衡的原因还在于粮食品种结构

---

① 程广燕，王小虎，郭燕枝，等 . 大食物理念下国家粮食安全保障需求与途径对策 [J]. 中国农业科技导报，2017，19（9）：1-7.

不合理，优质口粮和饲料用粮供不应求。一方面，我国粮食产量总体稳定增长，但随着健康饮食需求的升级，国民对口粮的要求从数量向质量转变。稻谷、小麦等口粮供大于求，但优良品种较少，难以满足国内市场需求，一些质量较差的品种则形成积压，经营者种植收益因此受到影响。另一方面，我国粮食需求增长的矛盾主要体现在诸如大豆、玉米等饲料用粮的显著增长上，这类粮食增产幅度远小于需求增长幅度。2020 年我国累计进口大豆 10 033 万吨，玉米进口量则达到创纪录的 1 130 万吨。大豆产需缺口持续扩大，可能在较长的一段时间都存在对外依存度高的问题[①]。结构性产需不平衡造成了"产量多、进口多、库存多"并存的局面。更值得关注的是，小麦、稻谷、玉米这些国内生产充足的品种，由于国内产品缺乏品质与价格优势，因此还需要从国外大量进口。要确保现阶段国家粮食安全，就必须从品种与质量两个层面确保我国粮食供需结构性平衡。

（二）绿色型生产成为保障粮食可持续安全的迫切要求

一是维系粮食生产的耕地和水资源保障难度增大。工业化、城镇化不断挤占农业生产用地，据《全国土地整治规划（2016—2020 年）》，"十三五"期间因生态退耕、农业结构调整、建设占用等原因耕地面积减少了约 7 000 万公顷[②]，高等级优质耕地仅占耕地总面积的 21.95%[③]。联合国粮农组织全球水资源统计数据表明，我国水资源压力较大或极大的灌溉农田

---

① 张亨明，章皓月，朱庆生."双循环"新发展格局下我国粮食安全隐忧及其消解方略 [J]. 改革，2021（9）：134 - 144.

② 国土资源部，国家发展改革委. 全国土地整治规划（2016—2020 年）[EB/OL]. （2017 - 05 - 17）[2019 - 01 - 10]. https：//www. ndrc. gov. cn/fggz/fzzlgh/gjjzxgh/201705/t20170517_1196769. html?code=&state=123.

③ 农业农村部. 2019 年全国耕地质量等级情况公报 [R/OL]. （2020 - 05 - 12）[2020 - 05 - 12]. http：//www. moa. gov. cn/xw/zwdt/202005/t20200512_6343750. htm.

所占比例在 60％以上[1]，是全球人均水资源最贫乏的国家之一[2]。二是资源要素使用粗放、转化利用效率低。目前我国化肥、农药利用率仍然偏低，与欧美发达国家相比还有很大的差距。三是农业面源污染及重金属污染加剧，中重度污染耕地面积较大。保障粮食可持续安全，迫切需要转变粮食生产方式，提高资源利用效率，探索绿色型可持续粮食生产方式[3]。

五、国土开发质量有待提升

总体而言，我国都市圈和城市群仍然较为缺乏国际竞争力，主要体现为在联通全球城市、吸引人才、科技创新、服务功能等方面与国际领先水平有较大差距，区域发展带动能力不足。少数大城市中心城区功能过度集聚、空间无序蔓延，一些中小城市和小城镇基础设施和公共服务水平低、发展后劲不足。城市群、都市圈、中心城市之间交通联结有待增强，中西部地区缺少畅通的对外开放通道，共建"一带一路"的门户枢纽功能有待加强。随着新能源、新一代数字技术、人工智能等科技革命和产业变革的推进，加速推动国土空间开发保护方式变革，将重塑城乡空间形态，促进城乡功能完善和空间融合发展，增加乡村、海岛和边远地区的发展机会。此外，未来还需要加快人力、资本、数据、物资等要素的交换速度并推动空间治理模式加速转型，促进形成数字化、科技化、绿色化的生产生活方式，增加就业机会、改善就业结构，催生新的经济和就业形态。

---

① 联合国粮农组织 . 2020 年粮食及农业状况 ［EB/OL］.（2020－11－26）［2020－12－04］. http：//www. 360doc. com/content/20/1204/00/44325450_949382828. shtml.

② 国土资源部 . 2016 年中国国土资源公报 ［R/OL］.（2017－05－04）［2019－08－14］. http：// www. gov. cn/xinwen/2017－05/04/content_5190904. htm.

③ 蒋辉，张康洁 . 粮食供给侧结构性改革的当前形势与政策选择 ［J］. 农业经济问题，2016，37（10）：8－17，110.

◀◀◀ 第四节 ▶▶▶
国土空间开发保护格局亟须优化

一、经济布局与人口、资源分布不协调

（一）区域发展的基础条件亟须平衡

我国东北、西北、华北等地区水热条件较差，耕地面积占全国的
60%，但水资源量仅占全国的 19%，统筹能源发展、农业用水和生态用水
难度大[①]。改革开放以来，区域发展协调性持续增强，中西部地区和东部
地区的相对差距逐步缩小，但是面临一些新问题，胡焕庸线东西两侧、秦
岭—淮河南北两侧的区域发展差距不断拉大，各板块内部也出现明显分
化。同时，城镇化发展不平衡不充分问题依然存在，大、中、小城市发展
仍不协调，农业转移人口市民化质量有待提高，以县域为单元统筹乡村振
兴的力度不够，县域综合服务能力不强，众多乡镇尚未发展成为服务农
业、农村、农民的区域中心。海洋开发利用活动主要集中在近岸海域，深
远海经略不足。

---

① 夏军，石卫. 变化环境下中国水安全问题研究与展望 [J]. 水利学报，2016，47（3）：292 -
301.

（二）经济布局与人口区域分布亟须协调

人口和人力资源的分布是我国经济布局调整和完善的关键组成部分，是实现经济繁荣的基础，与社会经济发展息息相关，高素质、高水平的人力资源与经济发展相辅相成、相互制约。我国东南部地区经济发展程度高，高素质、高质量人才集中程度高；而中部、西部地区人力资源质量总体水平较低，数量明显不足[①]。目前我国人力资源的分布范围较广，但专业性强、技术能力高的人才分布较为集中。改革开放以来，大量人口流向东部地区，尤其是向京津冀、长三角、珠三角三大城市群集聚。而为了支持中西部经济发展，中央多次加大对中西部地区新增建设用地年度计划指标的支持力度，进一步造成了建设用地指标的配置和区域人口规模、经济体量间的错位，导致区域间建设用地结构性矛盾突出[②]。

（三）自然资源区域错配现象亟须调整

改革开放以来，粮食生产和消费空间格局已经由过去的"南粮北调"转变为"北粮南运"，粮食生产重心不断向水资源短缺的北方地区转移，但水资源主要分布在南方，由此形成了一种典型的资源错配。这种资源错配不仅使地区资源禀赋优势难以充分发挥，而且形成了隐性的"重复运输"，造成资源的严重浪费。在规划调节过程中，地区空间经济发展具有不确定性，土地资源在不同主体功能地域空间上的配置效率具有差异，且受土地利用规划刚性等因素影响，土地指标分配机制缺乏弹性，造成土地

---

① 范伟伟. 人力资源与经济布局如何协调发展 [J]. 人力资源，2021（6）：16 – 17.
② 沈坤荣，赵倩. "十四五"时期完善建设用地市场的重点和难点 [J]. 经济学家，2020（11）：19 – 28.

资源空间配置指标配额数量与最优数量存在偏差[①]，存在建设用地指标需求过剩、区域建设用地指标落实存在偏差、农民权益得不到保障、土地资源利用率低下等问题[②]。

二、城镇、农业、生态空间结构性矛盾凸显

当前，城镇、农业和生态空间难以平衡。随着工业化和城镇化的快速推进，珠三角、长三角等经济发达地区，受比较利益驱动，加上当时对农业保护认识不足，改革开放以来耕地面积大幅减少，农业空间逐渐被压缩，粮食生产呈现萎缩态势。此外，城乡生态环境也受到巨大威胁。对城镇化趋势、人口增长趋势、建设用地需求增长趋势研判不准确，造成了城市用地紧张、基础设施超载、城市扩张趋势明显的局面，导致了城市拥挤、生态失衡、环境恶化等一系列社会问题。建设用地管控不足加上生态保护红线坚守程度不足，造成生态空间不断被挤压。近年来我国生物多样性加速下降的总体趋势仍在持续，脊椎动物受威胁比例达 21.4%[③]，特有高等植物受威胁比例高达 65.4%。需要坚持将生态保护红线、永久基本农田和城镇开发边界三条控制线作为调整经济结构、规划产业发展、推进城镇化不可逾越的底线。

三、部分地区国土开发强度与资源环境承载能力不匹配

国土空间过度开发加大了资源环境压力。近年来，高强度的土地开发带

---

① 姜海，陈磊．县域国土空间主体功能区土地资源空间配置效率及管制策略：以江苏赣榆为例 [J]．自然资源学报，2021，36（9）：2424-243.

② 夏菁，田莉，蒋卓君，等．国家治理视角下建设用地指标分配的执行偏差与机制研究 [J]．中国土地科学，2021，35（6）：20-30.

③ 环境保护部，中国科学院．关于发布《中国生物多样性红色名录——脊椎动物卷》的公告 [EB/OL]．（2015-05-25）［2019-05-20］．https://www.mee.gov.cn/gkml/hbb/bgg/201505/t20150525_302233.htm.

动大规模的资源被利用，有效推动了区域经济发展、人口增长和用地面积扩大。然而，快速城镇化与工业化的推进在带动资源环境开发利用的同时，也使得资源环境系统的平衡被逐渐破坏。过度依赖高资源消耗的增长模式，导致建设用地无序过度扩张以及耕地快速减少，并且由此带来的区域空间开发失衡、城乡差距拉大、环境污染、生态破坏等问题日趋严重，也增大了资源环境的压力，导致水资源、土地资源、森林资源等加速消耗，出现了资源危机。当前，我国黄河流域等区域国土空间开发临近超载，可开发空间用地效益明显偏低，迫切需要认识区域资源环境禀赋特点，找出其优点与短板[①]，发现国土空间开发保护过程中存在的突出问题及可能的资源环境风险，基于发展阶段特点、经济技术水平、生产生活方式和生态保护目标，明确一定地域范围内资源环境要素支撑人类活动的最大合理规模，以及在特定国土空间进行农业生产、城镇建设等活动的适宜水平。

四、陆海国土开发缺乏统筹

陆海统筹整体格局尚不明确，海洋保护与开发利用矛盾日益加剧。目前尚未形成完整的陆海国土空间开发保护单元。亟须在陆地国土空间开发保护单元内部统筹各区域内主体功能区的布局和定位，优化区域基础设施、重大生产力公共资源配置。同时，还需要关注重点海域的陆海统筹优化，推动专属经济区与大陆架资源利用，逐步构建集内陆、海岸带和深远海为一体的海洋空间发展新格局。当前尚未统一陆海统筹抓手和具体实施路径，各地实践效果不明显，海洋保护与开发利用矛盾日益加剧。海域国

---

① 黄贤金，陈逸，赵雲泰，等．黄河流域国土空间开发格局优化研究：基于国土开发强度视角 [J]．地理研究，2021，40（6）：1554－1564.

土安全与经济发展诉求矛盾日益突出。随着港口、钢铁、石化、造船等大型临港工业不断向海聚集①,现有海岸和近岸海域空间已经难以满足新增建设用海的需求,且海洋功能规划布局往往忽视区域发展特征,海洋产业布局同质化严重、特色不足,集聚效应无法释放,发展水平差距拉大,导致区域发展不平衡、不充分。

五、空间治理体系和治理能力亟须现代化

空间治理体系比较优势发挥不明显,亟须实现国土空间治理数字化。当前我国亟须推进国土空间规划"一张图"工作,进一步规范数据更新,提供智慧决策。依托自然资源一体化数据库,不仅可接入涵盖土地、矿产、海洋、自然保护区、遥感影像,以及电子地图等方面的各类数据服务,还可以通过对接政务大数据中心,接入涉及人口经济、生态环境、水利、交通等其他方面的数据,为各级国土空间规划编制和监督实施提供数据支撑。构建规划"一张图"应用、规划分析评价、成果审查与管理、监测评估预警、资源环境承载力监测预警、指标模型管理等系统基本功能,支撑各级各类国土空间规划编制审批、实施监督全过程。此外,还需要支持规划成果(指标)数字化在线填报,支持现状评估、体检评估、规划成果分阶段上报汇交,推进规划成果闭环、全程留痕管理。规范阶段性成果上报汇交,实现规划管理行为可回溯、可查询、可监管。

---

① 李成悦,史雅娟. 国土空间规划体系下的陆海统筹规划路径研究 [EB/OL].(2020 - 08 - 18)[2020 - 09 - 10]. https://mp.weixin.qq.com/s?__biz=MzU2MzAwODQ4Nw==&mid=2247496604&idx=1&sn=e5ee14600b83793f4284dd247ec89417&chksm=fc627514cb15fc02a1c4b8d4195ac63c19f1f8d5271d40a7aeb3cfa26a70ffb22684fa01d7d8&scene=27#wechat_redirect.

第二章

战略与导向

国土空间格局优化战略与导向是新阶段优化重塑国土空间布局所做出的总体谋划，具有综合性、战略性、前瞻性，能够从宏观层面上明确未来国土空间的发展定位，对于今后统筹安排国土开发保护工作、协调推进社会经济生态系统发展具有重要意义。因此，步入新时代，踏上新征程，国土空间格局优化应牢牢把握住"十四五"规划新篇章、经济发展新格局、生态文明建设新要求、新型城镇化和乡村振兴新诉求带来的战略机遇期，明确体现"国家意志"、坚持"永续发展"、注重"城乡统筹"、提升"治理能力"、适应"市场经济"的战略导向，推动落实"安全国土""绿色国土""美丽国土"的战略任务，以期构建新阶段高质量、高标准、高效能的国土空间格局，推进实现国土空间治理体系和治理能力现代化。

◀◀◀ 第一节 ▶▶▶

国土空间格局优化战略机遇

一、新时期新征程

2021年3月，十三届全国人大四次会议表决通过了关于"十四五"规划和2035年远景目标纲要的决议。在国土空间治理层面上，"十四五"期间，我国要构建国土空间开发保护新格局。立足资源环境承载能力，发挥各地区比较优势，促进各类要素合理流动和高效集聚，推动形成主体功能明显、优势互补、高质量发展的国土空间开发保护新格局。首先，要完善和落实主体功能区制度。推动农业生产向粮食生产功能区、重要农产品生产保护区和特色农产品优势区集聚，优化生态安全屏障体系，逐步形成城市化地区、农产品主产区、生态功能区三大空间格局。细化主体功能区划分，按照主体功能定位划分政策单元，对重点开发地区、生态脆弱地区、能源资源富集地区等制定差异化政策，分类精准施策。其次，要开拓高质量发展的重要动力源。以中心城市和城市群等经济发展优势区域为重点，增强经济和人口承载能力，带动全国经济效率整体提升。以京津冀、长三角、粤港澳大湾区为重点，加快打造引领高质量发展的第一梯队。在中西部有条件的地区，以中心城市为引领，提升城市群功能，加快工业化、城镇化进程，形成高质量发展的重要区域。最后，要提升重要功能性区域的保障能力。以农产品主产区、重点生态功能区、能源资源富集地区和边境地区等承担战略功能的区域为支撑，切实维护国家粮食安全、生态安全、能源安全和边疆安全，与动力源地区共同打造高质量发展的动力系统[1]。

2022 年 10 月，党的二十大报告提出，要深入实施区域协调发展战略、区域重大战略、主体功能区战略、新型城镇化战略，优化重大生产力布局，构建优势互补、高质量发展的区域经济布局和国土空间体系。推动西部大开发形成新格局，推动东北全面振兴取得新突破，促进中部地区加快崛起，鼓励东部地区加快推进现代化。支持革命老区、民族地区加快发

---

① 关于国民经济和社会发展第十四个五年规划和 2035 年远景目标纲要的决议 [EB/OL]. (2021 - 03 - 12) [2021 - 03 - 12]. http://www.shaanxi.gov.cn/xw/sxyw/202103/t20210312_2156168_wap.html.

展，加强边疆地区建设，推进兴边富民、稳边固边。推进京津冀协同发展、长江经济带发展、长三角一体化发展，推动黄河流域生态保护和高质量发展。高标准、高质量建设雄安新区，推动成渝地区双城经济圈建设。健全主体功能区制度，优化国土空间发展格局。推进以人为核心的新型城镇化，加快农业转移人口市民化。以城市群、都市圈为依托构建大中小城市协调发展格局，推进以县城为重要载体的城镇化建设。坚持人民城市人民建、人民城市为人民，提高城市规划、建设、治理水平，加快转变超大特大城市发展方式，实施城市更新行动，加强城市基础设施建设，打造宜居、韧性、智慧城市。发展海洋经济，保护海洋生态环境，加快建设海洋强国。党的二十大报告和"十四五"规划在我国进入新发展阶段后从战略目标层面对我国的国土空间开发保护利用工作提出了更高的要求，同时，也为今后我国利用自然资源、开展国土空间治理、建设人与自然和谐共生的现代化提供了行动指南。

二、经济发展新格局

"十四五"时期，我国要加快构建以国内大循环为主体、国内国际双循环相互促进的新发展格局。2020 年 11 月，习近平主席在北京以视频方式出席亚太经合组织工商领导人对话会并发表了题为《构建新发展格局 实现互利共赢》的主旨演讲，强调世界是不可分割的命运共同体，要全面深化抗疫国际合作，推动世界经济复苏。中国积极构建新发展格局，坚持对外开放，同世界各国实现互利共赢，共创亚太和世界更加美好的未来。当今世界正处于百年未有之大变局，我国发展仍然处于重要的战略机遇期。近年来，我国对世界经济增长的贡献和在世界经济中的份额明显提高，正成为世界经济增长的重要引擎和世界经济格局调整的受益者。未来我国与世界经济的关系将会更加紧密，与国际经济的互动交流将进一步加强。在新发展格局的背景下，我国要持续不断地提高国际竞争力和影响力，这无疑对国土空间开发保护提出了更高层次的要求。新形势下，作为国家社会经济发展的核心要素、物质来源以及空间载体，国土空间格局仍需进一步优化提升，尽快建设具有国际竞争力和影响力的世界一流大都市和城市发展群；同时，也要加快优化国内的产业结构和布局，推动国家经济发展进一步融入"地球村"，与世界经济同频共振。

三、生态文明建设

当前中国资源环境承载能力已经达到或接近上限，环境污染、水土流失、土壤退化、景观破坏等问题日益突出：2020 年，全国生态环境状况指数（EI）值为 51.7，生态质量一般，生态质量较差和差的县域面积占国土面积的 31.3％。2019 年，全国水土流失面积达 271.08 万平方公里，按侵蚀强度划分，中度至剧烈侵蚀面积占水土流失总面积的 37.08％；四至六等和七至十等耕地面积分别占耕地总面积的 46.81％和 21.95％[①]。党的十八大从新的历史起点出发，做出了"大力推进生态文明建设，建设美丽中国"的战略决策。2015 年 9 月，中共中央、国务院印发了《生态文明体制改革总体方案》，要求进一步树立"绿水青山就是金山银山""空间均衡""山水林田湖生命共同体"等理念，构建起由自然资源资产产权制度、国土空间开发保护制度、空间规划体系、资源总量管理

---

① 生态环境部 .2020 年中国生态环境状况公报［EB/OL］.（2021-05-26）［2021-05-26］. https://www.mee.gov.cn/hjzl/sthjzk/zghjzkgb/202105/P020210526572756847855.pdf.

和全面节约制度、资源有偿使用和生态补偿制度、环境治理体系、环境治理和生态保护市场体系、生态文明绩效评价考核和责任追究制度等八项制度构成的生态文明制度体系，推进生态文明领域国家治理体系和治理能力现代化，努力走向社会主义生态文明新时代。

此后，2017 年 10 月党的十九大报告提出，建设生态文明是中华民族永续发展的千年大计，必须树立和践行"绿水青山就是金山银山"的理念，坚持节约资源和保护环境的基本国策，像对待生命一样对待生态环境，统筹山水林田湖草系统治理，实行最严格的生态环境保护制度，形成绿色发展方式，坚定走生产发展、生活富裕、生态良好的文明发展道路，建设美丽中国。2020 年，十九届五中全会通过的《中共中央关于制定国民经济和社会发展第十四个五年规划和二〇三五年愿景目标的建议》对新阶段新时期中国生态文明建设的目标导向与贯彻落实路径做出了明确规定。国土空间是生态文明建设的重要内容和空间载体，生态文明建设持续推进对国土空间格局优化提出了更高层次的要求。2022 年 10 月，党的二十大报告提出，大自然是人类赖以生存发展的基本条件，尊重自然、顺应自然、保护自然，是全面建设社会主义现代化国家的内在要求。必须牢固树立和践行"绿水青山就是金山银山"的理念，站在人与自然和谐共生的高度谋划发展，要让祖国天更蓝、山更绿、水更清。新时代，科学合理地整治和布局"三生"（生产、生活、生态）空间，推动形成人与自然和谐发展的现代化建设新格局，将成为国土空间治理的重要任务。

2020 年 9 月 22 日，国家主席习近平在第 75 届联合国大会上宣布，中国力争 2030 年前二氧化碳排放达到峰值，努力争取 2060 年前实现碳中和目标。2021 年 10 月 24 日，中共中央、国务院印发《关于完整准确全面贯彻新发展理念做好碳达峰碳中和工作的意见》。作为碳达峰碳中和"1＋N"政策体系中的"1"，该文件对碳达峰碳中和这项重大工作进行了系统谋划、总体部署。"双碳"战略倡导绿色、环保、低碳的生活方式。加快降低碳排放步伐，有利于引导绿色技术创新、提高产业和经济的全球竞争力。中国持续推进产业结构和能源结构调整，大力发展可再生能源，在沙漠、戈壁、荒漠地区加快规划建设大型风电光伏基地项目，努力推动经济发展和绿色转型同步进行。

四、新型城镇化战略

自改革开放以来，中国的城镇化水平从 1978 年的 17.92％迅速上升到 2020 年的 63.89％，在中国庞大的人口基数下依然实现了高速城镇化。然而随着城镇化率的迅速提高，农民工人数也在逐年激增，从 2008 年的 2.25 亿人增加到 2020 年的 2.85 亿人，占全国总人口的 20.21％，伪城镇化问题突出。同时，中国城镇化发展过程中资源利用方式较为粗放，单位 GDP 能耗和地耗远高于发达国家，水资源产出率仅为世界平均水平的 60％左右，处于低效利用状态的城镇工矿建设用地约 5 000 平方公里，占全国城市建成区的 11％，土地城镇化速度高于人口城镇化速度。亟须进一步以人为核心，以解决三个"一亿人"问题为着力点，促进一亿农业转移人口和其他常住人口在城镇有序稳妥落户，改造一亿人居住的城镇棚户区和城中村，引导一亿人在中西部地区就近城镇化，稳步提升城镇化水平和质量，优化城镇化布局，转向精细化高质量的新型城镇化发展模式，真正破除城乡二元结构，实现城乡一体化健康发展。2020 年 10 月，党的十九届五中全会强调，要"推进以人为核心的新型城镇化"。"十四五"时期，我国要坚持走中国特色新型城镇化道路，深入推进以人为核心的新型城镇化战略，以城市群、都市圈为依托促进大中小城市和小城镇协调联动、特色化发展，使更多人民群众享有更高品质的城市生活。

五、乡村振兴战略

党的十九大报告中两次提到了"乡村振兴战略"，并将它列为决胜全面建成小康社会需要坚定实施的七大战略之一。党的十八大以来，中国全面建成小康社会不断向纵深推进，但由于发展条件和能力的差异，也存在着不协调、不平衡问题。党的二十大报告指出，我们国家经过接续奋斗，实现了小康这个中华民族的千年梦想，打赢了人类历史上规模最大的脱贫攻坚战。但巩固拓展全面建成小康社会成果，还应继续全面推进乡村振兴，坚持农业农村优先发展。乡村振兴战略是社会主义新农村建设的重要升级。党的十六届五中全会提出要建设社会主义新农村，强调要按照生产发展、生活富裕、乡风文明、村容整洁、管理民主的要求，扎实稳步地加以推进。党的十九大提出的乡村振兴战略强调要坚持农业农村优先发展，按照产业兴旺、生态宜居、乡风文明、治理有效、生活富裕的总要求，建立健全城乡融合发展体制机制和政策体系，加快推进农业农村现代化。党的二十大则提出，要全面推进乡村振兴，坚持农业农村优先发展，巩固拓展脱贫攻坚成果，加快建设农业强国，扎实推动乡村产业、人才、文化、生态、组织振兴。2018年5月，中共中央政治局审议通过了《乡村振兴战略规划（2018—2022年）》，提出，到2050年，乡村全面振兴，农业强、农村美、农民富全面实现。2020年中央一号文件在农村基础设施与公共服务、农业稳产保供、农民增收等方面持续发力，要求抓好"三农"领域重点工作，进一步加快乡村振兴的步伐。2021年2月，国务院直属机构国家乡村振兴局正式挂牌，同年4月，十三届全国人大常委会第二十八次会议表决通过《乡村振兴促进法》，为全面贯彻落实乡村振兴战略做出了重大制度性安排。国土空间是乡村社会经济发展的重要物质来源和空间载体，不仅以生产支持功能和空间承载功能支撑着乡村一、二、三产业的发展，而且以生态调节功能和文化传承功能影响着乡村生活品质的提升，更以自然增值和资本增值决定着农民家庭财产的增长。因此，新时代亟须以国土空间布局优化为抓手，充分发挥国土空间支撑、保障和调控作用，为乡村振兴注入新的活力①。

第二节
国土空间格局优化战略导向

一、体现国家意志导向

国土空间作为国家社会经济发展的重要空间载体和物质来源，其布局优化工作应突出体现优先保护生态、保障粮食安全、促进建设用地节约集约利用的国家意志导向，突出强调空间管制和"三线"划定，科学划定城

---

① 孙柏宁，沈春竹，张志飞.国土空间全域综合整治赋能乡村振兴的路径：以江苏省为例［J］.中国土地，2021（10）：35-37.

镇空间、农业空间、生态空间，生态保护红线、永久基本农田、城镇开发边界，注重开发强度管控和主要控制线落地，实现国家保护耕地和基本农田、推进生态保护和建设、倒逼城市土地节约集约利用的战略目标。此外，空间布局优化工作应当高位统筹，将国土空间规划作为优化国土空间资源开发利用的管理方式、统筹城乡发展的重要抓手、推进新型城镇化和乡村全面振兴的核心平台、实现生态文明的建设路径、提升民生福祉的发展动力、加强政府治理的突破窗口、保障社会经济可持续发展的政策工具①。通过国土空间规划体系的顶层设计，发挥国土空间规划在国土空间开发保护利用方面的统筹引领作用，加强对国土空间规划实施监督，进而提升国土空间治理体系和治理能力的现代化水平，促进经济、社会、生态全面协调可持续发展。

二、坚持永续发展导向

实现国土空间的可持续发展是国土空间格局优化的重要一环，也是实现国土空间治理体系现代化的必经之路。可持续的国土空间发展就是在优化重塑国土空间布局时引入可持续发展理念，将空间资源可持续利用和规划结合起来，提升国土空间的开发适应性和资源环境承载潜力，防止空间资源退化，实现空间资源生产力的持续增长以及空间布局的科学合理。面对水土流失、土地荒漠化、土地盐碱化、土地污染、土地贫瘠化和土地损毁等问题，新时期的国土空间优化应加大对山水林田湖沙生命共同体的整体保护、系统修复和综合治理，积极引导国土"三生"空间与景观格局结

---

① 严金明，陈昊，夏方舟. "多规合一"与空间规划：认知、导向与路径 [J]. 中国土地科学，2017 (1)：21-27.

合，依托现有山水脉络等独特风光，为城市建设和大型基础设施建设提供空间，使空间利用生态系统朝着良性循环方向发展，使社会经济建设和生态环境建设在国土空间利用上得到统一和协调。

同时，国土空间布局优化要实现数量、质量、生态和人文四位一体，保持区域特色可持续，秉持创新、协调、绿色、开放和共享的核心理念，强调"慎砍树、不填湖、少拆房"，在规划中保留城镇村庄原始风貌和文物古迹、保护景观和生态环境、改善居民的居住和生活环境，让城乡居民"望得见山、看得见水、记得住乡愁"。

三、注重城乡统筹导向

国土空间格局优化的城乡统筹导向指的是在国土空间统筹过程中能够综合考虑城乡空间内农用地、建设用地和生态用地的供需布局，促进土地、水体、林木、矿产、能源、生物等空间资源在新型城镇化过程中不断优化结构、提高效率、释放空间、盘活存量，实现合理利用[①]。

具体而言，新时代重塑国土空间格局的城乡统筹导向首先要打破城乡二元结构，打破城乡分割的户籍制度，推动农民在务工、就学、居住、医疗、养老等方面享受和城市居民同等的权利，为农民提供公平就业的生活环境；其次要形成促进小城镇健康发展的机制，通过完善功能、集聚人口，引导工业向集中发展区集中、农民向城镇和新型社区集中、土地向适度规模经营集中，培育以农产品加工业和农村服务业为重点的农村产业，在城镇体系中形成符合当地特点的相应支柱产业；最后要实现农村现代

① 朱喜钢，崔功豪，黄琴诗. 从城乡统筹到多规合一：国土空间规划的浙江缘起与实践［J］. 城市规划，2019，43（12）：27-36.

化、农村社区化和农民专业化，通过鼓励土地适度规模流转、空间布局整合和利用结构调整，推动农业实现规模化、机械化、公司化和品牌化，完善农村社会公共服务和促进农民就业发展。

四、提升治理能力导向

国土空间格局优化应当着力推进国家治理体系和治理能力现代化[①]。首先需以服务部门事权调整为导向，改革国土空间规划管理体制，统筹关键国土空间资源的规划配置事权，发挥各部门在其他空间资源调配方面的专业性与能动性，为形成关键事权统一集中、其他事权分散配置的政府治权体系提供借鉴；其次应以强化政府引导与服务职能为导向，整合国土空间管理，实现转变职能、简政放权、简化行政审批，通过空间规划"一张图"审批，统一审批依据、工作程序和方法步骤，提升审批效率，激活发展内生动力；最后应强化空间规划的权威性和执行手段，维护依法治国的政府治理秩序。落实空间规划是国土空间格局优化的具体呈现，是衡量国家治理能力的一把尺子，一经审定，便具有相应法定效力，应通过立法突出强调规划的法制性和权威性，将其落实程度作为规范政府治理行为的重要政策依据。

五、适应市场经济导向

在"看不见的手"的作用下，市场经济条件下不可预见性因素不断发展变化，因而制约国土空间格局优化的各项影响因素都处在动态变化之

---

① 张京祥，夏天慈. 治理现代化目标下国家空间规划体系的变迁与重构 [J]. 自然资源学报，2019，34（10）：2040－2050.

中，在较长的规划期内要原封不动地满足原本国土空间格局优化要求存在极大困难。因此，在国土空间规划中应有机结合"宏观调控＋市场经济"模式，正确处理政府与市场的关系，使市场在资源配置中起决定性作用。在计划经济向市场经济转变后的今天，投资主体的多元性和规划预测的不确定性决定了空间规划应该体现市场经济下的空间利用和优化配置理念。其核心导向是纠正粗放利用、市场的失灵和外部不经济的行为，其强调的不应是目标、指标、坐标或是限标，而应是满足各类产业的用地数量需求、区位需求和弹性变化需求。因此，国土空间格局优化必须遵循价值规律和市场供求关系的变化，通过"刚柔并济、动静结合"的国土空间规划协调各种经济政策，加以引导和调控。

第三节
国土空间格局优化战略任务

一、严守刚性约束底线，落实规划引领作用，构筑安全国土

国土空间格局优化要以"安全国土"作为基石，严格划定空间管控边界，完善和强化国土用途管制制度。首先，应坚守底线思维，突出永久基本农田、生态保护红线以及城镇开发边界等"三线"划定对于国土空间格局优化的重要作用。"三线"划定不仅仅是国土空间规划工作的重要内容，

还是处理好国土生产、生活、生态空间协同发展的基本前提，更是建设美丽中国的重要制度保障。因此，在国土空间布局优化过程中要确保三条控制线划得实、定得清、守得住，科学谋划国土空间开发保护格局，以确保社会经济生态永续发展。

其次，作为优化国土空间布局的主要制度工具和顶层设计，国土空间规划要充分发挥其统领作用。要立足我国自然资源承载能力与国土空间开发适宜性，发现国土空间开发保护过程中存在的突出问题及可能的资源环境风险，明确一定地域范围内资源环境要素能够支撑的人类活动的最大合理规模，以及在特定国土空间进行农业生产、城镇建设等活动的适宜水平。建立健全国土空间管控机制，统一国土空间用途管制，依据国土空间规划，统筹经济社会发展和节约集约利用土地状况等，科学编制土地利用年度计划，探索建立省级以下用地计划结构化管理制度，明确用途转换规则，完善用途管制机制，建立健全全域、全要素、立体化国土空间用途管制制度，确保国土空间治理最佳化、布局最优化。

二、坚守"人与自然和谐共生"的理念，彰显人文景观魅力，塑造绿色国土

习近平总书记曾强调："建设生态文明，功在当代，利在千秋。"① 在国家若干项重大战略中，生态文明建设有着极其特殊的作用，关乎中华民族永续发展的千年大计。因此，国土空间格局优化中应该坚守"人与自然和谐共生"的发展理念，将人与生态系统视为一个生命共同体，在国土空

---

① 习近平. 共谋绿色生活，共建美丽家园：在2019年中国北京世界园艺博览会开幕式上的讲话[N]. 人民日报，2019-04-29.

间规划编制和实施过程中将山水林田湖草沙生态系统与人类社会经济等多个系统进行统筹考虑，推动社会经济可持续发展。

同时，在国土空间开发保护利用中要注重对生物多样性的保护，积极开展沟渠廊道、田间林网等生态廊道的优化设计，促进物种的空间运动和增加物种重新迁入的机会，确保区域的生物多样性保持稳定、不受到人类活动的巨大冲击。此外，要加强人文景观保护，传承自然与历史文化遗产，彰显国土魅力。构建国家自然遗产与历史遗产保护体系，建设国家文化公园，加强历史文化名城、名镇、名村保护，划定历史文化保护线，塑造富有特色的城乡风貌。在开展国土空间规划、国土综合整治等工作时，要重视对自然人文景观的保护，凸显国土空间的文化承载功能。

三、推动城乡融合发展，构建高品质生活空间，打造美丽国土

协同推进城市和农村农业现代化、促进城乡深度融合发展是实现全体人民共同富裕的基本前提，也是社会主义现代化建设的重要目标。因此，在国土空间层面的重点任务就是构建县域统筹的城乡融合格局。以县域为单元统筹乡镇和村庄布局，在高度城市化地区强化村庄服务城市的空间布局，在其他地区充分发挥县城辐射带动服务功能，优化乡村一、二、三产业融合发展空间结构，引导农村产业在县域范围内统筹布局。

步入新时代，我国社会主要矛盾已经转化为人民日益增长的美好生活需要和不平衡不充分的发展之间的矛盾，由此对国土空间提出了更高层次的要求，从对土地空间承载功能的单一功能需求转变为国土生态、文化以及景观等多层次功能需求。因此，新时代国土空间规划要努力构建承载高

品质生活的美丽家园，在推进以人为核心的城镇化、有效应对"城市病"、建设美好人居环境方面发挥引领作用，满足人民日益增长的美好生活需要，为人民群众提供丰富多元的生态文化产品，建设安全健康、便利舒适的人居环境，提供更多普惠优质的公共服务，建设全国人民为之自豪、世界人民为之向往的美丽中国。

第三章

理论与路径

作为经济社会发展的核心要素、能量源泉和空间载体，国土空间在中国式现代化建设中具有全局性、战略性、基础性和不可替代的地位，为中国式现代化宏伟蓝图的实现提供必要的空间支撑和资源保障。同时，国土空间格局也必须紧紧围绕中国式现代化的五大特征，有的放矢地进行优化，才能更为高效有序、和谐严密地推进中国式现代化建设。因此，国土空间格局优化应牢牢把握中国式现代化具有的人口规模巨大、全体人民共同富裕、物质文明和精神文明相协调、人与自然和谐共生、走和平发展道路等五大特征并将其作为基本遵循，按照"人地耦合"的基础逻辑、"规律纠偏"的功能逻辑、"文化精神"的引导逻辑、"生态文明"的支撑逻辑、"全球治理"的参与逻辑等理论逻辑，以打造"人地协调"、"融合均等"、"文明有序"、"优美和谐"和"安全共治"的国土空间新格局作为战略路径，推进实现国土空间治理体系和治理能力现代化。

◀◀◀ 第一节 ▶▶▶

国土空间格局优化的基本遵循

一、人口规模巨大的现代化是国土空间格局优化的基本前提

人口规模巨大的现代化，既是中华民族立足的基本现实，也是人类发

展的伟大创举。人口规模巨大是中国式现代化的基本特征,中国 14 亿多人口整体迈进现代化社会,其艰巨性和复杂性前所未有。人口规模巨大不仅体现在总量规模巨大上,还突出体现在城乡人口、流动人口和老龄人口规模巨大上,且均对应着不同的国土空间格局优化需求。首先,庞大的人口总量需要充足的土地满足饮食、住房、出行等基本生存维系诉求,然而目前中国"人多地少"的基本国情难以改变,中国以占世界 7% 的土地、9% 的耕地承载和养活世界上近 20% 的人口,未来仍然需要在资源环境承载力的约束下合理优化农业用地、城镇用地和生态用地布局,更为集约和高效地发挥各类用地生产、生活和生态功能。其次,2022 年中国城镇化率为 65.2%,城镇常住人口 9.2 亿人,"十四五"时期中国还处于城镇化快速推进阶段,更为迅速的城镇人口增长趋势不仅要求在宏观上合理布局城市群网络,协调特大城市、大中小城市和小城镇的空间规模,在中观上统筹都市圈辐射一体化建设,还要强调在微观上平衡城镇内舒适居住和集约高效需求。再次,2022 年中国乡村常住人口仍然达到 4.9 亿人,在可以预期的乡村振兴远景下,规模仍然巨大的农村人口需要城乡紧密联结的互动空间,更要配套以安居乐业的宅基地、农村三产用地以及均等化的农村公共服务空间。此外,根据第七次全国人口普查结果,中国流动人口为 3.7亿人,未来大规模的流动人口不仅需要经济往来更为密切的城市间串联轴带和更为快捷便利的区域间综合交通网络空间,更是对流出地闲置空间利用和流入地临时空间供给提出了更高的要求。最后,要实现人口规模巨大的现代化,必须积极应对人口老龄化。2022 年全国 60 岁及以上老年人口达到 2.8 亿人,到 2050 年将增长至 5 亿人。大幅增加的老龄人口主要在微观上对国土空间格局提出需求,不仅需要更多多功能的公共空间和基础设施满足医疗照护、社交娱乐等需求，还需要更为叠合的交互生活圈满足代际互动需要。

二、全体人民共同富裕的现代化是国土空间格局优化的基本要求

全体人民共同富裕的现代化，既是中国人民的共同福祉，也是人类社会的共同向往。消除贫困、改善民生、逐步实现共同富裕是社会主义的本质要求[①]，也是中国式现代化对国土空间格局优化的基本要求，这就需要解决居民收入、公共服务、权利平等诸方面的区域差异和城乡差距问题。首先，为了应对区域差异问题，要合理调整区域国土空间格局，推动形成优势互补、平衡协调、高质量发展的区域经济布局，支撑各个区域发展比较优势、明确合理分工、凸显发展亮点，着力解决区域经济发展分化态势和发展动力极化现象，尤应关注发展相对滞后的东北、西北地区的空间供给，提升发展乏力城市特别是资源枯竭型城市、传统工矿区城市的空间活力。其次，针对城乡差距问题，要求国土空间格局中应当首先明确城镇开发边界，限制城镇无序蔓延。同时，要加强村庄规划和优化乡村空间形态布局，强化乡村空间特别是产业用地的供给保障，统筹落实耕地保护、地域特色保护、基础设施建设等美丽乡村建设，以及进一步推进规划和土地要素市场化联动改革以彰显农民土地权益[②]。最后，要缩小城乡差距还要求加强城乡交错空间和联结空间的建设，畅通城乡要素交换，强化城镇对

---

① 中共中央文献研究室. 习近平关于全面建成小康社会论述摘编 [M]. 北京：中央文献出版社，2016：155.

② 严金明，张东昇，夏方舟. 国土空间规划与土地要素市场化改革：引入"治理均衡器"和"电路图"的具象化协同机制设计 [J]. 中国土地科学，2022，36 (10)：1-12.

农村的辐射带动作用以及农村对城镇的补充支撑作用。

三、物质文明和精神文明相协调的现代化是国土空间格局优化的基本原则

物质文明和精神文明相协调的中国式现代化，既是中华文明的赓续繁荣，也是人类文明的丰富发展。物质富足、精神富有是社会主义现代化的根本要求。中国式现代化"物质文明和精神文明相协调"的特征力图解决的是当前精神文明贫乏、社会矛盾突出和文化观念冲突加剧等问题。首先，近年来，物质欲望的膨胀造成部分人理想信念缺失、道德规范约束弱化、社会矛盾增多。数字技术的快速进步和虚拟空间的快速发展，也导致了多元文化碰撞频繁、价值观念分歧对立等问题。实际上，丰富精神文明同样离不开国土空间格局的支撑，尤其是要求强化特定功能的空间实体供给，包括供人民学习欣赏的历史遗迹、博物馆、美术馆等人文景观，放松身心、休闲娱乐的自然风光，以及增进文化交流的公园绿地等公共空间。其次，缓解社会矛盾要求国土空间格局更为公平有效地配置公共服务设施，营造友善互助、邻里和睦的空间氛围，帮助人民合理释放精神压力，其中要特别关注城乡结合带、城中村、少数民族聚居区等特殊区域的空间服务均等化供给。最后，融合多元文化要求在国土空间格局优化中应重点关注农业转移人口、中低收入人群、少数民族等群体的空间需求，推进区域内居住、公共服务等空间融合，平衡线上虚拟和线下实体空间，促进不同群体良性健康交流互动。

四、人与自然和谐共生的现代化是国土空间格局优化的基本伦理

人与自然和谐共生的现代化，既是中国大地的美丽画卷，也是人类家园的守护担当。人与自然和谐共生是"天人合一""道法自然"等中华优秀传统思想的集中体现，更是国土空间格局优化的基本伦理。具体而言，人与自然和谐共生的中国式现代化特征要求国土空间格局优化不仅要着力提高资源利用效率，还要积极增强生态系统服务功能，更要支撑绿色低碳可持续发展[①]。首先，要求有序适宜地规划国土空间开发格局，合理确定重点、优化等开发区域，提升空间节约集约利用水平，尤应关注推动存量低效建设用地再开发和综合整治，推进空间资源高效利用。其次，要求科学确定国土空间保护格局，积极开展生态系统保护和修复，不仅要满足食物生产、水源供给等供给服务，气候调节、净化环境等调节服务，以及土壤保持、生物多样性等支持服务，更要满足景观视觉、休憩游玩和舒适生产生活等诉求，从而以更为舒适、疏散和开阔的生产和生活空间结构，形成同呼吸、同命运的人与自然生命共同体[②]。最后，要求构建绿色低碳循环空间格局，基于碳达峰目标开展产业空间结构调控，着力优化产业结构、减少单位用地碳排放，通过居住空间的优化、公共设施的合理布局推动人类活动消费的低碳转型，基于资源禀赋、供需匹配合理布局各类能源用地，大力发展风能、水能、太阳能等清洁能源，完善

---

①　严金明. 促进人与自然和谐共生的中国式现代化 [J]. 中国人民大学学报，2022，36（6）：13-16.

②　Comín F A，Miranda B，Sorando R，et al. Prioritizing sites for ecological restoration based on ecosystem services [J]. Journal of Applied Ecology，2018，55（3）：1155-1163.

全国统一的能源输送网络，还要合理提高生态和农业空间比重，强化国土碳汇功能。

五、走和平发展道路的现代化是国土空间格局优化的基本追求

走和平发展道路的现代化，既是中国发展的正义之举，也是人类未来的必由之路。走和平发展道路是国土空间格局优化的基本追求，要求以构建安全国土为基础，积极应对复杂的全球性困境和公共治理矛盾。当前国际形势复杂，大国竞争激烈，区域冲突频繁，地缘政治局势紧张，人类共同面临全球气候变化、传染疾病、极端贫困等多重交织的全球性困境，南极、北极、公海等国际公地治理更面临理念共识难以达成、多元主体权责相对模糊、利益诉求协调困难、治理工具效果欠佳等诸多问题。对此，国土空间格局优化首先要构建安全国土，就是要在确保国家领土完整、国家主权不受侵犯的基础上，及时根据当前和未来的国际形势调整国土空间农业、工业生产布局，不仅要合理提升粮食自给率、应对潜在的粮食危机，更要促进更为系统和完备的产业体系建设。积极应对复杂的全球性困境和公共治理矛盾要求国土空间格局优化应秉持人类命运共同体理念，深度加强"一带一路"等区域合作，通过政策沟通、设施联通、贸易畅通、资金融通、民心相通实现各国共建、共享、共赢；此外，也要求中国积极参与国际公地治理，进一步探讨如何构建跨境、跨流域的自然资源共建共享机制，从而提出全球空间治理的中国方案。

第二节
国土空间格局优化的理论逻辑

一、"人地耦合"的基础逻辑

"人地耦合"的基础逻辑是指人口与土地两种要素通过相互作用彼此影响的基本规律，是国土空间格局优化助力实现中国式现代化的基础。国土空间格局优化具有科学引导人口增长数量、合理调整人口结构和空间分布，以及影响人口未来发展变化等功能，从而支撑人口规模巨大的中国式现代化建设。首先，国土空间格局实际上确定了人口发展承载上限。就需求层次而言，农业用地能够满足人类最为基础的生存诉求，并在农产品流通受限的情况下直接决定区域人口的容纳上限。居住用地能够满足人类最为基本的生理居住需求，决定了空间所能承载的人口边界。产业用地能够满足人类就业、社交和生活诉求，代表了空间就业机会和吸引力，而公共服务和生态用地则能满足人们更高层次的安居乐业诉求，是人们追求幸福感的重要支撑平台。其次，各类国土空间供给结构和功能作用将影响人口结构和分布。不同区位的空间价格将直接影响不同收入群体的分布，不同类型和不同功能的空间供给也将承载不同的人口结构。例如以工业用地为主体的区域，往往位于远离市区、城市下风向、靠近交通线路的区域，通常存在空气质量较差、噪音较大、配套设施少等问题，其承载的人口多以蓝领职工或者低收入群体为主。而文化、教育、体育和医疗等公共服务设施用地，直接关系到附近区域青少年群体的教育、老年群体的休闲保健等空间功能供给。最后，各类用地供给问题将直接影响人口发展。空间功能完善到一定程度时，由于空间规模总量的约束，各类用地无法大量供给，无限制扩张难以为继，因而原供给结构的不合理性将会暴露凸显。居住用地的供给不足将直接约束空间容纳人口总数，同时由于其会推高房价导致人口流出，更可能影响人口生育意愿，直接降低区域人口增长速度。产业用地的供给不足将直接提升土地价格，增加企业成本，导致部分企业退出或降低人力成本，使就业机会减少或工资水平下降，进而导致人口外流。交通用地、城市绿地等土地的供给数量下降可能导致交通拥堵、生态恶化等问题，极大影响生活质量，从而挤出追求居住幸福感的人群。

二、"规律纠偏"的功能逻辑

"规律纠偏"的功能逻辑是指基于客观规律进行批判和反思，化解国土空间格局优化中的诸多矛盾，助力实现中国式现代化。国土空间格局优化的本质是纠正国土开发利用过程中承载过度、公平缺失、市场失灵三种扭曲，从而发挥提升基础发展能力、保障弱势群体公平和盘活低效资产的作用，推进全体人民共同富裕的中国式现代化建设。首先，国土空间格局优化可以基于自然规律，纠正承载过度的扭曲。国土资源的有限性和不可再生性客观上限制了人类无限制的开发和利用活动，要求人类活动不能突破生态保护红线、环境质量底线和资源利用上限。在这样的规则约束下，国土空间格局优化可以基于区域资源环境承载能力和禀赋特色，协调不同空间主体功能，从而充分发挥各自比较优势，避免空间出现不适宜、不合理的利用；更能通过资源富集空间和资源贫乏空间、存量空间和增量空间、地上空间和地下空间、线上空间和线下空间等的流通、置换和互补，补齐环境承载限制短板，拓展空间发展边界。其次，国土空间格局优化可以基于社会规律，纠正公平缺失的扭曲。国土空间格局优化依据人民需求的阶段性特征，满足生存、发展和舒适等多样化的需求。特别是国土空间格局优化能够为失地农民确保土地保障功能补偿，为城镇农民工提供农村宅基地退路保障，为城镇弱势群体改善生存和居住环境，切实补齐社会弱势群体的自然资源供给短板，保障"空间权利显化平等，增值利益分配公平"。最后，国土空间格局优化可以基于经济规律，纠正市场失灵的扭曲。由于土地资源的有限性、固定性、不可替代性以及不可或缺性，完全由市场进行土地要素配置往往会出现失灵，导致公共产品供给不足、负向外部性、信息壁垒等诸多问题。国土空间格局优化可以通过对土地资源的数量、空间和时序的安排，以及对区域政治、经济、社会和生态功能的整体布局，针对市场供需进行强制性和诱导性调控，引导国土空间按照供求关系自由流动和合理利用，实现国土要素流动效率效果最大化和空间利用效率最优化。

三、"文化精神"的引导逻辑

"文化精神"的引导逻辑是指通过国土空间的物质环境引导文化深处的理性自觉，彰显的是一种文化的独特性质与发展逻辑。国土空间不仅是自然资源依存的物质载体，还是国民生存的场所和环境，因而应当被认为是物质文明和精神文明的空间统一体。通过国土空间格局优化，可以实现打造地方优秀文化内核本底，进而建构特定"场域"规范和约束人类的行为活动，并通过内在化的"惯习"影响人类的精神空间，从而促进物质文明与精神文明相协调的中国式现代化建设。首先，文化地理学诸多理论指出，当自然地理属性的空间被赋予功能、情感的意义之后，这片空间就成了由权力、制度和社会关系建构起来并通过特定文化符号规范约束区域内人群的"地方"[①]。因此，国土空间格局优化会形成区域的文化基底，人群对国土空间的情感和情绪体验将产生"地方"的认同和依恋。例如，中国传统的乡土空间塑造了人群基本的道德感，构建出了独特的乡村差序格局和礼治秩序。其次，布迪厄的实践理论指出，"场域"是个体实践所发生的社会空间，不仅是多种空间设施的组合，而且是价值体验与情感共鸣的承载空间。比如咖啡厅不仅提供餐饮服务，还是承载情感交流、思维碰撞的公共空间。"场域"可以将实践秩序与地理空间动态关联，使得"场域"中的某些特质与生活于其中的社会群体产生联系，使得人的每一个行动均被所处"场域"影响，形成特定的实践秩序和规范。因此，国土空间格局优化通过塑造社会活动空间，可以构建特定"场域"，规范和约束人群行为活动。最后，实践理论同时指出，"惯习"是个体在特定社会环境中形成的一种持久的社会化结构，是基于实践和经验形成的内在化知识，包括思维方式、审美偏好、行为举止等。"惯习"能够对个体行动起到"直觉式"的潜在影响，并且具有对社会规范和期望的倾向引导，导致了社会群

---

① 周尚意. 文化地理学研究方法及学科影响 [J]. 中国科学院院刊, 2011, 26 (4): 415-422.

体间的间隔、距离与阶层差异①。比如江南细雨清风的气候，塑造了当地居民儒雅温和的性情以及婉约含蓄的审美，而西北戈壁荒滩的地貌，促成了当地居民豪放洒脱的性格以及坚忍顽强的作风。因此，在国土空间格局优化中，可以通过差异性适应形成"惯习"，潜移默化地影响人的精神世界，引导形成更为美好和谐的精神文明。

四、"生态文明"的支撑逻辑

"生态文明"的支撑逻辑是指人与自然是生命共同体，人类必须尊重自然、顺应自然、保护自然。国土空间格局优化具有保障生态安全、完善生态服务和显化生态价值的功能，从而全面支撑人与自然和谐共生的中国式现代化建设。首先，国土空间优化可以重塑生态安全格局、保障国家生态安全。在深入认识区域内的生态环境特征和空间分异规律的基础上，国土空间格局优化通过明确国土空间重要生态功能区和生态环境脆弱区，完善区域整体生态安全格局，保障人类在生产、生活和健康等方面不受生态破坏与环境污染等影响。此外，国土空间格局优化能够加强全域生态系统与经济、社会系统的互补协调，推进物质流与能量流的有序循环，持续强化生态系统的整体韧性，保障其在应对长期或突发的自然或人为扰动时能够保持弹性和稳定，从而提升生态空间稳定性和持续性，降低生态风险和生态脆弱性。其次，国土空间优化通过全域综合整治和生态系统修复，提升多样性生态服务功能②。通过有针对性地开展景观生态型国土综合整治

---

① 刘一鸣，吴磊，李贵才. 空间理论的图景拓展——基于哈格斯特朗与布迪厄的理论互构研究 [J]. 人文地理，2019，34（6）：1-9.

② Benayas J M R, Newton A C, Diaz A, et al. Enhancement of biodiversity and ecosystem services by ecological restoration: a meta-analysis [J]. Science, 2009, 325 (5944): 1121-1124.

和生态修复工程，全面保护与修复受损生态系统结构、改善生态系统过程、提高全域生态系统保护能力，从而提升碳汇、提供物质生产资料、调节气候、维护生物多样性、促进养分循环等生态系统服务功能。最后，国土空间优化可以满足人类不断提升的生态景观和生态价值显化诉求。根据亲生命性假设，人类越是参与自然中，越能与进化本源产生联系，从而提升情绪、生理和社会功能。通过打造蓝绿交织、清新美丽、生态友好的城乡生活空间，能够给人民群众带来更为舒适的宜居体验。此外，绿水青山就是金山银山，良好生态环境不仅是最公平的公共产品，更是最普惠的民生福祉。通过国土空间优化所衍生的生态物质产品、生态服务产品和生态文化产品，能够不断在市场中显化价值，从而为基于生态资源的绿色发展提供有效支撑。

五、"全球治理"的参与逻辑

"全球治理"的参与逻辑是指超越传统民族国家的界限，将民族国家与超国家、跨国家、非国家主体有机结合在一起，形成一种新的合作格局①。中国参与全球治理是经济社会改革与发展的内在要求，是应对全球性挑战的战略选择。国土空间格局优化具有解决全球可持续发展议题，促进跨国境、跨流域治理和构建全球治理体系机制等功能，能够促进人类命运共同体理念有效落地，推动走和平发展道路的中国式现代化进程。首先，国土空间优化能够解决全球可持续发展中的核心议题，集中体现了人类命运共同体的理念。2015 年联合国提出的《变革我们的世界：2030 年

---

① 陈家刚 . 全球治理与中国发展的路径选择［J］. 学海，2017（2）：5 - 14.

可持续发展议程》包含了消除贫困、消除饥饿、气候行动等 17 个可持续发展目标，其中绝大多数与国土空间优化息息相关。事实上，人类是一荣俱荣、一损俱损的命运共同体，亟须共同克服气候变化、土地退化和生物多样性降低等与国土空间相关的全球性挑战，实现共同的可持续高质量发展。其次，国土空间优化能够促进跨国境、跨流域的治理，并以此为平台强化流域、区域间的联结和合作。例如，中国通过优化"一带一路"沿线国土空间格局，加强了与沿线国家国土空间布局的对接，促进了国际与国内区域经济要素有序自由流动、资源高效配置和市场深度融合，推动了更大范围、更高水平、更深层次的区域合作。截至 2023 年6 月，中国与 152 个国家、32 个国际组织签署了 200 多份合作文件，中国与"一带一路"沿线国家和地区货物贸易额从 1.04 万亿美元扩大到2.07 万亿美元。最后，以国际公地为切入点开展国土空间优化，能够引领形成更为公平合理、合作共赢的全球治理体系。通过建立合作机制，各国可以共享国际公地的资源利益，避免利益垄断、武装冲突等。从国际公地出发的空间优化，可以缓和领土争端、缓解跨境污染等问题，促使形成共同认可的规则制度以及应对问题的解决机制。此外，通过国际公地空间优化可以共同保护重要的生态系统和自然资源，比如国际海洋、极地地区等，促进全球可持续发展，减少环境破坏和资源过度开发的不确定风险。

◀◀◀ 第三节 ▶▶▶

国土空间格局优化的战略路径

一、打造人地协调的国土空间新格局

合理控制国土开发强度，全面提升国土空间节约集约利用水平。根据各区域资源环境承载能力、国土开发强度及在国土开发格局中的定位，实行国土开发强度差别化调控，充分提高国土空间开发集聚水平和利用效率。具体而言，首先，要优化京津冀、长江三角洲、珠江三角洲等地区空间开发结构，严格控制开发强度和用地资源供给，积极盘活存量闲置低效用地，推进高质量的产业创新发展与结构转型升级；其次，要支持长江中游地区、成渝地区等重点开发区域适当提高国土开发强度，稳定各类用地要素供给，加快产业发展与人口集聚；最后，要限制农产品主产区和重点生态功能区开发强度，合理优化区域农业用地、城镇用地和生态用地布局。

统筹城乡人口结构，优化布局城镇与农村空间。就城镇空间而言，要通过推动优化开发区域的协同发展，以优化人口分布、产业结构、城镇布局等为重点，转变国土空间开发利用方式，促进城镇集约紧凑发展。同时，发展壮大城市群和都市圈，分类引导大中小城市发展方向和建设重点，形成疏密有致、分工协作、功能完善的新型城镇化空间格局。就乡村空间而言，要遵循乡村传统肌理和空间格局，保障乡村一、二、三产业用地供给，统筹集约利用乡村生产空间；科学布局乡村居民聚居点，优化居民点规模和集聚形态；合理布局基础设施和公共服务设施空间，引导形成布局协调、规模适宜、功能齐备、整洁美观的乡村空间格局。

畅通区域人口流动，完善流出流入相关空间服务。要加快建设国际国内综合运输大通道，构建由铁路、公路、水路、民航和管道共同组成的配套衔接、内通外联、覆盖广泛、绿色智能、安全高效的综合交通运输体系。针对人口流出区域，引导生产、生活功能向特定城市节点紧凑集中布局，加强空间节点交通网络建设，推进闲置用地生态复垦与修复，形成与本地人口发展相适宜的"收缩型"空间格局。针对人口流入区域，要严格控制国土空间开发边界，提升国土空间利用效率和应急韧性，保障空间实现高质量的服务。

应对老年化趋势，打造老年友好的微观国土空间格局。首先，优先发展老中青幼四类人群共享的多功能复合社区空间，叠合"十五分钟多年龄段生活圈"，不仅要满足老幼相合的交融娱乐空间诉求，更要满足老中青有机联系的温馨互通空间诉求，塑造出少长咸适、老幼皆宜的代际互动空间格局。其次，划定若干养老式小户型居住用地单元，配套打造住、医、养、乐、学"五维养老空间服务圈"，建立兼顾急救、医疗和护理的空间健康支撑服务综合体系，促进居住、出行、娱乐等空间向安全无障碍的适老化空间转型，完善全覆盖的网络状适老公共服务和基础设施空间供给。

二、重塑融合均等的国土空间新格局

加快推进区域协调发展战略，持续缩小区域差距。首先，以京津冀协同发展、粤港澳大湾区建设、长三角一体化发展、长江经济带发展、黄河流域生态保护和高质量发展五大国家战略为引领，充分发挥区域比较优势，促进西部大开发、东北老工业基地振兴、中部地区崛起和东部率先发展。其次，要通过特色产业空间打造、基础设施配套建设等方式，持续支持革命老区、民族地区、边疆地区、贫困地区全面发展，全面提升相对落后区域居民生活水平。最后，要探索和健全区域战略统筹、区际利益补偿等空间协同发展机制，实现发达地区和欠发达地区的协调和互利共赢，推动区域均衡发展和共同繁荣。

畅通要素流动，促进区域一体化发展。首先，要发挥国土开发轴带的纵深联通作用，加强发展轴带沿线地区经济联系，实现区域间要素的自由流动和优化配置，增强区域优势互补水平和整体竞争力。特别是要以长江经济带、丝绸之路经济带、海上丝绸之路"两带一路"为核心，加快东部沿海地区产业向中西部地区有序转移，推进中西部地区因地制宜地承接和发展优势特色产业，形成东、中、西区域梯度化、差异化发展的格局。其次，要发挥国土开发集聚区的辐射带动作用，加强经济技术开发区、高新技术产业开发区、国家综合改革配套试验区等各类重点功能平台的建设管理，以点带面推进区域均衡发展。

全面推进乡村振兴，加快城乡融合。首先，要基于城乡之间要素互补、互联互通、均等互助式发展的需要，加强链接城乡、互通有无和贯穿始终的线状空间链接布局建设，打造发展特色更为鲜明、功能分工更为明显、空间层次感更为分明的城乡融合发展网络体系[①]。其次，要推进城乡基础设施和公共服务均等化建设，促进城乡人才、资金、科技、信息等要素双向流动。最后，要遵循乡村发展和建设规律，分区域、分类别、分时序地推进城乡融合，优先推进大城市郊区乡村完善郊区组团空间建设，满足中心城区的功能疏解、产业转移、郊野游憩、生态承载等外溢需求。

三、营造文明有序的国土空间新格局

塑造城乡各具特色的文化魅力空间。在农村地区，以田成方、路成网、树成行、渠相连构成的乡村空间和以祠堂、家谱、家风、家训等构成的传统文化仍然是乡村保持不变的文化核心。未来国土空间格局不仅要保留承载乡愁的乡村特色空间风貌，而且要注重传承和延续传统文化，使得乡村空间和传统文化互为表里，共同塑造和谐生动的新型乡村国土空间格局。城市地区要在建筑与景观设计、文化设施配置等方面加强对区域特色文化的深入挖掘，增加传统、民俗、"网红"等文化空间，营造城市特色文化氛围和文化认同感。更要发掘历史文化，保护利用文化遗迹，修复完善文化遗迹及其周边环境，使其成为人们缅怀和体验悠久历史文化的空间场所。

塑造宜居舒适的国土空间，丰富居民情感体验。首先，在疫情冲击之后，个人对居住空间的安全性、私密性和舒适性要求进一步加强，未来国土空间格局应在优先保障和合理增加保障性居住空间的同时，视区域情况

---

① 严金明，赵哲，夏方舟. 后疫情时代中国"自然资源安全之治"的战略思考 [J]. 中国土地科学，2020，34（7）：1-8.

针对改善型居住诉求提供更多的空间供给。其次，不仅要积极供给涉及生活质量提升的空间基础设施，如公园、体育场馆等，提高独立生活圈内各类设施和服务的便利性，更要塑造邻里情感互通娱乐空间，增强人们对社区的归属感、认同感和安全感。最后，要科学布局游乐、休憩、观光、锻炼等各类娱乐空间，通过打造不同层次的功能节点、休闲路线和主题空间，随时随地为人们提供视觉、听觉、嗅觉、触觉、味觉等各个维度、多个层次的娱乐体验。

叠合空间功能，推进空间利用多元混合化。首先，要尤为注意农业转移人口、中低收入人群、少数民族等群体的空间需求，以交叉式空间供给和均等化空间服务推进城中村、保障房等各类社区和普通社区融合，塑造空间公平、相交互融的混合居住空间。其次，未来产业、居住、公共设施、生态服务等多种功能在立体空间上将呈现更为显著的叠加趋势，同一用地也将在不同时段更为强调分时弹性混合利用，因而要合理推进交通、商服、居住和办公等空间功能混合化。此外，未来可以进一步推动线上虚拟空间对线下物理空间的"替代"，通过现实和虚拟空间的混合不仅能够打造出足不出户的"元宇宙"，更能在现实空间上叠加赋予更为丰富的空间内涵。

四、建设优美和谐的国土空间新格局

强化自然生态保护，保障国家生态安全。首先，要严守生态保护红线，强化刚性约束，严禁各类不符合主体功能定位的开发性、生产性活动，严禁任意改变空间用途。其次，要完善建设以"两屏三带"为主体的陆域生态安全格局和"一带一链多点"的海洋生态安全格局，额外加强重点生态功能区保护。严格实施产业准入负面清单制度，遏制新增禁止类产业，促进限制类产业结构调整，协调并利用好财政转移支付、生态补偿机制、生态产品价值实现机制，因地制宜地推进生态功能区产业转型。

坚持生命共同体理念，提升生态系统服务功能价值。首先，要加快推进以国家公园为主体的自然保护地体系建设，高质量建设三江源、大熊猫、武夷山等第一批国家公园，积极探索特许经营等运营机制，加快推动黄河口、秦岭、卡拉麦里、亚洲象等新一批国家公园的设立。其次，要持续实施全国重要生态系统保护和修复重大工程。未来应完善青藏高原生态屏障区、黄河重点生态区、长江重点生态区等"三区四带"的重大工程总体布局，以"中国山水工程"为引领，统筹推进历史遗留矿山生态修复工程、海洋生态保护和修复工程等国家重大生态工程，强化系统综合治理观念，筑牢国家生态安全屏障。

靶向"双碳"目标，打造绿色低碳循环空间格局。首先，要优化产业空间结构，引导产业体系绿色低碳转型，有序腾退高污染、高耗能企业，优先布局绿色创新、环境友好企业，比如清洁能源供应、节能环保技术研发、可再生材料制造等，加快形成绿色低碳核心产业链。其次，要优化绿色综合交通网络空间，合理增加公共交通配比，重点关注城市间航空、铁路、公路等方式的联动运输，以及城市内地铁、公交、共享单车等工具的组合出行。除了交通用地，还要基于绿色理念优化居住、休闲、商业用地等，及时调整各类能源用地供给，加快建设全球能源互联网和完善全国能源输送网络，促进空间利用全面绿色低碳转型。

推进人地融合，打造和谐优美的景观格局。首先，要综合考虑不同景观元素的比例、形状、高度和互动关联，合理布局不同的景观元素。在乡村地区营造富有地域村庄特色的"田水路林村"村庄景观格局，在城镇地区打造蓝绿交织、城在园中的城市生态景观体系。其次，要打造"生态为基、轴网串联、廊道联动、多点散布"的景观结构，以区域大尺度生态景观、农田等为绿色生态空间，以大型空间景观绿轴为骨架串联景观网络，以滨水绿道、景观廊道等连接联动各个景观功能，以景观小品、公园绿地等为核心景观节点，实现串点成线、连线成带、多元交融的景观风貌，满足人们对运动健身、游玩休憩、娱乐放松、美景欣赏等各方面的需求。

五、探索安全共治的国土空间新格局

打造安全国土，确保国家领土完整和体系内循环。首先，要充分认识国家主权的重要性，确保中国领土完整。其次，要从"大食物观"视角合理调整农业生产布局，在牢牢守住18亿亩耕地红线的基础上，通过农田破碎化、非粮化等整治活动以及农业技术应用，提高粮食自给率并将其保持在安全范围内。再次，要以充足的产业空间建设更为系统和完备的产业体系，提高产业整体的效率和竞争力，还要根据经济发展阶段和国家战略安排，加强创新驱动和技术引领，培育具有核心竞争力的产业集群。

共同应对全球问题，推动人类可持续发展。首先，未来中国应积极拓展全球治理伙伴关系网络，推动新型全球治理的空间体系重塑，主动加强空间联合和合作，以更为主动积极的态度和行为携手其他国家共同应对可能威胁人类可持续发展的重大问题。其次，要认真履行国土空间格局相关国际公约，主动承担同国情、发展阶段和能力相适应的全球空间治理义务。

协调多元主体，推进跨国境、跨流域空间治理。首先，要明确与事权关系对应的跨区域治理范围，在更大范围的宏观尺度上认识区域间存在的空间问题，促使各主体开展多方面的对话和协商，在达成共识的基础上制定合作框架与协议。其次，要通过科学研究和评估，充分掌握区域之间、流域上下游之间的互动关联规律，因地制宜谋划安排各类空间和要素。最后，要探索建立跨国境、跨流域协同空间治理的组织实施、资金支持、监督执法等一系列机制，持续加强政策、设施、贸易、金融、人文方面的合作，其中尤其要重视生态环境响应。

坚持人类命运共同体理念，推进南极、北极、公海等国际公地治理。首先，国际公地治理要坚持多极世界、多边治理，接受、容纳和肯定多样化的治理模式，实现文明与文明之间、人与人之间、代与代之间的和谐共生。其次，国际公地治理要求平等互利、合作共赢，形成共建共享、相互依赖的国际公地治理关联。此外，要完善中国的国土空间相关法律体系，及时制定或修订一批急需的涉外、涉空、涉海等法律法规，促进国内国土空间法律与国际公地法规的衔接和转化。最后，中国应进一步深入参与和引领推进国际公地相关治理的政策制定，逐步扩大自身话语权，更多地立足于规则层面推动国际公地治理。

第四章

空间与格局

国土空间是指国家管辖下的地域空间，国土空间格局是指国土要素在地域空间的分布与配置。构建国土空间发展格局事关国家经济社会的高质量发展、国土空间资源的可持续利用以及人民生活的全方位改善。因此，本章提出应推动构建国土空间区域重大战略格局和区域协调发展格局，加快构建主体功能明显、优势互补、高质量发展的"多中心、网络化、开放式、集约型"国土空间开发格局，统筹划定落实三条控制线，形成保障生态安全、粮食安全、生产安全的国土空间保护格局，最终建立以效率国土、安全国土、协调国土为核心的国土空间战略新格局。

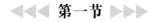

第一节
国土空间区域发展格局

一、区域重大战略格局

区域重大战略是指一定区域内的经济、社会发展中有关全局性、长远性、关键性的谋划。"十四五"时期，要实施好区域重大战略，立足新发展阶段，贯彻新发展理念，构建新发展格局，坚持目标导向和问题导向相结合，尊重客观规律，发挥比较优势，完善空间治理，保障民生底线，不断完善区域经济政策体系，加快构建高质量发展的动力系统，推动形成优势互补、高质量发展的区域经济布局，支持各地区走上合理分工、优化发展的路子。

（一）加快推动京津冀协同发展

以推动京津冀协同发展为引领、示范，再造国民经济增长的国土空间动力格局。紧抓疏解北京非首都功能"牛鼻子"，构建首都功能疏解国土空间相关政策体系，实施一批标志性空间腾退项目。高标准高质量建设雄安新区，建立雄安新区国土空间规划体系，推动土地管理体制创新。高质量建设北京城市副中心，促进其与河北省三河、香河、大厂三县市一体化发展。推动天津滨海新区高质量发展，支持张家口首都水源涵养功能区和生态环境支撑区建设，完善国土生态保护修复治理体系。提高北京科技创新中心基础研究和原始创新能力，发挥中关村国家自主创新示范区先行先试作用，推动京津冀产业链与创新链深度融合，疏解腾退空间优先用于发展科技创新功能与高科技产业。构建以北京城市副中心为交通枢纽门户的对外综合交通体系，基本建成轨道上的京津冀，提高机场群、港口群协同水平。加强国土生态功能整治，深化大气污染联防联控联治，强化华北地下水超采及地面沉降综合治理。最终，通过推动京津冀协同发展，有序疏解北京非首都功能，调整经济结构和空间结构，探索人口密集地区优化开发模式，增强对环渤海地区和北方腹地的辐射带动能力[①]。

（二）全面推动长江经济带发展

以全面推动长江经济带发展为关键，带动广大中西部国土空间效能聚

---

① 中华人民共和国国民经济和社会发展第十四个五年规划和 2035 年远景目标纲要［EB/OL］.（2021-03-12）［2021-03-13］. http：//www.gov.cn/xinwen/2021-03/13/content_5592681.htm.

集。科学谋划长江经济带国土空间发展格局，坚持生态优先、绿色发展，共抓大保护、不搞大开发，以空间规划统领水资源利用、水污染防治、岸线使用、航运发展等方面空间利用任务，打造生态环境保护和经济发展协调共促、人与自然和谐共生的美丽中国样板。在长江经济带国土空间规划编制中，应持续推进长江经济带国土生态环境突出问题整改，推动长江全流域按单元精细化分区管控，实施城镇污水垃圾处理、工业污染治理、农业面源污染治理、船舶污染治理、尾矿库污染治理等国土生态整治工程，增强区域生态保持功能和结构控制力。深入开展绿色发展示范工程，推进赤水河流域生态环境保护，实施长江十年禁渔。围绕建设长江大动脉，整体设计综合交通运输体系，疏解三峡枢纽瓶颈制约，加快沿江高铁和货运铁路建设。发挥产业协同联动整体优势，保障重大建设项目依法依规及时落地。

（三）积极稳妥推进粤港澳大湾区建设

以积极稳妥推进粤港澳大湾区建设为引擎，促进内地与港澳国土经济共同繁荣。围绕世界级城市群的建设目标，科学谋划粤港澳大湾区的国土空间格局。通过塑造粤港澳大湾区空间新形态，优先保障粤港澳产学研协同发展以及广深港、广珠澳科技创新走廊和深港河套、粤澳横琴科技创新极点"两廊两点"架构搭建所需的用地空间，重点满足综合性国家科学中心建设的用地需求，从而进一步便利创新要素的跨境流动。通过预留跨市交通工程的廊道空间，促进城际铁路建设，统筹港口和机场功能布局的完善与航运和航空资源配置的优化。同时，创新粤港澳大湾区用地指标调配机制，探索建立用地指标跨行政区灵活调配制度和跨境、跨地市土地合作开发模式，以推动粤港澳跨境合作开发平台的建设发展。最终，将粤港澳大湾区建成具有重要影响力的区域性经济中心，带动周边地区加快发展。

（四）提升长三角一体化发展水平

以提升长三角一体化发展水平为途径，加快长三角区域一体化发展。长三角国土空间格局应以一体化发展为目标，明确国土空间规划管控底线与标准，共同谋划有利于要素流动和分工协作的新型国土空间治理模式，用地布局瞄准长三角 G60 科创走廊和沿沪宁产业创新带的建设，通过明确优先供地的重点地区、项目库，推动长三角地区国际先进科创能力和产业体系的发展，从而为长三角一体化发展的关键破局提供有效示范，进一步提高长三角地区配置全球资源的能力和辐射带动全国发展的能力。此外，加快基础设施互联互通，实现长三角地级及以上城市高铁全覆盖，推进港口群一体化治理。打造虹桥国际开放枢纽，强化上海自贸试验区临港新片区开放型经济集聚功能，深化沪苏浙皖自贸试验区联动发展，对自贸区重点项目的用地需求予以满足。同时，应更加关注空间品质的塑造，加快长三角地区公共服务便利共享，优化优质教育和医疗卫生资源的空间布局，推进生态环境共保联治，高水平建设长三角生态绿色一体化发展示范区。最终，通过发挥长三角轴带的连通作用，加强沿线地区经济联系和分工协作，实现要素区域间自由流动和优化组合，推进区域一体化发展进程。

（五）扎实推进黄河流域生态保护和高质量发展

以扎实推进黄河流域生态保护和高质量发展为基础，打造资源环境可承载的区域发展格局。优化黄河流域的国土空间格局，应把编制国土空间规划作为谋划长远的重要抓手，应统筹谋划区域的生产、生活、生态空间，并把国土生态建设作为当下的着力点，从而优化流域国土空间格局，提升国土空间保护开发质量和效益。其中，黄河流域的国土生态保护与高质量发展是空间格局优化的核心内容，应坚持"重在保护、要在治理"的根本方针，坚持生态优先、绿色发展的基本原则，坚持"绿水青山就是金山银山"的基本理念，实行山水林田湖草沙综合治理、系统治理、源头治理：重点关注黄河上游重点生态系统保护和修复，筑牢三江源"中华水塔"，提升甘南、若尔盖等区域水源涵养能力；创新中游黄土高原水土流失治理模式，积极开展小流域综合治理、旱作梯田和淤地坝建设；推动下游二级悬河治理和滩区综合治理，加强黄河三角洲湿地保护和修复；开展汾渭平原、河套灌区等地的农业面源污染治理，清理整顿黄河岸线内工业企业，加强沿黄河城镇污水处理设施及配套管网建设；实施深度节水控水行动，降低水资源开发利用强度；合理控制煤炭开发强度，推进能源资源一体化开发利用，加强矿山生态修复；优化中心城市和城市群国土发展格局，统筹沿黄河县城和乡村建设。实施黄河文化遗产系统保护工程，打造具有国际影响力的黄河文化旅游带，从而构建共同抓好大保护、协同促进大繁荣的资源环境可承载的区域发展格局。

二、区域协调发展格局

根据资源环境承载能力、发展基础和潜力，按照发挥比较优势、加强薄弱环节、享受均等化基本公共服务的要求，逐步形成主体功能定位清晰、东中西良性互动、公共服务和人民生活水平差距趋向缩小的区域协调发展格局。《中华人民共和国国民经济和社会发展第十四个五年规划和

2035 年远景目标纲要》提出，深入实施区域协调发展战略，深入推进西部大开发、东北全面振兴、中部地区崛起、东部率先发展，支持特殊类型地区加快发展，在发展中促进相对平衡。这为"十四五"乃至今后一个时期实施区域协调发展战略指明了方向，提供了应遵循的原则。"十四五"时期应做好区域协调发展工作，立足新发展阶段，贯彻新发展理念，构建新发展格局，尊重客观规律，发挥比较优势，按照"宜工则工、宜商则商、宜农则农、宜粮则粮、宜山则山、宜水则水"的要求，深入实施区域协调发展战略，健全更加有效的区域协调发展新机制，推动我国区域发展更加协调、更有效率、更高质量①。

（一）推进西部大开发形成新格局

西部大开发要强化举措抓重点、补短板、强弱项，提高政策精准性，推动形成大保护、大开放、高质量发展的新格局。一是筑牢生态安全屏障。进一步加大水土保持、天然林保护等重点生态工程实施力度，加快推进国家公园体系建设，加强对青藏高原、祁连山等的保护修复。二是加大开放力度。积极参与和融入共建"一带一路"，大力推进西部陆海新通道建设，优化中欧班列组织运营模式，构建包括自由贸易试验区、内陆开放型经济试验区等在内的多层次开放平台。三是构建现代化产业体系。提升创新发展能力，充分发挥比较优势，推动具备条件的产业集群化发展，提升能源资源开发利用效率。四是强化基础设施规划建设。加强横穿东西、纵贯南北的运输通道和沿边、跨境旅游等基础设施建设，加快川藏铁路等

---

① 中华人民共和国国民经济和社会发展第十四个五年规划和 2035 年远景目标纲要［EB/OL］.（2021 - 03 - 12）［2021 - 03 - 13］. http：//www.gov.cn/xinwen/2021 - 03/13/content_5592681.htm.

重大工程规划建设，完善综合枢纽布局，系统布局新型基础设施。五是推动区域合作发展。推进成渝地区双城经济圈建设，加强西北地区与西南地区合作互动。六是提升民生保障水平。补齐教育、医疗等民生领域短板，完善社会保障体系，提升基本公共服务均等化水平。

（二）推动东北振兴取得新突破

东北振兴要从"五大安全"战略高度出发，着力破解体制机制障碍，着力激发市场主体活力，着力推动产业结构调整优化，走出一条质量更高、效益更好、结构更优、优势充分释放的发展新路。一是深化重点领域改革。以混合所有制改革为突破口深化国资国企改革，完善国有企业现代企业制度和市场化经营机制，优化调整国有经济布局，支持民营经济发展壮大。二是建设开放合作发展新高地。深化与东部地区的对口合作，加大对内开放合作力度。推进与周边国家的经贸合作，提升东北亚国际合作水平。三是推动产业结构调整升级。支持装备制造、汽车、石化等传统优势产业改造升级，因地制宜培育壮大新一代信息技术、生物医药、新能源、寒地冰雪等新兴产业。四是构建高质量发展的区域动力系统。建设沈阳等现代化都市圈，推动哈长、辽中南等城市群和辽宁沿海经济带发展，巩固国家粮食安全"压舱石"地位，筑牢祖国北疆生态安全屏障。五是完善基础设施，补齐民生短板。加快推进交通、能源、水利、信息等领域重点项目建设，完善区域基础设施网络。推进乡村振兴，提升民生保障能力。

（三）开创中部地区崛起新局面

中部地区要以高质量发展为主线，在自主创新上下功夫、在区域协调上求突破、在生态绿色上做文章、在内陆开放上找出路、在服务共享上出实招，推动综合实力和竞争力再上新台阶，在全面建设社会主义现代化国家新征程中做出更大贡献。一是大力推动制造业高质量发展。积极承接国内外产业转移，加快数字化、网络化、智能化技术在各领域的应用，推动制造业实现质量变革、效率变革、动力变革。二是促进城乡融合发展。全面推进乡村振兴，积极主动融入区域重大发展战略，推进省际协作和交界地区协同发展。三是推进内陆高水平开放。加快内陆开放通道和对外开放平台建设，积极参与"一带一路"国际合作，培育市场化、法治化、国际化营商环境。四是加强生态环境保护与修复。推动资源节约集约利用，加快形成绿色生产方式和生活方式，促进人与自然和谐共生，建设绿色发展的美丽中部。五是做好民生领域重点工作。着力补齐民生短板，完善社会保障体系，加强和创新社会治理，更好地满足人民对美好生活的需要。

（四）鼓励东部地区加快推进现代化

东部地区要发挥改革开放先行、创新要素集聚、现代制造领先等优势，提升科技创新能力，培育壮大高质量发展动力源，更高层次地参与国际经济合作和竞争，在全国率先实现高质量发展。一是创新引领实现优化发展。深化科技体制改革，加快科技成果转化，打造具有全球影响力的创新平台。加快培育世界级先进制造业集群，推动工业化、信息化融合发展。二是建立全方位开放型经济体系。打造对外开放新优势，全面提升对外开放水平，形成与国际投资贸易通行规则相衔接的制度创新体系。三是构建高质量发展动力系统。深入实施京津冀协同发展、粤港澳大湾区建设、推进海南全面深化改革开放、长三角一体化发展等重大战略，支持经济发展优势地区提高经济和人口承载能力。支持深圳建设中国特色社会主义先行示范区、浦东打造社会主义现代化建设引领区、浙江高质量发展建设共同富裕示范区。深入推进山东新旧动能转换综合试验区建设。

（五）发展海洋经济，建设海洋强国

坚持陆海统筹，走依海富国、以海强国、人海和谐、合作共赢的发展道路，高质量发展海洋经济，坚定维护海洋权益，加快建设海洋强国。一是建设现代海洋产业体系。围绕海洋工程、海洋资源、海洋环境等领域，突破一批关键核心技术。做强船舶制造、海工装备等全球海洋竞争优势企业，培育壮大海洋生物医药、海水淡化等新兴和前沿产业，推进海洋能规模化应用，促进海洋渔业持续健康发展。完善海洋经济布局，发展北部、东部、南部三大海洋经济圈，建设一批高质量海洋经济发展示范区。二是打造可持续海洋生态环境。构建沿海、流域、海域相统筹的海洋空间治理体系。除国家重大项目外，全面禁止围填海。拓展入海污染物排放总量控制范围，协同推进入海河流和排污口精准治理。强化重点海域和突出环境问题治理，推进海域海岛精细化管理。加强风险管控，提升抵御台风、风暴潮等海洋灾害的能力。三是深度参与全球海洋治理。积极参与国际海洋治理机制和相关规则的制定与实施，构建海洋命运共同体。坚决维护国家海洋权益，增强国家海洋软实力。共建21世纪海上丝绸之路，巩固拓展蓝色伙伴关系，建设"冰上丝绸之路"，提高参与南极保护和利用的能力。

（六）支持特殊类型地区发展

统筹支持欠发达地区、革命老区、边境地区、生态退化地区、资源型地区、老工业城市等特殊类型地区发展，切实维护生态安全、边疆安全和能源资源安全。做好易地扶贫搬迁后续帮扶、以工代赈和消费帮扶等工作，推动巩固拓展脱贫攻坚成果同乡村振兴有效衔接。统筹推进革命老区振兴，因地制宜发展特色产业，传承弘扬红色文化，完善基础设施和基本公共服务。统筹发展和安全，增强边境地区自我发展能力，提高人口和经济支撑能力，确保边疆巩固和边境安全。完善对口支援、对口帮扶等机制，强化智力扶持，加强重点领域合作。推进生态退化地区综合治理和生态脆弱地区保护修复，推动生态保护和经济发展迈上新台阶。支持资源型地区经济转型，建设可持续发展示范区和转型创新试验区，实施采煤沉陷区综合治理和独立工矿区改造提升工程。推动老工业城市转型发展，统筹推进制造业竞争优势重构和工业遗产保护利用，促进产业转型升级示范区高质量发展。

（七）健全区域协调发展体制机制

建立区域战略统筹机制，加快构建各区域融合互动发展新模式。健全市场一体化发展机制，促进各类要素有序自由流动。深化区域合作机制，加强城市群内部、省际交界地区合作。优化区域互助机制，更好地促进发达地区和欠发达地区共同发展。健全区际利益补偿机制，积极探索对生态地区、粮食主产区等的补偿方式。完善基本公共服务均等化机制，提高基本公共服务统筹层次。创新区域政策调控机制，建立健全区域政策与其他宏观调控政策联动机制。健全区域发展保障机制，加快建立促进区域协调发展的法律法规体系。

国土空间开发格局

国土空间开发格局是指国土空间开发利用在地域空间呈现的分布与布局。新时期新征程，需要构建合理流动的"多中心、网络化"国土空间开发格局，需要构建高效规范的"开放式"国土空间开发格局，需要构建集聚有效的"集约型"国土空间开发格局，即要加快构建主体功能明显、优势互补、高质量发展的"多中心、网络化、开放式、集约型"国土空间开发格局。

一、构建合理流动的"多中心、网络化"国土空间开发格局

"多中心、网络化"的国土空间开发格局是指利用核心城市和经济发展高效区域打造多中心国土空间开发动力源，依托主要交通干线和综合交通运输等开发轴带构建"流动状"网络布局，从而建立起的布局合理、联系紧密、协同一体的国土空间开发格局。

1949年以来，我国原有的国土空间开发格局经历了较大变化，但仍以"点轴"模式为主。起初，陆大道等学者提出了中国国土空间的"T"字形结构，即由东部沿海地带（纵轴）和长江中下游沿岸地带（横轴）构成的

"T"字形结构，而随着中国区域发展重心逐步从沿海向内地、从长江沿岸向外围扩展，全国道路基础设施及其主要经济轴线逐步向中西部地区延伸，使得"T"字形区域空间结构呈现出向不同方向延伸与交错的态势，使得全国区域空间结构开始由"点轴"模式向网络化模式演变。此外，依据国外已有研究成果和规划经验，"多中心、网络化"结构已被普遍认为是国土空间利用发展到现阶段最为合理的空间结构。许多外国学者提出，相比传统的单中心发展结构，多中心、网络化的空间结构更能促进区域间的要素流动以及结构功能上的分工协作，从而实现人口、经济社会与环境的协同发展①。英国、法国、日本等国家的实践经验也同样表明，空间开发格局的发展模式均是由单中心扩张向多中心、网络化的空间结构转变②。与此同时，许多学者从不同视角相继证明我国国土空间发展格局呈现出多中心、网络化的发展趋势。因此，未来我国的国土空间开发格局应基于空间社会理论、流动空间理论以及精明增长理论，在空间范式上由传统的"地方空间"向基于网络的"流动空间"转变，在空间增长上由早期的"城市蔓延"向强调空间管治的"精明增长"转变，从而构建合理流动的"多中心、网络化"国土空间开发格局。最终，利用该国土空间开发格局来促进国土空间内人、财、物等各种资源要素（尤其高端要素）的高速、高效、自由流动，以避免出现过度集中所造成的大城市病和城市间分工协作不够、同质化竞争严重等区域发展问题，从而实

---

① Fishman R. America's new city [J]. The Wilson Quarterly, 1990 (14): 24 - 48; Batten D F. Network cities: creative urban agglomerations for the 21st century [J]. Urban Studies, 1995, 32 (2): 313 - 327; Castells M. The rise of the network society [M]. New York: John wiley & sons, 2011.

② Kloosterman R C, Musterd S. The polycentric urban region: towards a research agenda [J]. Urban Studies, 2001, 38 (4): 623 - 633; Parr J. The polycentric urban region: a closer inspection [J]. Regional Studies, 2004, 38 (3): 231 - 240.

现经济资源、社会资源、环境资源以及空间资源等在国土空间上的优化
配置。

（一）开拓高质量发展的重要动力源

"多中心"国土空间开发格局是指以北京、上海、广州三个国家级核
心城市，武汉、沈阳、西安、重庆四个区域性核心城市为支点，以京津
冀、长三角、珠三角三个世界性城市群和长江中游、辽中南、关中、成
渝四个区域性有经济发展优势区域为支撑，打造具有全国和区域带动性
的经济增长中心。一方面，以京津冀、长三角、粤港澳大湾区为重点，
提升地区创新策源能力和全球资源配置能力，加快打造引领高质量发展
的第一梯队。在中西部有条件的地区，以中心城市为引领，提升城市群
功能，加快工业化城镇化进程，形成高质量发展的重要区域，破除资源
流动障碍。另一方面，通过完善"核心城市"基础设施和公共服务体系，
优化核心区域产业布局，吸引周边人口就近就业居住，促进产业集聚发
展，提升节点城市促进区域协调发展和活力激发的能力，进而提高中心
城市综合承载能力和资源优化配置能力，强化其对区域发展的辐射带动
作用。

（二）积极培育国土开发轴带

"网络化"国土空间开发格局依托主要交通干线和综合交通运输网
络，以城市群为载体，以交通干线沿线中心城市为节点，加快推动建设
一批新的国家级重点开发轴带。通过充分发挥高速铁路、高速公路、水
道等交通基础设施的作用，重点推进丝绸之路经济带建设和长江经济带
发展，构建以陇海—兰新发展轴带、沿长江发展轴带、青太—太中发展

轴带、沪昆发展轴带为四条横轴，以沿海发展轴带、京哈京广发展轴带、包昆发展轴带、京深发展轴带为四条纵轴的城市发展轴带，逐步形成"四横四纵"的网络开发总体格局①。一方面，全力提升沿海轴带连接21世纪海上丝绸之路建设的排头兵和主力军功能，使之成为我国实施陆海统筹战略、全面深化改革和对外开放的重要经济轴带；另一方面，构建"四横四纵"国土空间开发主轴带，促进国土集聚开发，引导生产要素向交通干线和连接通道有序自由流动和高效集聚，推动资源高效配置和市场深度融合。

在四条横向的国家级国土空间开发轴带中，一是陇海—兰新轴带，包含了连云港、郑州、西安、兰州、乌鲁木齐等一系列重要节点城市，串联起东陇海城市群、中原城市群、关中—天水城市群、兰州—西宁城市群、天山北坡城市群。因此，建设陇海—兰新轴带，使其贯穿中国东中西部10个省区，与11条南北向铁路交会，将淮海区域与中原地区，以及西陇海兰新经济带连接起来，构建一条以铁路干线为纽带的经济发展轴带，最终形成我国向西开放、密切西北与东部地区联系的重要战略通道。二是沿长江发展轴带，分布了包括上海、南京、合肥、武汉、重庆、成都等在内的23座城市、100多个开发区和各类高新技术产业开发区，串联起长江三角洲城市群、江淮城市群、长江中游城市群、成渝城市群。因此，通过建设沿长江发展轴带，初步形成一条在全国占重要地位的长江干流人口、产业集聚轴带与经济走廊，进而将其打造成为具有全球影响力的内河经济带，最终形成强化中国东中西部经济联系的最重要的通道，全面发挥促进

---

① 国家发展改革委，交通运输部，中国铁路总公司. 中长期铁路网规划［EB/OL］. (2016–07–20)［2021–07–13］. https://www.ndrc.gov.cn/xxgk/zcfb/ghwb/201607/t20160720_962188.html.

我国东中西互动合作和沿海沿江地区全面开放的重要作用。三是沪昆发展轴带，包括了上海、杭州、南昌、长沙、贵阳、昆明等一系列重要节点城市，串联起长江三角洲城市群、长江中游城市群、黔中城市群、滇中城市群。因此，建设沪昆发展轴带，形成连接中国东部、西南及通向南亚、东南亚各国的重要通道，促使我国东南与西南地区沟通联系更为通畅。四是青太—太中发展轴带，包括了青岛、济南、石家庄、太原、银川、兰州、西宁等重要节点城市，串联起山东半岛城市群、冀中南城市群、太原城市群、宁夏—沿黄城市群、兰州—西宁城市群。因此，建设青太—太中发展轴带，将环渤海地区与山西煤炭化工基地，以及西北地区兰西银地区联通起来，进而在轴带上集中分布多种能矿资源以及中国最为重要的能源原材料生产基地，从而加强国家能矿资源开发，强化沿线煤炭工业、天然气工业、石油工业、原材料工业对全国经济发展的支撑作用，形成全国重要的东西向经济发展通道，对于保障国家经济安全具有极其重要的战略意义。

在四条纵向的国家级国土空间开发轴带中，一是沿海发展轴带，包括沈阳、大连、青岛、上海、杭州、宁波、福州、厦门、深圳、广州、南宁等重要节点城市，串联起辽中南城市群、山东半岛城市群、东陇海城市群、长江三角洲城市群、海峡西岸城市群、珠江三角洲城市群、北部湾城市群。促进沿海发展轴带发展，可以形成中国发展基础最好、发育潜力最大、最具竞争力和战略地位的人口产业发展轴带。二是京哈京广发展轴带。该轴带包括两个部分，即以哈尔滨、长春、沈阳为重要节点的东北轴带和以北京、石家庄、郑州、武汉、长沙、广州等城市为重要节点的京广轴带，串联起哈长城市群、辽中南城市群、京津冀城市群、冀中南城市群、中原城市群、长江中游城市群、珠江三角洲城市群。构建京哈京广发展轴带，以京广铁路与京珠高速等重要主干道为连接纽带，以覆盖中国整个中部地区，连接环渤海湾地区与珠江三角洲地区，形成促进全国区域发展南北互动、东西交融的重要核心地带。三是包昆发展轴带。该轴带包括包头、西安、重庆、贵阳、南宁等重要节点城市，串联起呼包鄂城市群、宁夏—沿黄城市群、关中—天水城市群、黔中城市群、成渝城市群、北部湾城市群。建设包昆发展轴带，使其发挥我国西部地区最重要的南北向开发轴带的作用，建设成为我国向西南开放、密切西部地区联系的重要战略通道。四是京深发展轴带，包括北京、济南、合肥、南昌、深圳等重要节点城市，串联起京津冀城市群、江淮城市群、长江中游城市群、珠江三角洲城市群。因此，构建京深发展轴带，使其成为中国沿海发达地区辐射带动中西部地区的重要纽带。

要根据不同开发轴带的基础条件和连接区域的经济社会发展水平，明确战略定位与发展重点，加强轴带上集聚区之间的经济联系和分工协作，促进人口和产业集聚，提升轴带集聚效益。重点培育东西向开发轴带，促进国土开发重点由沿海向内陆地区纵深推进，加快缩小地区差距。加快自贸试验区和口岸地区建设，形成"一带一路"建设的重要节点。最后，通过"网络化"国土空间格局重构，发挥城市群和重点发展轴带对周边区域的辐射力和带动力，进而形成区域间分工合理、优势互补、联动发展的产业格局，推动高品质公共服务的共建共享，最终实现国土空间区域协调发展和效益逐步提高。

二、构建高效规范的"开放式"国土空间开发格局

"开放式"国土空间开发格局是指以开放式发展为基本理念，在对国

际形势及其发展趋向进行深入研判的基础之上，以培育重要开发轴带和开发集聚区为关键，以建设现代产业基地为比较优势，以沿海沿边开发开放为依托，遵循开放式的发展路径向内开发、向外开放所构建的国土空间开发格局。当前，经济全球化深入推进，各国相互联系、融合日渐强化，市场经济和国际分工加速推进，为构建"开放式"国土空间开发格局提供了良好外部环境。此外，我国处于亚太经济区核心地区，在承接全球产业转移和深度参与国际分工方面具有得天独厚的地缘优势，对外开放与国际合作空间广阔。中国的改革开放正是基于对这一国际形势及其发展趋向的深入研判而进行的。一方面，改革之初，邓小平深刻洞察国际形势，指出"和平与发展"是世界大势，中国应抓住机遇，聚精会神搞"四化"建设，加快发展自己；另一方面，邓小平深入分析后指出欧美发达国家若想继续发展，就必然要对外输出资本与技术、开发新市场，中国可以借机发展国际市场①。改革开放以后，中国就将"开放"作为引领新时代发展的五大理念之一，以开放"带动创新、推动改革、促进发展"，利用外部资源和条件为国内改革发展的推动与深化创造环境、条件和机遇。习近平总书记也多次郑重宣示，中国开放的大门不会关闭，只会越开越大。因此，未来我国国土空间开发要想不落人后、占据国际竞争先机，就应持续深化开放式发展思路，及时洞察国际发展趋向，顺势而为、借势发展，构建"开放式"国土空间开发格局。只有通过"开放式"国土空间开发格局，才能利用全球化深入发展机遇，国内进行改革与发展，形成生产要素有序流动和高效集聚的产业格局，国际进行开放与合作，利用广阔的国际市场扩大内

---

① 邓小平．邓小平文选：第3卷［M］．北京：人民出版社，1993：78-79，51-52．

陆地区分享国土经济发展效益的范围,从而加快我国贸易自由化和区域经济合作的步伐,极大地促进国土资源要素流动,有力地推动我国实现经济全球化和区域一体化的进程,最终实现对内增强国土空间的国际竞争力、对外构建全方位对外开放格局的重要目标。

(一)以培育重要开发轴带和开发集聚区为重点,建设竞争力高地

坚持集约发展,高效利用国土空间。在资源环境承载能力较强、集聚开发水平较高或潜力较大的城市化地区,着力推进国土集聚开发,引导人口、产业相对集中布局。以四大板块为基础,以三大战略为引领,以国家优化开发和重点开发区域为重点,依托大江大河和重要交通干线,打造若干国土开发重要轴带,促进生产要素有序流动和高效集聚,着力打造国土集聚开发主体框架,提升国土开发效率和整体竞争力。

(二)以现实基础和比较优势为支撑,建设现代产业基地

按照国家产业发展总体战略部署,立足各地区产业发展基础和比较优势,分类分区引导重点产业结构调整和布局优化,促进形成区域间分工合理、优势互补、联动发展的产业格局。提高产业核心竞争力,改造提升传统产业,培育壮大战略性新兴产业,加快发展现代服务业,培育一批具有国际竞争力的先进制造业基地,发展现代产业集群。加快推进农业现代化,重点在资源条件良好、配套设施完善、开发潜力较大的地区建设重要农产品优势区,加强耕地保护,推进高标准农田建设,巩固提高重要农产品供给能力,形成现代农业空间开发格局。

（三）以发展海洋经济和推进沿海沿边开发开放为依托，促进国土全方位开放

推进沿海沿边开放，形成优势互补、分工协作、均衡协调的区域开放格局。鼓励东部沿海地区全面参与国际分工，主动融入经济全球化。深入推进沿边地区开发开放，加快边境中心城市、口岸城市建设，加强基础设施与周边国家互联互通，发展面向周边的特色产业群和产业基地，形成具有独特地缘优势的开发开放格局。统筹推进海岸带和海岛开发建设、近海与远海开发利用，增强海洋开发能力，优化海洋产业结构，提高海洋经济增长对国民经济的支撑水平[①]。

三、构建集聚有效的"集约型"国土空间开发格局

"集约型"国土空间开发格局是指以集约发展、高效利用国土空间为原则，以建设国土开发集聚区、发展壮大城市群和都市圈为依托，通过实施国土空间集约开发所形成的集疏适度、优势互补、集约高效的国土开发新格局。目前已有研究表明建设高效集约国土空间利用格局已势在必行，我国国土集聚开发格局日渐清晰，人口、产业向东部沿海和大城市集聚的态势不断增强，推动形成了京津冀、长江三角洲、珠江三角洲等三大城市群和沿海、沿江、沿主要交通干线的开发轴带。但当前我国存在国土空间经济布局与人口、资源分布不协调，部分地区国土开发强度与资源环境承

---

① 国务院. 全国国土规划纲要（2016—2030 年）[R/OL].（2017-01-03）[2017-02-04]. https://www.baidu.com/link?url=5v0IWZzQz-eqM-pNl3sjqBRV8Xkp2MXE07q2sDSOwWirG3qViM KT3TPDS6Art_2CQ7iC2JBVivV4NYygXYmyQwKTymp1FBLtYrvUCY_h4gC&.wd=&.eqid=f6c15114 00516a520000000262373702.

载能力不匹配的问题。如改革开放以来，我国产业和就业人口不断向东部沿海地区集中，市场消费地与资源富集区空间错位，造成能源资源的长距离调运和产品、劳动力的大规模跨地区流动。此外，京津冀、长江三角洲、珠江三角洲等地区还出现了国土开发强度接近或超出资源环境承载能力的问题，中西部一些自然禀赋较好的地区尚有较大潜力。因此，基于大卫·李嘉图的地租理论和土地利用报酬递减规律，我国应积极构建集聚有效的"集约型"国土空间开发格局，一方面，发挥国土开发集聚区的辐射带动作用，推进开发集聚区及其周边地区的城镇发展、产业布局、资源开发利用、生态环境保护和基础设施建设，加快区域一体化发展进程；另一方面，发展壮大城市群和都市圈，有效引导实现城镇空间资源要素利用高效、主体功能约束有效、基本公共服务均等、资源环境可承载。最终，在"集约型"发展模式下，促使国土空间资源的稀缺性得到重视、国土空间开发格局更加科学，从而降低国土空间开发的经济运行成本、社会稳定和生态环境风险，以实现国土空间高质量开发利用。

（一）通过推进建设国土开发集聚区，构建"集约型"国土空间开发格局

通过推动京津冀、长江三角洲、珠江三角洲等优化开发区域的协同发展，以优化人口分布、产业结构、城镇布局等为重点，转变国土空间开发利用方式，促进城镇集约紧凑发展，提高国土开发效率，广泛深入参与国际合作与竞争，进而形成"集约型"国土空间开发格局。一方面，推进京津冀协同发展、长江经济带发展、粤港澳大湾区建设、长三角一体化发展，打造创新平台和新增长极。通过加速提升长江中游地区和成渝等重点开发区域的集聚发展水平和辐射带动能力，加大承接产业转移的力度，适度扩大城市容量，密切城市群之间的联系，充分发挥对中部地区崛起和西部大开发战略实施的引领带动作用。另一方面，推动西部大开发形成新格局，推动东北振兴取得新突破，促进中部地区加快崛起，鼓励东部地区加快推进现代化。支持革命老区、民族地区加快发展，加强边疆地区建设，推进兴边富民、稳边固边。同时，加大哈长地区、辽中南地区、冀中南地区、山东半岛地区、东陇海地区、海峡西岸地区、北部湾地区、山西中部城市群、中原地区、江淮地区、黔中地区、滇中地区、呼包鄂榆地区、宁夏沿黄地区、关中—天水地区、兰州—西宁地区、天山北坡地区、藏中南地区等区域的建设力度，加强基础设施建设和环境保护，积极推进新型工业化，提高人口和产业集聚能力，建成具有重要影响力的区域性经济中心，带动周边地区加快发展①。

（二）发展壮大城市群和都市圈，分类引导优化城镇化空间格局

城镇化是国家现代化的必由之路，城镇化水平是国家现代化水平的重要标志。产业和人口向中心城市和城市群等经济发展优势区域集中是客观规律和长期趋势，中心城市和城市群的引领作用日益凸显。同时，大中小城市应形成更为科学的功能定位和更为协调的空间布局，特别是作为城乡融合发展关键纽带的县城具有满足人民群众就业安家需求的巨大潜力。目前，以城市群为主体的城镇化空间格局总体形成。京津冀协同发展、粤港澳大湾区建设、长三角一体化发展有序推进，成渝地区双城经济圈建设开局起步，长江中游、北部湾、关中平原、兰州—西宁等城市群建立省际协

---

① 国务院.全国国土规划纲要（2016—2030 年）[R/OL].（2017 - 01 - 03）[2017 - 02 - 04].
https：//www.baidu.com/link?url=5v0IWZzQz-eqM-pNl3sjqBRV8Xkp2MXE07q2sDSOwWirG3qViM
KT3TPDS6Art_2CQ7iC2JBVivV4NYygXYmyQwKTymp1FBLtYrvUCY_h4gC&wd=&eqid=f6c15114
00516a520000000262373702.

调机制，城市群集聚人口和经济的作用持续显现。多地积极推动都市圈发展，城际铁路、市域（郊）铁路、城际公交加快建设，便捷的通勤网络逐渐形成。中心城市辐射带动能力增强，中小城市功能显著提升，县城补短板、强弱项工作稳步推进，特大镇设市取得突破，城市数量增加至 685 个。"十四五"期间，要发展壮大城市群和都市圈，分类引导大中小城市发展方向和建设重点，形成疏密有致、分工协作、功能完善的城镇化空间格局。

一是推动城市群一体化发展。根据城市群发展现状和潜力，分类推进城市群发展，打造高质量发展的动力源和增长极，全面形成"两横三纵"城镇化战略格局。优化提升京津冀、长三角、珠三角、成渝、长江中游等城市群，发展壮大山东半岛、粤闽浙沿海、中原、关中平原、北部湾等城市群，培育发展哈长、辽中南、山西中部、黔中、滇中、呼包鄂榆、兰州—西宁、宁夏沿黄、天山北坡等城市群。推动各城市群特别是跨省（区、市）城市群有关地方政府建立健全多层次常态化的协调管理机制，引导城市群结合发展实际完善成本共担和利益共享机制，促进基础设施互联互通、公共服务共建共享、生态环境共保共治、产业与科技创新协作，保留城市间生态安全距离，形成多中心、多层级、多节点的网络型城市群结构。

二是建设现代化都市圈。都市圈是城市群内部以超大、特大城市或辐射带动功能强的大城市为中心，以 1 小时通勤圈为基本范围的城镇化空间形态。要推动中心城市与周边城市（镇）以同城化发展为方向，以轨道交通建设为先导，以创新体制机制为抓手，稳妥有序发展市域（郊）铁路和城际铁路，构建高效通勤的多层次轨道交通网络，促进产业梯次分布和链式配套，统筹优化公共服务功能布局。支持有条件的都市圈设立规划委员会，实现规划统一编制、统一实施，探索推进土地、人口等统一管理。

三是优化提升超大、特大城市中心城区功能。以推动超大、特大城市内涵式发展为目标，按照减量提质、瘦身健体的要求，科学规划城市生产、生活、生态空间，有序疏解与城市发展方向不适应、比较优势弱化的产业及功能设施，引导过度集中的公共资源向外转移，合理降低中心城区开发强度和人口密度。营造高标准国际化营商环境，增强高端服务功能，提升城市现代化治理水平，提升城市核心竞争力。

四是完善大中城市宜居宜业功能。充分利用综合成本相对较低的优势，主动承接超大、特大城市产业转移和功能疏解，夯实实体经济发展基础。立足特色资源和产业基础，确立制造业差异化定位，推动制造业规模化、集群化发展，因地制宜建设先进制造业基地、商贸物流中心和区域专业服务中心。优化市政公用设施布局和功能，支持三级医院和高等院校在大中城市布局，增加文化体育资源供给，营造现代时尚的消费场景，提升城市生活品质。

五是推进以县城为重要载体的城镇化建设。县城是城镇体系的重要一环，是城乡融合发展的关键纽带。在一些有条件的地区的县城及县级市推进公共服务设施、环境卫生设施、市政公用设施、产业配套设施等提级扩能，加快补齐公共卫生防控救治、垃圾无害化资源化处理、污水收集处理、排水管网建设、老旧小区改造等短板，增强综合承载能力和治理能力，引导劳动密集型产业，县域特色经济及农村二、三产业在县城集聚发展，强化城镇体系重要环节。同时，按照区位禀赋和发展基础的差异，分类促进小城镇健康发展，促进特色小镇规范健康发展。

◀◀◀ 第三节 ▶▶▶

国土空间保护格局

国土空间保护格局是指国土空间保护在地域空间呈现的分布与布局。按照生态功能划定生态保护红线，按照保质保量要求划定永久基本农田，按照集约适度要求划定城镇开发边界，即统筹划定落实三条控制线，形成保障生态安全、粮食安全、生产安全的国土空间保护格局。

一、按照生态功能划定生态保护红线

（一）划定并严守生态保护红线

生态保护红线是指在生态空间范围内具有特殊重要生态功能、必须强制性严格保护的区域①。依托以"两屏三带"为主体的陆域生态安全格局和"一带一链多点"的海洋生态安全格局，优先将具有重要水源涵养、生物多样性维护、水土保持、防风固沙、海岸防护等功能的生态功能极

---

① 中共中央办公厅，国务院办公厅．关于在国土空间规划中统筹划定落实三条控制线的指导意见［EB/OL］．（2019－11－01）［2019－11－03］．http：//www.gov.cn/xinwen/2019－11/01/content_5447654.htm.

重要区域，以及生态极敏感脆弱的水土流失区域、沙漠化区域、石漠化区域、海岸侵蚀区域等划入生态保护红线。其他经评估目前虽然不能确定但具有潜在重要生态价值的区域也应划入生态保护红线。对自然保护地进行调整优化，评估调整后的自然保护地应划入生态保护红线；自然保护地发生调整的，生态保护红线相应调整。生态保护红线原则上按禁止开发区域的要求进行管理，严禁不符合主体功能定位的各类开发活动，严禁任意改变用途，确保生态保护红线功能不降低、面积不减少、性质不改变，保障国家生态安全。

（二）加强重点生态功能区保护

加强重点生态功能区保护，在具备水源涵养、防风固沙、水土保持、生物多样性维护等功能的国家重点生态功能区，以国家生态安全战略格局为基础，以国土空间规划确定的国家重点生态功能区、生态保护红线、国家级自然保护地等为重点，在统筹考虑生态系统的完整性、地理单元的连续性和经济社会发展的可持续性，并与相关生态保护与修复规划衔接的基础上，将全国重要生态系统保护和修复重大工程规划布局在青藏高原生态屏障区、黄河重点生态区（含黄土高原生态屏障）、长江重点生态区（含川滇生态屏障）、东北森林带、北方防沙带、南方丘陵山地带、海岸带等重点区域。同时，在保护修复生态环境、提供生态产品的前提下，编制实施产业准入负面清单，因地制宜发展不影响主体功能定位的产业，限制大规模工业化和城镇化开发，引导超载人口逐步有序转移。实施更加严格的区域产业环境准入标准，提高各类重点生态功能区中城镇化、工业化和资源开发的生态环境准入门槛。着力建设国家重点生态功能区，进一步加大中东部人口密集地区的生态保护力度，拓展重点生态功能区覆盖范围①。

（三）提高重点生态功能区生态产品供给能力

在大小兴安岭、长白山、阿尔泰山地、三江源地区、若尔盖草原、甘南地区、祁连山、南岭山地、西藏东部、四川西部等水源涵养生态功能区，加强植树种草，维护或重建湿地、森林、草原等生态系统。在塔里木河流域、阿尔金草原、呼伦贝尔草原、科尔沁草原、浑善达克沙地、阴山北麓等防风固沙生态功能区，加大退牧还草力度，开展禁牧休牧和划区轮牧，恢复草原植被。将 25 度以上陡坡耕地中的基本农田有条件地改划为非基本农田。在黄土高原、东北漫川漫岗区、大别山山区、桂黔滇岩溶地区、三峡库区、丹江口库区等水土保持生态功能区，加大水土流失综合治理力度，禁止陡坡垦殖和超载过牧，注重自然修复恢复植被。在川滇山区、秦巴山区、藏东南高原边缘地区、藏西北羌塘高原、三江平原、武陵山区、海南岛中部山区等生物多样性生态功能区，加强自然保护区建设力度，严防开发建设破坏重要物种栖息地及其自然生态系统。

（四）构建陆海国土生态安全格局

一方面，构建以青藏高原生态屏障、黄土高原—川滇生态屏障、东北森林带、北方防沙带和南方丘陵山地带（即"两屏三带"）以及大江大河重要水系为骨架，以其他国家重点生态功能区为支撑，以点状分布的国家禁止开发区域为重要组成部分的陆域生态安全格局，促进自然生态地区保护，稳定

---

① 国家发展改革委，自然资源部．全国重要生态系统保护和修复重大工程总体规划（2021—2035 年）［EB/OL］．（2020 - 06 - 11）［2020 - 06 - 21］．https：//www.ndrc.gov.cn/xxgk/zcfb/tz/202006/t20200611_1231112.html.

南岭地区、长江中游、青藏高原南部等天然林地和草地数量，降低人为扰动强度，限制高强度开发建设，恢复植被。加强对罗布泊、塔克拉玛干沙漠、古尔班通古特沙漠、腾格里沙漠、阿尔金草原、藏北高原、横断山区等生态极度脆弱地区的保护，推进防沙治沙，促进沙漠、戈壁、高寒缺氧地区生态系统的自我恢复。另一方面，统筹海洋生态保护与开发利用，构建以海岸带、海岛链和各类保护区为支撑的"一带一链多点"的海洋生态安全格局。

二、按照保质保量要求划定永久基本农田

（一）按照保质保量要求划定永久基本农田

永久基本农田是为保障国家粮食安全和重要农产品供给而实施永久特殊保护的耕地。依据耕地现状分布，根据耕地质量、粮食作物种植情况、土壤污染状况，在严守耕地红线的基础上，按照一定比例，将布局集中、用途稳定、具有良好水利条件和水土保持设施的高产、稳产、优质耕地纳入永久基本农田保护红线。已经划定的永久基本农田中存在划定不实、违法占用、严重污染等问题的要全面梳理整改，确保永久基本农田面积不减、质量提升、布局稳定。

（二）按照高标准保护的要求严守耕地保护红线

严守耕地保护红线和永久基本农田控制线，稳定并增加粮食播种面积和产量，合理布局区域性农产品应急保供基地。严格控制非农业建设占用耕地，加强对农业种植结构调整的引导，推广应用集约型、节地型农业工程技术，提高耕地利用率。加大生产建设和自然灾害损毁耕地的复垦力度，加大农村废沟呆塘和"边角料"耕地整治，整治农村"空关房"，合

理规划农村居住点，适度开发耕地后备资源，划定永久基本农田并加以严格保护。严守耕地保护红线，落实耕地保护责任，推动建立健全耕地补偿机制。到 2030 年全国耕地保有量不低于 18.25 亿亩（1.22 亿公顷），永久基本农田保护面积不低于 15.46 亿亩（1.03 亿公顷），保障粮食综合生产能力在 5 500 亿公斤以上，确保谷物基本自给[①]。

（三）按照高效能治理的要求实施耕地质量保护与提升行动

耕地是具有生态和生产双重功能的国土空间资源，因此，应有序开展耕地轮作休耕，加大退化、污染、损毁农田改良修复力度，保护和改善农田生态系统，实现生态保育与生态服务价值提升。加强北方旱田保护性耕作，提高南方丘陵地带酸化土壤质量，优先保护和改善农田土壤环境，加强农产品产地重金属污染防控，保障农产品质量安全。建立完善耕地激励性保护机制，加大资金、政策支持力度，对落实耕地保护义务的主体进行奖励。加强优质耕地保护，强化辽河平原、三江平原、松嫩平原等区域黑土地农田保育，强化黄淮海平原、关中平原、河套平原等区域水土资源优化配置，加强江汉平原、洞庭湖平原、鄱阳湖平原、四川盆地等区域平原及坝区耕地保护，促进稳产高产商品粮棉油基地建设。

三、按照集约适度要求划定城镇开发边界

（一）按照集约适度要求划定城镇开发边界

城镇开发边界是在一定时期内因城镇发展需要，可以集中进行城镇开

① 国务院. 全国国土规划纲要（2016—2030 年）[R/OL]. (2017 - 01 - 03) [2017 - 02 - 04]. https://www.baidu.com/link?url=5v0IWZzQz-eqM-pNl3sjqBRV8Xkp2MXE07q2sDSOwWirG3qViMKT3TPDS6Art_2CQ7iC2JBVivV4NYygXYmyQwKTymp1FBLtYrvUCY_h4gC&wd=&eqid=f6c1511400516a520000000262373702.

发建设、以城镇功能为主的区域边界，涉及城市、建制镇以及各类开发区等。通过科学划定城镇开发边界，严格管控城镇开发规模和强度，引导建设资源集聚投放，防止城镇盲目扩张和无序蔓延，促进城镇发展由外延扩张向内涵提升转变，优化城镇布局形态和功能结构，提升城镇人居环境品质，推动形成边界内城镇集约高效、宜居适度，边界外山清水秀、开敞舒朗的国土空间格局[①]。

城镇开发边界划定要坚持底线思维，顺应城镇发展需求，以城镇开发建设现状为基础，综合考虑资源承载能力、人口分布、经济布局、城乡统筹、城镇发展阶段和发展潜力，框定总量，限定容量，防止城镇无序蔓延。同时，要坚持以人为本，统筹安排城镇生产生活生态，突出当地自然与人文特色，塑造高品质人居环境。在严格实行建设用地总量与强度双控，强化城镇开发边界对开发建设行为的刚性约束作用的同时，也要考虑城镇未来发展的不确定性，科学预留一定比例的留白区，为未来发展留有开发空间。城镇建设和发展不得违法违规侵占河道、湖面、滩地。

此外，要结合当地城镇化发展水平和阶段特征，以主体功能定位为导向，兼顾近期和长远发展，因地制宜划定城镇开发边界。特大、超大城市以及资源环境超载的城镇，要划定永久性开发边界。

（二）按照高质量发展要求引导城镇国土空间布局

通过划定城镇开发边界，将城镇国土空间划分为城镇集中建设区、城镇弹性发展区和特别用途区。城镇集中建设区是为满足城镇居民生产生活

---

① 自然资源部. 城镇开发边界划定指南（试行，征求意见稿）[EB/OL]. (2019 - 06 - 12) [2021 - 03 - 12]. https://www.guoturen.com/index.php?guihua-363.html.

需要，根据规划确定的城镇建设用地规模划定的一定时期内允许开展城镇开发和集中建设的地域空间。城镇弹性发展区是为应对城镇发展的不确定性，在城镇集中建设区外划定的，在满足特定条件的情况下方可进行城镇开发和集中建设的地域空间。特别用途区是为完善城镇功能、提升人居环境品质、保持城镇开发边界的完整性，根据规划管理需要划入开发边界内的重点地区，主要包括与城镇关联密切的生态涵养、休闲游憩、防护隔离、自然和历史文化保护等地域空间。此外，城镇新增建设用地优先保障基础设施和公共服务设施用地需求，注重向土地存量要发展增量，提高国土空间利用效率，进而引导形成城镇国土空间的高质量布局。

第五章

规划与管控

国土空间规划是国家空间发展的指南、可持续发展的空间蓝图，是各类开发保护建设活动的基本依据。建立国土空间规划体系并监督实施，将主体功能区规划、土地利用规划、城乡规划等空间规划融合为统一的国土空间规划，实现"多规合一"，强化国土空间规划对各专项规划的指导约束作用，是党中央、国务院做出的重大部署。因此，本章首先从历史、权利、行政、宗旨、技术和管理六个方面对国土空间规划的本质进行全面诠释，进而介绍国土空间规划与管控的"五级三类四体系"框架，最后从"良法善治"视角剖析构建国土空间规划与管控的法治化逻辑框架。

◀◀◀ 第一节 ▶▶▶

国土空间规划的本质诠释

一、从历史上看，规划是人类文明用地的产物

规划的历史渊源植根于人类对国土空间的开发利用和对国土空间开发利用的认知。从国土空间视角来看，人类社会的发展历史就是人类不断利用和改造国土空间的过程。随着人类文明程度的提升，对国土空间的利用和改造程度也逐渐提高，利用方式越来越先进。在这个渐进的过程中，规划起到了重要的作用。众所周知，"井田制"是中国奴隶社会盛行的土地

所有制度①。其实，"井田制"不仅仅是一种土地所有制度，还可以看作人类历史上最早的国土空间规划。"井田"一词，最早见于《穀梁传·宣公十五年》："古者三百步为里，名曰井田。井田者，九百亩，公田居一。"所谓"井田"是指将方里九百亩土地划为九块，每块一百亩，八家共耕中间的一百亩公田，每家都有一百亩私田，这种土地划分使用方式，其形犹如"井"字。"井田"都是有规格的，长、宽各百步的方田叫一"田"，一田的面积为百亩，九块方田叫一"井"。"井田制"不仅合理划分了土地，还提供了一种简单的度量方式，可以说是当时人类文明用地的产物。

再如中国历史上著名的水利工程都江堰，也可以看作国土空间规划的成功范例。都江堰是中国古代建设并使用至今的大型水利工程，被誉为"世界水利文化的鼻祖"，是由秦国蜀郡太守李冰父子规划和修建的。他们巧设分水鱼嘴，用以分流引水和控制灌溉水中的泥沙量，还规划了飞沙堰、离堆旁的宝瓶口来调节水量、控制沙石，从而使有害于人类的岷江成为灌溉成都平原800万亩良田的有用之河，达到了根治岷江水患、发展川西农业、造福成都平原的目的。都江堰以不破坏自然资源、充分利用自然资源为人类服务为前提，变害为利，使人、地、水三者高度协调统一，是中国古代合理规划水土的"生态文明工程"。

二、从权利上看，规划是对国土空间发展权的分配

国土空间规划是一项合理分配和组织利用国土空间的综合性措施，如一块国土空间是规划为基本农田还是规划为建设用地，就是对国土空间发

---

① 王万茂. 土地利用规划学［M］. 北京：中国大地出版社，2000.

展权的分配。通过国土空间规划，某些国土空间用途发生改变，如由农用地转变为建设用地，或某些土地容积率提高而使得利用效益提升，这些都涉及国土空间发展权的分配。

国土空间规划的科学性和合理性决定了国土空间发展权分配的科学性和合理性。只有编制科学和合理的国土空间规划，才有公平和效益并重的国土空间发展权。在规划实施过程中可借助经济手段对国土空间发展权配置进行调整和弥补，但最终国土空间发展权的配置还是要落实到规划上。

国土空间规划为国土空间发展权的量化和货币化提供了科学依据。国土空间规划强调划定永久基本农田、城镇开发边界、生态保护红线等空间管控边界，强化底线约束，有利于国土空间发展权的量化和货币化，因为国土空间发展权的计量和分配是以预期可获得的经济效益和因限制而遭受的经济损失为依据进行的①。

三、从行政上看，规划是对土地要素市场失灵的纠正

国外大量实践表明，通过对国土空间进行合理调控，可以弥补市场缺陷，调节经济运行，在保障经济社会发展和促进国土资源均衡开发等方面发挥着重要的和不可替代的作用。因此，土地政策参与宏观调控是中国特殊国情和特殊发展阶段的特殊选择②，而国土空间规划在参与宏观调控的方式、方法中具有基础性和综合性地位。国土空间规划集中体现了土地政策参与宏观调控的国家意志，是实行最严格国土管理的基本手段，是指导

① 黄贤金.自然资源产权改革与国土空间治理创新 [J].城市规划学刊，2021（2）：53-57.
② 刁琳琳，严金明.论中国土地政策参与宏观调控的传导机制：一个基于修正的 IS-LM 模型的理论诠证 [J].中国土地科学，2012，26（12）：48-56.

城乡建设、国土管理的纲领性文件。从国土空间规划视角探讨土地政策参与宏观调控的作用机制，对于完善社会主义市场经济体制，加强和改进国家对经济的宏观调控，更加充分有效地发挥国土空间规划对经济运行的宏观调控作用，促进经济社会可持续发展具有重要的现实意义。规划的根本目标是消除市场失灵导致的负面影响，提高区域社会整体福利和公共利益，这也是规划存在和发展的出发点和归宿。

四、从宗旨上看，规划是对国土空间未来利用的控制

国土空间规划最本质的功能是对未来国土空间的利用时空提供导向，即对未来自然资源进行分配和时空组织。国土空间规划确定国土空间利用的时序和规模，主要表现为确定规划年期和国土空间利用指标。通过在规划年期内完成分配的国土空间利用指标，达到对未来国土空间利用控制的目的。根据中国自然资源家底及利用的实际状况，将耕地保有量、永久基本农田保护面积、城乡建设用地规模、生态保护红线面积等划为约束性指标。这些指标直接关系着国家粮食安全、经济增长方式和生态保护由粗放型向集约型的根本转变，是不得突破的。其他规模和时序指标应是预期性的。在社会经济迅猛发展、城市化水平快速提升的背景下，如果没有国土空间规划，那么国土空间利用将放任自流，农地非农化、自然生态破坏的后果将难以设想。

五、从技术上看，规划是对国土空间利用系统时空的优化

国土空间利用系统是指为人类活动所利用的国土空间表层及其以上和以下的所有要素相互联系、相互制约而结合成的具有特定功能的有机综合

体。国土空间利用系统的结构决定国土空间利用系统的功能，即结构良好的国土空间利用系统能有效实现系统的功能；反之则会减弱或损害系统的功能。因此，优化国土空间利用结构至关重要，它能促进国土空间利用系统运行达到良性循环，有效地实现系统功能，从而取得良好的系统效益，即国土空间利用的社会效益、经济效益和生态效益以及由此形成的综合效益。国土空间利用系统的规划就是以国土空间利用系统为对象，以结构问题为出发点，用定性和定量的方法描述其要素之间的联系和制约，按整体优化的观点加以处理，使结构在时空上得到落实。在给定的约束条件下为达到预定目标而进行的优化，就是规划。

六、从管理上看，规划是提高国土空间利用决策科学性的手段

国土空间规划是一种带有公共政策属性的制度安排。实质上，国土空间规划方案既是关于国土空间利用的决策，又是关于一定时期内国土空间利用的政策。不同的价值观影响和制约着对规划所涉及的整体利益和公共利益的判定，使得其目标不仅在于提高社会整体福利和最大化公共利益，而且应与特定的政治和制度目标相统一。基于这一认识，国土空间规划应具有对未来国土空间利用的导向性、有限理性和社会公共性等特征。

规划可以提高国土空间利用决策的科学性。有了国土空间利用规划，从国土空间利用总量控制到制定年度国土空间利用计划，就都有了依据，有利于提高国土空间利用决策的科学性。随着改革开放的不断推进，国土空间规划在自然资源管理中的"龙头"和基础地位不断夯实，国土空间规划作为宏观调控的重要手段在经济社会发展中的作用日益凸显。

◄◄◄ 第二节 ►►►

国土空间规划的战略思考

一、充分认识规划战略背景：从社会主义大国上升为社会主义现代化强国

目前正处于百年未有之大变局的新时期，新时期的国土空间规划又处于我国两步走战略中的第一步，是在全面建成小康社会的基础上，从社会主义大国上升为社会主义现代化强国的关键时期。因此，国土空间规划的战略定位要高、视野要宽、眼光要远，充分体现战略性。全国层面的国土空间规划的战略定位要与中华民族从"站起来""富起来"到"强起来"的历史逻辑高度契合，为建成安全和谐、富有竞争力和可持续发展的国土空间格局提供科学的方法论、路线图和时间表，为实现中华民族的伟大复兴提供坚强有力的国土空间保障。全国国土空间规划不仅要统筹总揽国内全局，对全国省市县乡各级国土空间规划的核心问题与主要目标做出顶层设计，更要从全球视野谋划我国的国土空间发展格局，立足实现对人类发展做出重大贡献的强国定位，顺应世界发展潮流，打造人类命运共同体，大力推进"一带一路"建设与国际合作，强化在亚太地区的领导力，提升在世界格局中的影响力。此外，还要强化与周边国家的交流合作，注重边

疆地区的国土空间发展与整体布局，发挥边疆城镇的人口集聚与维稳戍边作用，维护国家安全。国土空间规划目标要立足 2035 年，展望 2050 年，要为中华民族的永续发展谋划空间、留有空间、保障空间。

二、鲜明体现规划新时代思想：习近平新时代中国特色社会主义思想

习近平新时代中国特色社会主义思想是新时代进行伟大斗争、建设伟大工程、推进伟大事业、实现伟大梦想的理论指南，更是实现"两个一百年"奋斗目标、实现中华民族伟大复兴中国梦的"认识论"、"路线图"和"方法论"。因此，《全国国土空间规划纲要（2020—2035 年）》将习近平新时代中国特色社会主义思想作为新时代思想旗帜，这是国土空间规划编制必须秉持的指导思想。国土空间规划应深刻体现习近平新时代中国特色社会主义思想的关键内涵，严格对标新时代坚持和发展中国特色社会主义的总目标、总任务、总体布局、战略布局、发展方向、发展方式、发展动力、战略步骤、外部条件、政治保证等一系列基本问题。同时，国土空间规划还要在资源上、空间上和平台上集中支撑实现新时代的新理念，贯彻落实坚持和发展中国特色社会主义的总体要求、具体要求和保障条件。

三、留足规划战略弹性：兼顾突发事件应急和社会经济长治久安的双重保障

强调全国国土空间规划纲要的"战略引领"功能，国家层面的规划刚性不宜过强。第一，规划应兼顾空间突发事件应急和社会经济长治久安的双重保障，不仅要瞄准长远保障、长效机制和长期均衡，更要关注应对空

间突发事件的应急反应能力。就新型冠状病毒的应急反应而言，在城市人口规模限制方面，应强调与人口匹配的公共服务保障，而不是单纯地限制人口规模。第二，要推动国土空间规划和空间治理的重心向基层下移，把更多资源下沉到基层，更好地为全体国民提供精准化、精细化服务。第三，在国土空间规划中可尝试划定战略留白用地，应对城市发展的不确定性，为未来发展留下余地。第四，在基础设施建设方面，既要发挥重点城市在交通网络中的作用，也要尝试多条并行网络，避免因单个节点的故障导致整个交通网络瘫痪。

四、注重规划价值的理想追求：实现人与自然的长期可持续发展

全国国土空间规划编制要有"为天地立心，为生民立命，为往圣继绝学，为万世开太平"的理想追求。"为天地立心"，即规划编制必须立足"究天人之际，明自然之理"，在开展各类适宜性评价、潜力评价、承载力评价等科学评价的前提下，掌握和遵循各类规律，从而实现人与自然的"天人合一"。"为生民立命"，即规划编制中实现"以人民为本"的关键在于协调"权力"与"利益"，在保障编制过程中权利平等、分配合理、机会均等和司法公正的基础上，还要尊重公民作为"人"的更深层的文化情感诉求，体现人文底蕴和乡土情怀。"为往圣继绝学"，即新时代的国土空间规划编制需要博采中外百家之长，由此才能切实推进规划理念与时俱进。"为万世开太平"，即国土空间规划应以"为万世开太平"的抱负和责任感，实现高起点、高标准、高质量、高水平规划，不仅有严守底线和科学布局的刚性设计，更有精准预测和灵活应变的弹性调整，最终切实实现

规划的"经世致用"和人与自然的长期可持续发展。

五、重点把握规划要素之变：与时俱进应对人口变化和科技发展

正确处理人口发展与国土利用的关系是空间规划必须研究的重要课题。根据国家统计局信息，2021 年年末全国人口（我国除港澳台三地之外31 个省、自治区、直辖市和现役军人的人口，不包括居住在 31 个省、自治区、直辖市的港澳台居民和外籍人员）141 260 万人，比上年末增加 48万人，我国人口总量即将迎来由"增"到"减"的历史拐点。同时，我国人口结构将进入巨大变化期，青年人口比例将快速下降，而老龄化比例则会逐年上升，导致人口红利逐渐消失；人口规模和流动状况将发生较大变化，部分区域的人口数量将不再增长，甚至会减少，部分人口将快速地向中心区域聚集，城乡之间的互通流动将更趋频繁。人口的变化意味着发展模式的转变、维持高速经济增长的基础条件的变化以及老龄化挑战的日趋严峻。因此，国土空间规划要科学研判人口要素的规模、结构和流动变化趋势，统筹安排城镇空间与产业空间，促进国土空间资源集约利用，合理配套公共服务与基础设施，提升城镇空间品质；综合考虑返乡人员的居住与生产用地需求，预留乡村战略留白空间，保障乡村振兴的合理用地需求。此外，国土空间规划编制要考虑新型技术要素的快速发展，考虑 5G、大数据、云计算、VR、AR 和人工智能等技术对国土空间供需均衡匹配、国土空间利用效率提升和国土空间利用监管反馈的影响，考虑区块链技术在规划信息平台、资源共享发现等方面的作用，从而全面转变新思维、融合新技术，在新时代全面引领国土空间的科学合理利用。

六、立足规划新时代要求：国土空间治理体系和治理能力的现代化

国土空间治理体系和治理能力是在国土空间开发、利用、保护、修复和整治等方面一系列制度的集合和运用制度工具实现空间治理目标的能力。国土空间治理在国家治理体系中有着举足轻重的地位，是国家治理现代化的现实表现。因此，国土空间规划应符合空间治理体系和治理能力现代化的要求，在坚持以人民为中心的发展思想的基础上，坚持新发展理念，尊重自然规律、经济规律和社会规律，坚持问题导向，结合理论和实际，系统地回答新时代国土空间发展战略和空间格局应该是什么样的、怎样实现等问题，推进治理能力的科学性与革命性有机融合。在继承主体功能区强政策、土地规划强全域、城乡规划强发展等各类规划的优势的基础上，围绕国土空间永续利用的总体目标，以现代化的手段、模式和技术提出解决国土空间存在的问题的举措，体现治理能力继承性与创新性的紧密结合。国土空间规划不仅要针对国土空间开发与保护做出总体性的安排，更要明确配套政策、实施手段与监管体系，突出体系性与针对性的高度融汇。

从规划的本质看，全国国土空间规划是高位统筹的自然资源公共政策综合性纲要，既是人类空间认知与调控不断深化的产物、分配空间发展权的机制、纠正土地市场失灵的工具、优化资源利用系统时空的技术、提高空间利用决策科学性的治理路径，更是改革规划管理体制、统筹城乡发展、推进新型城镇化、实现国土生态文明、完善政府治理机制、保障社会经济可持续发展的战略工具。在空间规划编制较为成熟的美国、德国、日

本等国家，国土空间规划作为其战略性、综合性的空间发展政策，对合理利用自然资源、均衡开发国土空间、加强生态建设、保障国土安全以及改善宏观调控等都起到了积极的促进作用。因此，国土空间规划要发挥国土空间政策工具的作用，在当前建设生态文明的大背景下，应强化各类自然资源政策统筹，成为整体谋划自然资源与国土空间开发、利用、保护和整治的综合性政策纲要。

◀◀◀ 第三节 ▶▶▶

国土空间规划与管控的体系框架

一、国土空间规划总体框架

（一）分级分类建立国土空间规划

国土空间规划是对一定区域国土空间开发保护在空间和时间上做出的安排，包括总体规划、详细规划和相关专项规划。国家、省、市、县编制国土空间总体规划，各地结合实际编制乡镇国土空间规划。相关专项规划是指在特定区域（流域）、特定领域，为体现特定功能，对空间开发保护利用做出的专门安排，是涉及空间利用的专项规划。国土空间总体规划是详细规划的依据、相关专项规划的基础；相关专项规划要相互协同，并与详细规划做好衔接①。

（二）明确各级国土空间总体规划编制重点

全国国土空间规划是对全国国土空间做出的全局安排，是全国国土空间保护、开发、利用、修复的政策和总纲，侧重战略性，由自然资源部会同相关部门组织编制，由党中央、国务院审定后印发。省级国土空间规划是对全国国土空间规划的落实，指导市县国土空间规划编制，侧重协调性，由省级政府组织编制，经同级人大常委会审议后报国务院审批。市县和乡镇国土空间规划是本级政府对上级国土空间规划要求的细化落实，是对本行政区域国土空间开发保护做出的具体安排，侧重实施性。需报国务院审批的城市国土空间总体规划，由市政府组织编制，经同级人大常委会审议后，由省级政府报国务院审批；其他市县及乡镇国土空间规划由省级政府根据当地实际，明确规划编制审批内容和程序要求。各地可因地制宜，将市县与乡镇国土空间规划合并编制，也可以几个乡镇为单元编制乡镇级国土空间规划。

（三）强化对专项规划的指导约束作用

海岸带、自然保护地等专项规划及跨行政区域或流域的国土空间规划，由所在区域或上一级自然资源主管部门牵头组织编制，报同级政府审批；涉及空间利用的某一领域专项规划，如交通、能源、水利、农业、信息、市政等基础设施，公共服务设施，军事设施，以及生态环境保护、文物保护、林业草原等专项规划，由相关主管部门组织编制。相关专项规划

---

① 中共中央，国务院．关于建立国土空间规划体系并监督实施的若干意见［EB/OL］．（2019－05－23）［2019－05－23］．http：//www.gov.cn/zhengce/2019/05/23/content_5394187.htm.

可在国家、省和市县层级编制，不同层级、不同地区的专项规划可结合实际选择编制的类型和精度。

（四）在市县及以下编制详细规划

详细规划是对具体地块用途和开发建设强度等做出的实施性安排，是开展国土空间开发保护活动、实施国土空间用途管制、核发城乡建设项目规划许可、进行各项建设等的法定依据。城镇开发边界内区域的详细规划，由市县自然资源主管部门组织编制，报同级政府审批；在城镇开发边界外的乡村地区，以一个或几个行政村为单元，由乡镇政府组织编制"多规合一"的实用性村庄规划，作为详细规划，报上一级政府审批。

二、国土空间规划编制体系

（一）体现战略性

全面落实党中央、国务院重大决策部署，体现国家意志和国家发展规划的战略性，自上而下编制各级国土空间规划，对空间发展做出战略性、系统性安排。落实国家安全战略、区域协调发展战略和主体功能区战略，明确空间发展目标，优化城镇化格局、农业生产格局、生态保护格局，确定空间发展策略，转变国土空间开发保护方式，提升国土空间开发保护质量和效率。

（二）提高科学性

坚持生态优先、绿色发展，尊重自然规律、经济规律、社会规律和城乡发展规律，因地制宜开展规划编制工作；坚持节约优先、保护优先、以自然恢复为主的方针，在资源环境承载能力和国土空间开发适宜性评价的基础上，科学有序统筹布局生态、农业、城镇等功能空间，划定生态保护红线、永久基本农田、城镇开发边界等空间管控边界以及各类海域保护线，强化底线约束，为可持续发展预留空间。坚持山水林田湖草生命共同体理念，加强生态环境分区管治，量水而行，保护生态屏障，构建生态廊道和生态网络，推进生态系统保护和修复，依法开展环境影响评价。坚持陆海统筹、区域协调、城乡融合，优化国土空间结构和布局，统筹地上地下空间综合利用，着力完善交通、水利等基础设施和公共服务设施，延续历史文脉，加强风貌管控，突出地域特色。坚持上下结合、社会协同，完善公众参与制度，发挥不同领域专家的作用。运用城市设计、乡村营造、大数据等手段，改进规划方法，提高规划编制水平。

（三）强化协调性

强化国家发展规划的统领作用，强化国土空间规划的基础作用。国土空间总体规划要统筹和综合平衡各相关专项领域的空间需求。详细规划要依据批准的国土空间总体规划进行编制和修改。相关专项规划要遵循国土空间总体规划，不得违背总体规划的强制性内容，其主要内容要纳入详细规划。

（四）注重操作性

按照谁组织编制、谁负责实施的原则，明确各级各类国土空间规划编制和管理的要点。明确规划约束性指标和刚性管控要求，同时提出指导性要求。制定实施规划的政策措施，提出下级国土空间总体规划和相关专项规划、详细规划的分解落实要求，健全规划实施传导机制，确保规划能用、管用、好用。

三、国土空间规划实施与监管体系

（一）强化规划权威

规划一经批复，任何部门和个人不得随意修改、违规变更，防止出现换一届党委和政府改一次规划的情形。下级国土空间规划要服从上级国土空间规划，相关专项规划、详细规划要服从总体规划；坚持先规划、后实施，不得违反国土空间规划进行各类开发建设活动；坚持"多规合一"，不在国土空间规划体系之外另设其他空间规划。相关专项规划的有关技术标准应与有关国土空间规划衔接。因国家重大战略调整、重大项目建设或行政区划调整等确需修改规划的，须先经规划审批机关同意后，方可按法定程序进行修改。对国土空间规划编制和实施过程中的违规违纪违法行为，要严肃追究责任。

（二）改进规划审批

按照谁审批、谁监管的原则，分级建立国土空间规划审查备案制度。精简规划审批内容，管什么就批什么，大幅缩减审批时间。减少需报国务院审批的城市数量，直辖市、计划单列市、省会城市及国务院指定城市的国土空间总体规划由国务院审批。相关专项规划在编制和审查过程中应加强与有关国土空间规划的衔接及与"一张图"的核对，批复后纳入同级国土空间基础信息平台，叠加到国土空间规划"一张图"上。

（三）健全用途管制制度

以国土空间规划为依据，对所有国土空间分区分类实施用途管制。在城镇开发边界内的建设，实行"详细规划＋规划许可"的管制方式；在城镇开发边界外的建设，按照主导用途分区，实行"详细规划＋规划许可"

和"约束指标＋分区准入"的管制方式。对以国家公园为主体的自然保护地、重要海域和海岛、重要水源地、文物等实行特殊保护制度。因地制宜制定用途管制制度，为地方管理和创新活动留有空间。

（四）监督规划实施

依托国土空间基础信息平台，建立健全国土空间规划动态监测评估预警和实施监管机制。上级自然资源主管部门要会同有关部门组织对下级国土空间规划中各类管控边界、约束性指标等管控要求的落实情况进行监督检查，将国土空间规划执行情况纳入自然资源执法督察内容。健全资源环境承载能力监测预警长效机制，建立国土空间规划定期评估制度，结合国民经济社会发展实际和规划定期评估结果，对国土空间规划进行动态调整和完善。

（五）推进"放管服"改革

以"多规合一"为基础，统筹规划、建设、管理三大环节，推动"多审合一""多证合一"。优化现行建设项目用地（海）预审、规划选址以及建设用地规划许可、建设工程规划许可等审批流程，提高审批效能和监管服务水平。

四、国土空间规划法规与技术体系

（一）完善法规政策体系

研究制定国土空间开发保护法，加快国土空间规划相关法律法规建设。梳理与国土空间规划相关的现行法律法规和部门规章，对"多规合一"改革涉及突破现行法律法规规定的内容和条款，按程序报批，取得授权后施行，并做好过渡时期的法律法规衔接。完善适应主体功能区要求的配套政策，保障国土空间规划有效实施。

（二）完善技术标准体系

按照"多规合一"的要求，由自然资源部会同相关部门负责构建统一的国土空间规划技术标准体系，修订完善国土资源现状调查和国土空间规划用地分类标准，制定各级各类国土空间规划编制办法和技术规程。

（三）完善国土空间基础信息平台

以自然资源调查监测数据为基础，采用国家统一的测绘基准和测绘系统，整合各类空间关联数据，建立全国统一的国土空间基础信息平台。以国土空间基础信息平台为底板，结合各级各类国土空间规划编制工作，同步完成县级以上国土空间基础信息平台建设，实现主体功能区战略和各类空间管控要素精准落地，逐步形成全国国土空间规划"一张图"，推进政府部门之间的数据共享以及政府与社会之间的信息交互。

◀◀◀ 第四节 ▶▶▶

国土空间规划与管控的法治逻辑

一、国土空间规划与管控的良法善治

（一）"良"的价值理念与"法"的完整体系

立良法于天下，则天下治；立良法于一国，则一国治。国土空间规划的现代法治必须遵循良法先行的基本原则，做到有法可依、执法必严、违法必究，要建立健全国土空间规划的法制体系，实现空间治理制度的系统集成，为治理活动提供可以凭借的良法。国土空间规划的良法涉及由规划法律体系、法规规章、技术标准和规划方案组成的法律和制度集合。判断国土空间规划是不是良法之治，除了要看其是否贯通秩序、人权、效率、和谐等基本价值之外，还要看其是否体现公平正义、国家意志和生态文明的价值观，是否构建了完整科学的规划法律与制度体系。

1. 维护公平正义是国土空间规划的价值追求

国土空间规划的本质是政府行使资源管理权和空间治理权对国土空间开发保护及自然资源利用进行管理的行为，因此，国土空间规划的法治化须把"促进公平正义"作为国土空间法治化的出发点和落脚点。《宪法》规定自然资源归国家所有（全民所有）和集体所有，自然资源资产的价值不仅仅取决于占有者的劳动投入，更受到全社会共同劳动投入的影响，全社会共同劳动投入的收益也应继续为全社会所拥有。因此，国土空间规划应当坚持以人民为中心，以平等享有国土空间与自然资源利用权利为基础，以正义逻辑规范资源增值收益分配，以公平理念制定国土空间法律与政策规则，维护国土空间的公正秩序。

2. 体现国家意志是国土空间规划的战略定位

国土空间规划作为国家对主权范围内的国土空间进行综合治理的龙头抓手，必须体现保障国家安全、推进区域协调发展、落实主体功能区战略和统一用途管制的国家意志导向。既要强化底线思维，严守生态、粮食、能源等国家战略安全底线，保障国防、基础设施等重大项目的资源供给与落地实施，切实维护国家安全与长远利益，也要注重落实国家区域战略布局，加强陆海统筹，促进城乡融合①，因地制宜统筹开发保护行为，提升国土空间对国家区域战略实施的支撑功能。同时，在遵循自然资源的系统性、整体性及其内在规律的基础上，构建国土空间命运共同体，对全域全要素统一实施用途管制，实现空间、领域、机制全覆盖，坚守国家战略底线，保障国家战略安排的实现。

3. 建设生态文明是国土空间规划的功能导向

构建国土空间规划体系是完善国土空间开发保护制度、推进生态文明建设的重要内容。在若干国家战略中，生态文明建设有着极为特殊的地位，关系到中华民族永续发展的千年大计，是当前我国经济社会发展阶段必须切实推进的迫切任务。因此，应坚持节约资源和保护环境的基本国策，实行最严格的生态环境保护制度，将国土空间规划的保护理念从土地保护扩展到对生态空间的系统性保护、从指导土地资源开发扩展到对国土空间的综合利用，促进国土空间永续利用。同时，生态文明理念强调国土空间规划在进行用途管制和资源配置的过程中必须践行"绿水青山就是金山银山"的理念，走生产发展、生活富裕、生态良好的文明发展道路，适度开发和高效利用自然资源，促进开发与保护的和谐统一，促进人与自然的和谐共生。

4. 健全良法体系是国土空间规划善治的基础保障

国土空间规划良法需注重系统性、层次性与融贯性，注重顶层设计有效传导至末端治理，保障国土空间规划法治体系完整、权责统一、层次分明、结构严谨、内部协调、体例科学。以基本法律和行政条例支撑国土空

---

① 严金明，王晓莉，夏方舟. 重塑自然资源管理新格局：目标定位、价值导向与战略选择 [J]. 中国土地科学，2018，32（4）：1-7.

间规划统筹全域资源、进行战略性安排的合法性，以地方行政规定体系支撑地方与基层国土空间治理活动的有序性，通过不同行政层级和空间尺度间法律保障机制差异化设计提升规划治理的灵活性和适用性。此外，要增强规划法律体系与空间治理外部环境的融贯性，保障国土空间法治体系正常运行，例如自然资源使用权等内容要与《民法》、《物权法》以及各项资源法对标的界定相一致，规划督察机制和违法惩处规定也要与《行政法》《刑法》相衔接。

（二）"善"的思维意识与"治"的秩序机制

"治民无常，唯法为治。"良法体系的形成不等同于国土空间规划现代法治的大功告成，把法律规定变成实践并提高其实效性是善治的关键。善治是就国土空间规划的治理能力而言的，是基于公共利益导向的治理有效、权责统一、多方参与的空间治理活动。善治的终极目标在于实现国土空间治理体系和治理能力的现代化。

1. 民主治理是国土空间规划人民意志至上的必然选择

我国的国家性质决定了践行社会主义民主是国土空间规划法治化的必然要求，"国土的规划"是"人民的规划"，因此应将人民至上、民主理念和民主机理融入国土空间治理之中。此外，国土空间的规划行为本质上是政府基于国家利益和公共利益，通过规划权（公权力）掌握对资源使用和空间配置的主导权，制定有关国土空间利用秩序规则，对人们利用国土空间与自然资源的行为做出相关的安排与约束。因此，善治的关键是实现全体公民共同参与国土空间的治理，不仅要民主立规划之法，而且要开门施规划之政，最大限度地扩大公民及社会组织的话语权和参与权，保障全体人民的最广泛利益，体现人民当家做主。

2. 依法治理是国土空间规划善治的基本要求

仅仅强调民主并不能自然实现法治，要实现国土空间规划的有效治理，还需要在民主治理的基础上全面推进依法治理。依法治理是公开透明的规则之治和程序之治，因此，依法治理国土空间具有可预期性、可规范性、可救济性，有利于实现从政策调节主导型的国土空间规划治理向法律主导型的国土空间规划治理的转变，有利于强化法律对公权力的约束和规范作用。基于此，国土空间规划须以法治化为准则，坚持法治精神，用法治思维和法治方式化解国土空间规划治理过程中遇到的新问题、新矛盾，依法编制规划、依法实施规划、依法监管规划，确保国家空间治理的公信力。

3. 完善机制是国土空间规划善治的现实诉求

机制创新就是要纠正现有空间规划类型过多、内容重叠冲突，审批流程复杂、周期过长，地方规划朝令夕改等漠视规划的严肃性、实施性、有效性的问题。在自然资源部实现了空间规划编制"大一统"的基础上，仍需进一步完善规划实施与调整机制、传导机制、监督机制等规划治理机制，建立健全自然资源调查监测、资源资产管理、有偿使用、用途管制、生态保护修复等方面的规划实施保障机制及政策措施，完善耕地占补平衡、城乡建设用地增减挂钩等一系列自然资源资产处理机制①，确保国土空间规划能用、管用、好用。明确规划一经批复，任何部门和个人不得随意修改、违规变更，防止出现规划获批之时就是规划调整之开始的情况。

---

① 刘畅，高洁，董珂. 论国土空间规划的资产效应［J］. 城市发展研究，2021，28（8）：41-49.

健全规划实施的政策引导与空间传导机制，确定下级国土空间总体规划和相关专项规划、详细规划的分解落实要求，明确规划约束性指标和刚性管控要求，因地制宜提出指导性要求。建立和完善空间规划权行使的内部和外部监督机制，内部强化规划编制与执行督察，外部强化纪检监察、审计等部门以及公众的监督。

4. 方式方法创新是国土空间规划善治的关键要素

提高法律制度集合的科学性和规划方案的规范性是实现善治的重要任务，既要保持法律制度的抽象性，也要注重其操作性，不仅要瞄准长远保障、长效机制和长期均衡，而且需关注应对时代各个要素之变，以满足市场经济条件下为应对不确定性而对规划所需具有的弹性和灵活性的要求，确保空间规划的权威性和长效性。从完善各项规划管理、凝聚各项规划手段的角度，引入现代化技术手段，博采中外百家之长，丰富空间治理技术方法，提升依法治理国土空间的能力。

二、国土空间规划与管控的良法善治逻辑框架

（一）构建国土空间规划与管控的良法体系

党的十八届四中全会决议提出了全面推进依法治国的总目标和具体任务，该决议强调"良法是善治之前提"，先有良法才能有善治，善治本身是规则之治，若缺乏良好的规则初衷、完整的规则体系、科学的规则设计，就不能实现善治。因此，法治现代化的当务之急是构建国土空间规划良法体系，包括规划法律法规体系、规划地方法规规章体系、规划技术标准体系和规划方案成果体系，分别为规划进行空间治理活动提供法律保障、法规保障、技术保障和规划实施保障。

1. 规划法律法规体系

近些年来，我国实施的各类空间规划有 80 多种，形成了以《宪法》为核心，以《城乡规划法》《土地管理法》等行政法为主体，辅以相关行政法规所组成的空间规划法律法规体系。其中既有专门的法律也有零星的法条，效力层级更是横跨根本法与具体实施办法，体系框架的复杂化与碎片化特征明显。因此，构建以规划基本法为核心、以专项法为配套、以行政法规为补充，科学、和谐、统一的国土空间规划法律体系，以立法形式强化国土空间规划的权威性，是国土空间规划进行空间治理的首要前提。

首先，由立法机关制定"国土空间规划法"，明确其在空间规划法律体系中的基本法地位，确立国土空间规划在空间规划体系中的统领地位，确定国土空间规划的法律效力。其次，编制"国土空间用途管制法"，明确界定国土空间用途管制的法律性质、法律地位和法律边界，明晰国土空间用途管制的主体、客体和手段，明确划分各级政府开展用途管制的事权与权责边界。此外，以《土地管理法》《矿产资源法》《森林法》《草原法》《海岛保护法》等各类空间和自然资源专项法律为骨架，构建完善的自然资源管理法律体系，完善各类自然资源开发与保护的分级分类体系，支撑国土空间规划治理的具体事务。由国务院根据国土空间规划的有关法律制定行政法规，如《土地管理法实施条例》《基本农田保护条例》《自然保护区条例》等，指导和规范具体行业的国土空间规划事务。

在此基础上，做好部委规章衔接与矛盾修正工作，推动国土空间规划各项政策规定有机衔接、融会贯通、协同高效。系统梳理《城市总体规划编制审批办法》《土地利用年度计划管理办法》等原国土、住建、环保等部门发布的各类规划编制与审批指导性规章，提高其与国土空间规划的契合性和一致性，形成统一的国土空间规划管理规章体系；梳理《建设项目用地预审管理办法》《耕地占补平衡考核办法》等针对具体事务的行政规章，形成位于国土空间总体规划之下的类似专项规划的行政规章体系。

2. 规划地方法规规章体系

国土空间规划良法体系的构建还需要配套地方性法规与规章条例，指导和规范地方具体的国土空间规划治理行为。地方性法规是指有权制定地方性法规的地方国家权力机关，依照法定权限和法定程序，在不与"国土空间规划法"等法律和行政法规相抵触的情况下，制定、修改的在本行政区内实施的国土空间规划相关规范性文件。国土空间规划法治体系中的地方性法规的立法主体可以是省、自治区、直辖市的人民代表大会及其常委会，设区的市的人大及其常委会，以及自治州的人大及其常委会；立法任务是解决应当立法解决而中央立法不能或不便统一解决的地方问题，为执行国土空间规划法律法规而对地方的规划事务做出具体的规定，提高地方在国土空间规划治理过程中依法解决遇到的实际难题的能力。例如，北京市依据《城乡规划法》，结合本市实际情况，制定了《北京市城乡规划条例》，以期更好地做好本市城乡规划工作。地方规章是由省、自治区、直辖市，设区的市、自治州的人民政府根据法律、行政法规和本地区的地方性法规，依照法定程序所制定的适用于本行政区域国土空间规划相关的具体行政管理事务的规范性文件。

为保证国土空间规划良法体系的完整统一，要依据《立法法》之法律位阶规定，对地方性法规规章予以规制，使其不与上位法相抵触、不突破法律允许的自由裁量权，从而保障国土空间规划法治体系的合理性、合法性和权威性。

3. 规划技术标准体系

有别于其他的治理活动，对于国土空间规划而言，科学统一的技术标准体系也是广义良法的重要组成部分。长期以来，我国"多头并举"的空间规划体系造成了数据方面统计口径、处理方式、数据库格式多种标准共存，导致了规划内容重叠、相互矛盾等问题。尽管自然资源部的组建在行政管理体系上实现了空间规划编制的"大一统"，但仍然需要构建统一的技术标准体系，以扭转长期以来"九龙治水"形成的碎片化治理等路径依赖，为整合原先丰富的规划成果和规划实践创造技术条件，也为实现统一国土调查、统一自然资源登记、统一用途管制、统一规划图件与数据成果提供技术保障。因此，国土空间规划的法治化应当建立统一的技术规程和行业标准，强化技术支撑，规范技术标准，推进各类国土空间规划具体事务规范有序展开。建立统一的基础数据标准，包括现状调查、用地分类、空间坐标等，夯实规划"底数"；制定各级国土空间规划的编制规程，明确总体要求、基础准备、重点管控性内容、指导性要求、规划实施保障、公众参与和社会协调、规划论证和审批；建立统一的技术规程，包括主体功能分区、用途管制分区等分区技术，制定统一的图件编制规范、数据库架构规范等技术规范。

4. 规划方案成果体系

国土空间规划作为整体谋划自然资源与国土空间开发、利用、保护和整治的公共政策综合性纲要，其规划方案成果具有法定效力。全国国土空间规划方案由党中央、国务院审定后印发，省级国土空间规划和部分重要城市的国土空间规划经同级人大常委会审议后报国务院审批，其他市、县、乡镇级国土空间规划方案由省级政府确定规划编制审批程序，一般经同

级人大常委会审议后报上级人民政府审批，以审批程序的高规格保障国土
空间规划的高效力。国土空间规划方案成果一经审定，便具有相应法定效
力，要将其落实程度作为规范政府治理行为的重要政策依据。质言之，经
审定审批后，具有法定效力的国土空间规划方案属于良法体系。因此，横
向的"总体规划、相关专项规划、详细规划"三类规划体系，纵向的"国
家、省、市、县、乡镇"五级规划体系，应秉持良法价值理念，围绕国土
空间永续利用总体目标，针对国土空间开发与保护做出总体性的安排，为
建成安全和谐、富有竞争力和可持续发展的国土空间格局提供科学的方法
论、路线图和时间表。

（二）构建国土空间规划治理的善治平台

1. 规划编制审批

明确各级国土空间总体规划的必选和自选操作，明确各级规划编制方
法、编制内容、编制重点、编制要求和编制程序，宏观层面的中央、省级
国土空间规划更多地体现定则、定量、定策规划目标，中观层面的市县国
土空间规划体现定量、定形、定界、定序管理目标，微观层面的乡镇、街
道空间规划体现精准、精细、精确落实规划任务。在资源环境承载能力和
国土空间开发适宜性评价的基础上，掌握和遵循自然规律、经济社会发展
规律，因地制宜开展规划编制工作，明确生态功能保障基线、环境质量安
全底线、自然资源利用上线，提高规划编制的科学性和有效性。建立完善
的公众参与制度，扩展公众参与主体、参与形式与参与周期，广泛开展线
上公示、线下展览、座谈会、论证会等多种形式的公众参与活动，提升多元
主体在规划前期研究、方案编制、规划公示、规划实施和规划评价全生命周

期中的参与程度。此外，建立国土空间规划的分级审查备案制度，明确规划审批的强制性内容，重点审查规划目标定位、底线约束、控制性指标等，审查各类专项规划的强制性内容与国土空间规划的一致性；按照"管什么就批什么"的原则，简化审批流程、缩短审批时间，提高规划审批的行政效率。

2. 规划实施监督

基于国家、省（区、市）、市县、乡镇各级政府空间管理事权推动规划实施，确保中央政令层级贯穿，强化分层级的规划政令的一致性及其调控的有效性。完善国土空间调查评价、确权登记、资产管理和监督保障机制，健全资源环境承载能力监测预警长效机制。建立国土空间规划定期评估制度，主要评估国土空间规划主要目标、空间布局、重大工程等的实现和执行情况，对规划实施情况开展动态监测、评估和预警，结合国民经济社会发展规划的变化情况，对国土空间规划进行动态调整和完善，促使规划的权威性与灵活性相得益彰。发挥国土空间用途管制对实施空间规划的抓手作用，通过建立法定的国土空间规划体系并以之为依据，对所有国土空间分区分类实施用途管制，明确各类空间的管制要求与行为边界，设定空间用途管制的方式和手段，完善用途管制许可制度，实行空间准入与用途转用许可制度，提升国土空间规划的治理效果。健全国土空间规划的监督机制，县级以上人民政府及其国土空间规划主管部门应当建立督察制度，基于规划编制、审批和实施主体分离的权责体系，加强对国土空间规划编制、审批、实施、修改的监督检查，形成包括行政监督、经济监督、司法监督和社会监督的复合多维度监督体系。

3. 规划信息平台

首先，基于统一的规划技术标准体系，以资源环境承载力评价、国土空间开发适宜性评价、自然资源调查监测数据等成果为基础，实现各类空间、各类资源和各类部门掌握的空间数据的有序关联，建立统一的国土空间基础信息管理平台，为国土空间规划编制与调整提供基础。进一步，整合各类空间关联数据，建立覆盖各个层级、类别的国土空间规划实施监督平台，形成全域覆盖、动态更新、权威统一的国土空间规划"一张图"，实现规划数据与规划信息共享，服务规划审批、信息公开、规划评估、用途管制等各项规划事务，提升规划活动的技术效率。此外，考虑 5G、大数据、云计算、VR、AR 和人工智能等技术对国土空间资源供需均衡匹配、国土空间利用效率提升和国土利用监管反馈的影响，考虑区块链技术在规划信息平台构建、资源共享发现等方面的作用，从而全面转向新思维、融合新技术，在新时代全面引领国土空间的科学合理利用。

4. 规划工作平台

以党委、人大、政府、部门、公众为参与主体，构建国土空间规划的工作平台，形成合力，推进国土空间治理能力现代化。党委统领国土空间规划工作，充分发挥党总揽全局、协调各方的领导核心作用；地方各级人大负责国土空间规划的审议，以人大审议的高规格保障国土空间规划的高效力，并监督地方政府编制规划与管理事务的合法性；各级地方人民政府是编制与实施国土空间规划的主导者与主体责任承担者；自然资源主管部门负责规划的具体行政管理事务，落实"两统一"主体责任，发挥其他部门的专业性和能动性，共同构建行之有效的规划实施保障措施、健全的违规督查和惩处机制；建立全流程、多渠道的公众参与机制，保障规划编制、报批、公示、实施和修改各阶段公众参与的广泛性、代表性和实效性，确保社会组织、广大群众依法通过各种途径和形式参与国土空间治理事务。

综上所述，以国土空间规划的良法和善治为主线，以建立国土空间规划的良法体系与善治平台为核心，以实现国土空间规划的治理体系和治理能力现代化为愿景，我们构建了国土空间规划与管控法治化的逻辑框架（见图5-1）。

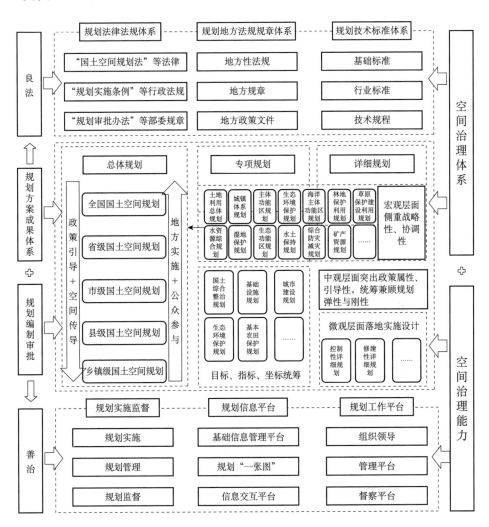

图5-1　国土空间规划与管控法治化的逻辑框架

第六章

底线与安全

国土资源利用底线是强化国土资源管控、提高国土资源的合理利用水平、实现国土资源永续利用的重要基石，国土资源安全体系则是推动国土空间合理规划和利用、正确处理国土资源保护与开发间关系的基本保障，而科学地划定底线正是协调国土资源科学保护与合理利用、推动构建国土资源安全体系的基础性工作。鉴于此，本章首先探讨了国土资源利用中农用地底线、城镇发展底线、生态安全底线划定的理论与方法，并以"底盘＋底线＋底数"三要素确定国土资源利用的最大空间阈值，进而建立了满足"保安全"、"调结构"、"提品质"和"促均衡"四大诉求的国土资源安全内涵体系，最后提出了后疫情时代中国"国土资源安全之治"的战略导向和战略保障。

◀◀◀ 第一节 ▶▶▶

国土资源利用的资源底线划定

一、农用地底线划定的理论与方法

基本农田保护区划定大致可分为资料搜集、人口预测、耕地需求量预测、耕地质量评价和基本农田等级确定等几个主要步骤。《基本农田划定技术规程（TD/T1032—2011）》对基本农田在过去基础上的占用、补划确认的工作流程进行了规范。2014 年 10 月 18 日国土资源部、农业部联合下发《关于进一步做好永久基本农田划定工作的通知》，要求在已有划定永久基本农田工作的基础上，将城镇周边、交通沿线现有易被占用的优质耕地优先划为永久基本农田。本研究归纳总结了相关文件和文献对基本农田划定的相关要求，并在此基础上对地方的具体实践进行了分析。

（一）资料搜集

在图件资料方面，搜集所在地区土地利用现状图（土地资源详查成果）或近期正射影像图、地形图、行政区划图、土壤图、城市（村镇）规划图和土地利用总体规划图等图件。

在文字资料方面，搜集国民经济与社会发展规划、土地利用总体规划、城市（村镇）规划、农业区划、交通建设规划、水利建设规划、矿产资源开发规划、土地资源详查文字材料以及各类农产品商品生产基地资料等。

在数据资料方面，搜集土地资源详查数据资料，国民经济统计年报资料，人口情况资料，当地居民生活用粮、饲料用粮、工业用粮统计资料，以及商品粮、棉、油、蔬菜、烟、糖等商品任务和调入调出情况统计资料。

（二）基本农田需求预测

1. 耕地现状、发展趋势及耕地后备资源潜力分析

要分析本区域耕地的类型，各类耕地数量、质量、产量水平，各类耕地的分布及人均占有情况。同时要分析耕地的发展趋势和各类耕地后备资源数量与分布情况及在一定经济技术水平上可开发、复垦的数量与分布情况。

2. 耕地需求量预测

人口预测参照以下计算公式进行：

$$P = P_0(1+K)^m \pm B \tag{6-1}$$

式中，P 表示规划目标年人口数；P_0 表示规划基期年人口数；m 表示基期年至规划目标年相隔的年数；K 表示人口自然增长率，应根据计划生育政策，分析自实行计划生育政策以来的人口自然增长率之后确定；B 表示规划年限内人口机械增长数。

规划目标年蔬菜基地保护面积（S_a）为

$$S_a = P_a T \pm A \tag{6-2}$$

式中，P_a 表示城镇、大型工矿区规划目标年常住人口及流动人口数（万人）；T 表示是人均菜地占有面积（公顷/万人），T 值根据当地上级政府的有关规定或调查计算确定；A 表示当地与外地的蔬菜净调剂量折合所需蔬菜种植面积。

同理，其他农产品的耕地需求可以折成面积 S_b。

海产品产量较大的地区，需根据海产品量折算成农田面积（S_c）。

名优特新、农业科研和教学试验等农产品生产的耕地需求预测，可根据实有或当地政府规划的面积确定。

规划目标年基本农田需求面积总量（S）为

$$S = S_a + S_b + S_c + \cdots \tag{6-3}$$

预测耕地增减量时，要考虑从基期年至规划目标年的耕地增加量 G_z（后备耕地开发、复垦的耕地量）和耕地减少量 G_j（因非农建设占用、农业建设占用、自然灾害损毁、农业内部结构调整等减少的耕地量）。从基期年至规划目标年的建设预留地所需耕地量是国家建设留用地面积、集体建设留用地面积、村镇个人建房留用地面积、农业建设留用地面积及其他非农建设用地面积的总和。

（三）基本农田评价

基本农田评价涉及总指标和一、二级基本农田保护区面积指标。

1. 总指标的确定

根据耕地的供给和需求，基本农田保护面积总指标（G_b）按如下方法计算：

$$G_b = G_0 + G_z - G_j \tag{6-4}$$

当 $S > G_0 + G_z - G_j$ 时，

$$G_b = G_0 \tag{6-5}$$

当 $S < G_0 + G_z - G_j$ 时，

$$G_b = G_0 + G_z - G_j \tag{6-6}$$

耕地保护率是 G_b 与 G_0 之比，G_0 是基期年耕地面积。

2. 各级基本农田保护面积指标的确定

基本农田分为两级。一级基本农田（G_{b1}）为生产条件（排灌条件、交通条件、地理位置条件、生态保护条件、土壤条件、地面坡度状况等）好，产量高（由各省份根据不同地区进行划分），长期不得占用的耕地（保障人口高峰年本地人口农产品需要量和国家商品需要量所需的耕地），上述三方面的分级条件应当兼顾；二级基本农田（G_{b2}）则为生产条件好、产量高、规划期内不得占用的耕地。

（四）基本农田划定

基本农田保护区由若干基本农田保护片、块组成，保护片、块可跨道路、沟渠（为农业生产服务设施）等，不跨行政边界。保护片、块要尽量集中，一般不含其他类型用地（不包括农业生产服务设施的用地），但基本农田保护区内可含其他类型土地。县级人民政府土地管理部门会同同级农业行政主管部门，组织实施经上一级人民政府批准的基本农田保护区规划，就基本农田保护区及建设预留地的范围实地确定界线，并落实保护标志位置。

二、城镇发展底线理论与方法

城镇开发边界是在国土空间规划中划定的，一定时期内因城镇发展需要，可以集中进行城镇开发建设，完善城镇功能、提升空间品质的区域边界，涉及城市、建制镇以及各类开发区等。城镇开发边界内可分为城镇集中建设区、城镇弹性发展区和特别用途区。国家出台的《市级国土空间总体规划编制指南（试行）》明确提出划定城镇开发边界时应遵循四大原则，即：第一，坚持节约优先、保护优先、安全优先，以"双评价"为基础，优先划定森林、河流、湖泊、山川等不能进行开发建设的范围，统筹划定"三条控制线"；第二，城镇开发边界形态尽可能完整，充分利用现状各类边界；第三，为未来发展留有空间，强化城镇开发边界对开发建设行为的刚性约束作用，同时也要考虑城镇未来发展的不确定性，适当增加布局弹性；第四，因地制宜，结合当地城镇化发展水平和阶段特征，兼顾近期和长远发展。

在划定层次上，市级总体规划按照上位国土空间规划的要求，结合市域实际情况，划定市辖区城镇开发边界，并统筹提出划定县级城镇开发边界的指导方案。县级总体规划按照市级规划的要求，划定县域范围内的城镇开发边界。按照"自上而下、上下联动"的组织方式，同步推进城镇开发边界划定工作，整合形成城镇开发边界"一张图"。

在技术流程方面，城镇开发边界划定一般包括基础数据收集、开展评价研究、边界初划、方案协调、边界划定入库等五个环节。其中，基础数据收集、开展评价研究与市级总体规划基础工作一并展开。

边界初划的内容主要包括城镇集中建设区初划、城镇弹性发展区初划以及特别用途区初划。其中，市级城镇集中建设区的规划城镇建设用地一般不少于市辖区规划城镇建设用地总规模的80％。县级城镇集中建设区的规划城镇建设用地一般应不少于县（区）域规划城镇建设用地总规模的90％。城镇弹性发展区面积原则上不超过城镇集中建设区面积的15％，可随着城镇常住人口数量的增加而适当缩小城镇弹性发展区面积。特别用途区主要是划定对城镇功能和空间格局有重要影响、与城镇空间联系密切或者影响城市长远发展的地域空间，应对其进行严格的管控。

当前初划城镇开发边界的方法有两种：正向法和逆向法①。正向法的模型主要有元胞自动机（CA）模型、SLEUTH模型以及人工神经网络模型。元胞自动机模型的优势在于其能够识别区域内微观的领域变量和领域内的开发强度，从而模拟城镇微观发展特征，而人工神经网络模型则可以明确建设用地与各类驱动力因子的关系，从而判断未来的分布概率。因此，耦合元胞自动机模型与人工神经网络模型能够吸收两者的优点，在刚性和非刚性控制线的约束下，对得到的模拟结果进行整合，通过定总量、定边界、定形态的方式得到城镇开发边界，所得到的结果能更加准确地预测城市未来发展趋势。

常用的逆向法主要有用地适宜性评价、土地生态适宜性评价、耕地质

---

① 胡耀文，张凤. 城镇开发边界划定技术方法及差异研究［J］. 规划师，2020，36（12）：45-50.

量评价、生态安全格局构建和生态基础设施法。基于生态安全的城镇开发边界的划定主要包含三部分内容：城镇扩张的驱动机制、城镇扩张与生态安全的协调和城镇扩张的过程模拟。

(一) 通过地理探测器来探究城镇扩张的驱动力

$$PD = 1 - \frac{1}{N\sigma^2} \sum_{i=1}^{n} N_i \sigma_i^2 \qquad (6-7)$$

PD 代表 Power of Determinant，其值越大，影响因素对城镇扩张的解释力越强。N 代表研究区内城镇扩张密度，σ^2 为其方差，影响因素分为 n 层，用 $i=1$，$\cdots$，n 来表示，N_i 和 σ_i^2 则表示第 i 层的扩张密度和方差。$PD \in [0,1]$，$PD=1$ 说明城镇扩张完全受该影响因素影响，$PD=0$ 则表示两者没有关系。

(二) 生态安全空间量化

通过 InVEST 模型能够基于生态系统过程评估生态系统服务功能，并充分体现其空间分布特征。

InVEST 碳模块：

$$C_v = C_{above} + C_{below} + C_{dead} \qquad (6-8)$$

$$C_t = C_v + C_{soil} \qquad (6-9)$$

其中，C_v 是植被总碳量，C_{above} 和 C_{below} 分别是以植被类型为统计单元的地上部分碳储量和地下部分碳储量，C_{dead} 是死亡植被和枯枝落叶中所含的碳储量，C_{soil} 是土壤碳储量。

InVEST 产水量模块：

$$Y(X) = \left[1 - \frac{AET(X)}{P(X)}\right] P(X) \qquad (6-10)$$

其中，AET（X）是栅格单元的实际蒸散量，P（X）为栅格单元上的年降水量。

生态安全空间量化：

$$\overline{ES_{i,j}} = \frac{ES_{i,j} - ES_{i,\min}}{ES_{i,\max} - ES_{i,\min}} \qquad (6-11)$$

式中，$\overline{ES_{i,j}}$ 是 $ES_{i,j}$ 标准化之后的结果，$ES_{i,j}$ 为第 j 个单元第 i 个生态系统服务的真实值；$ES_{i,\max}$ $ES_{i,\min}$ 分别为第 i 个生态系统服务的最大值和最小值。

(三) 城镇扩张模拟方法

对城镇扩张的模拟多采用多元逻辑回归、CA 模型以及 MC 模型进行。可通过耦合多模型并设置通用情景和多情景来实现城镇开发边界的划分。在方案协调方面，城镇开发边界应尽可能避让生态保护红线、永久基本农田。出于城镇开发边界完整性及特殊地形条件约束的考虑，对于无法调整的零散分布生态保护红线和永久基本农田，可以"开天窗"的形式不计入城镇开发边界面积，并按照生态保护红线、永久基本农田的保护要求进行管理。

要划定入库，首先要明晰边界。尽量利用国家有关基础调查明确的边界、各类地理边界线、行政管辖边界等，将城镇开发边界落到实地，做到清晰可辨、便于管理。城镇开发边界由一条或多条连续闭合线组成，单一闭合线围合面积原则上不小于 30 公顷。其次要上图入库。划定成果矢量数据采用 2000 国家大地坐标系和 1985 国家高程基准，在"三调"成果基础上，结合高分辨率卫星遥感影像图、地形图等基础地理信息数据，作为国土空间规划成果一同汇交入库。

三、生态安全底线划定理论与方法

（一）相关理论

1. 生态承载力理论

生态承载力可以用来衡量环境生态容量，即生态系统自身承受自然因素和人类生产生活干扰的能力。其中，支持力主要来自生态系统自我维持、调节和发展的能力以及资源环境系统的供给容纳能力；压力则主要来源于人类生产生活活动对物质、能量的消耗。只有在支持力与压力达到稳定状态时，生态系统才能可持续运行；若是压力超过生态系统可承载的阈值，则生态系统将会逐渐紊乱，甚至崩溃。根据生态承载力理论，需要明确在保持生态系统稳定有序运行的前提下其能承载的人类生产生活活动的最高水平。为解决生态环境较为脆弱、敏感的地区生态承载力较弱的问题，可以限制这部分区域的人类活动，加以重点保护。

2. 景观安全格局理论

景观安全格局理论十分重视空间格局在制定区域生态规划时的重要性，认为在判断空间的保护价值时，要在考虑空间自身属性与特征的基础上，注意区域对生态网络完整性与连通性的重要作用，这有助于系统性、整体性地解决生态问题。在土地资源有限与生态问题日益严重的背景下，这一理论为如何维护生态空间环境的稳定、安全、可持续提供了参考。在生态文明建设过程中，适当地优化景观安全格局是实现生态系统有序运行的重要手段。

3. 干扰生态学理论

干扰生态学理论将对生态系统运行造成影响的因素分为自然干扰与人类干扰两部分。自然干扰作为生态系统正常运行的基础，有助于促进生态系统的自我更新与演化；而人类干扰往往具有一定的负向影响，会增大自然灾害、环境恶化等发生的可能。因此，对于重要的生态保护功能区、生态环境脆弱敏感的区域，应当尽量减少人为干预。

（二）划定方法

1. 生态保护红线划定范围识别

依据《全国生态功能区划（修编版）》《生态保护和修复支撑体系重大工程建设规划（2013—2035年)》等国家文件和地方相关生态环境保护规划，结合经济社会发展规划和其他空间规划，识别需进行生态保护的重点区域，确定生态保护红线划定的关键范围。

（1）重点生态功能区。

1）重点生态功能区类型。

重点生态功能区主要分为陆地重点生态功能区与海洋重点生态功能区。陆地重点生态功能区主要包括水源涵养区、水土保持区、防风固沙区、生物多样性维护区等区域；海洋重点生态功能区主要包括海洋水产种质资源保护区、海洋特别保护区、重要滨海湿地、特殊保护海岛、自然景观与历史文化遗迹、珍稀濒危物种集中分布区、重要渔业水域等区域。

2）生态保护重要性评价。

根据重点生态功能区的不同服务功能，开展生态系统服务重要性评价，并根据评价结果将其划分为一般重要、中等重要、重要、极重要四个级别。进行生态重要性评价时，模型评价法与 NPP 定量指标评价法是应用得较为普遍的方法。

第一，模型评价法。模型评价法能够很好地反映区域生态特征，适用性较强；但是所需的参数较多，数据搜集难度相对较大，对于后续实地采样验证要求较高，比较适用于在较小的区域内实施。模型评价法常用评价模型见表 6-1。

表 6-1　模型评价法常用评价模型

类型	模型	参数解释
水源涵养功能	$WY = P-ET$	WY 为水源涵养量，P 为多年平均年降水量，ET 为蒸散量
水土保持功能	$A_c = A_p - A_r = R \times K \times L \times S \times (1-C)$	A_c 为土壤保持量，A_p 为潜在土壤侵蚀量，A_r 为实际土壤侵蚀量，R 为降水因子，K 为土壤侵蚀因子，L、S 为地形因子，C 为植被覆盖因子
防风固沙功能	$SR = S_{L潜} - S_L$	SR 为固沙量，$S_{L潜}$ 为潜在风力侵蚀量，S_L 为实际土壤侵蚀量
生物多样性保护功能	回归模型、分类树、随机森林等	自然保护区分布、保护物种分布、土地利用、野生动植物物种数量占总物种数量的比例、湿地面积、生物资源量等

第二，NPP 定量指标评价法。植物初级净生产力（NPP）是用于测算植物群落在自然环境下的生产能力的重要指标，通过植物吸收的光合有效辐射和在温度、水分条件影响下的实际光能利用率，反映环境变化对生态系统的影响。NPP 定量指标评价法需要的指标数据相对较少，适合对尺度较大的陆地生态系统进行评估，但精准度会受到一定影响。

$$NPP(x, t) = APAR(x, t) \times e(x, t) \qquad (6-12)$$

式中，$APAR(x, t)$ 表示像元 x 在 t 月吸收的光合有效辐射，$e(x, t)$ 表示像元 x 在 t 月的实际光能利用率。NPP 定量指标评价法常用评价模型见表 6-2。

表 6-2　NPP 定量指标评价法常用评价模型

类型	模型	参数解释
水源涵养功能	$WR = NPP_{mean} \times F_{sic} \times F_{pre} \times (1 - F_{slo})$	WR 为生态系统水源涵养服务能力指数，NPP_{mean} 为多年生态系统净初级生产力平均值，F_{slo} 为坡度，F_{sic} 为土壤渗流能力因子，F_{pre} 为多年平均年降水量
水土保持功能	$S_{pro} = NPP_{mean} \times (1 - K) \times (1 - F_{slo})$	S_{pro} 为水土保持服务能力指数，K 为土壤可蚀性因子，NPP_{mean} 为多年生态系统净初级生产力平均值，F_{slo} 为坡度
防风固沙功能	$S_{us} = NPP_{mean} \times K \times F_q \times D$	S_{us} 为防风固沙服务能力指数，F_q 为多年平均气候侵蚀力，D 为地表粗糙度因子，NPP_{mean} 为多年生态系统净初级生产力平均值
生物多样性保护功能	$S_{bio} = NPP_{mean} \times F_{pre} \times F_{tem} \times (1 - F_{alt})$	S_{bio} 为生物多样性保护服务能力指数，F_{tem} 为气温参数，F_{alt} 为海拔参数，NPP_{mean} 为多年生态系统净初级生产力平均值，F_{pre} 为多年平均年降水量

（2）生态敏感区与生态脆弱区。

1）生态敏感区与生态脆弱区类型。

生态敏感区与生态脆弱区同样可以分为陆地与海洋两大部分。陆地生态敏感区与生态脆弱区主要包括水土流失敏感区、土地沙化敏感区、石漠化敏感区、高寒生态脆弱区、干旱半干旱生态脆弱区等区域；海洋生态敏感区与生态脆弱区则主要包括海岸带自然岸线、红树林、重要河口、重要砂质岸线和沙源保护海域、珊瑚礁及海草床等区域。

2）生态保护敏感性和脆弱性评价。

根据不同生态敏感区与生态脆弱区的水土流失、土地沙化等生态问题类型，开展生态保护敏感性和脆弱性评价，并根据评价结果将其划分为不敏感、轻度敏感、中度敏感、高度敏感和极敏感共五个级别。生态保护敏感性和脆弱性常用评价模型见表 6-3。

表 6 - 3　生态保护敏感性和脆弱性常用评价模型

类型	模型	参数解释
水土流失	$SS_i = \sqrt[4]{R_i + K_i + LS_i + C_i}$	SS_i 为空间单元水土流失敏感性指数，R_i 为降雨侵蚀力，K_i 为土壤可蚀性，LS_i 为坡长坡度，C_i 为地表植被覆盖度
土地沙化	$D_i = \sqrt[4]{I_i + W_i + K_i + C_i}$	D_i 为评价区域土地沙化敏感性指数，I_i 为评价区域干燥度指数，W_i 为起沙风天数，K_i 为土壤质地，C_i 为植被覆盖的敏感性等级值
石漠化	$S_i = \sqrt[3]{D_i + P_i + C_i}$	S_i 为评价区域石漠化敏感性指数，D_i 为碳酸岩出露面积百分比，P_i 为地形坡度，C_i 为植被覆盖度

（3）禁止开发区与其他生态红线保护区。

禁止开发区主要包括国家级自然保护区、世界文化自然遗产、国家级风景名胜区、国家森林公园和国家地质公园等区域。其他生态红线保护区主要包括生态公益林、重要湿地和草原、极小种群生境等其他虽未列入以上三类重点生态红线保护区范围，但同样具有重要生态保护功能或生态环境较为敏感、脆弱的区域。

2. 生态保护红线划定方案确定

对各类重点生态功能区、生态脆弱区与敏感区进行统一管理，是划定生态保护红线区的重要目的。需在科学识别生态保护红线关键范围的基础上，结合地方经济社会发展实际状况与监管可行性，预留适当的发展空间和环境容量空间，合理确定生态保护红线划定方案。

采用地理信息系统空间分析技术，在统一空间参考系统下，以基础年的高精度遥感影像、国家基本比例尺地形图、土地调查及变更数据、基本农田界线图、有明确边界的保护地分布矢量图等为底图，将划定的重点生态功能区保护红线、生态敏感区和生态脆弱区保护红线、禁止开发区保护红线等与其进行空间叠加与综合分析，形成包含各类红线的空间分布图。当两种以上生态保护红线类型重叠时，须进一步明确主导生态功能和辅助生态功能。

此外，对于一些暂时无法确定的土地情况，还需根据实际土地利用类型和影像地物分布进行遥感判读与补充勾绘，调整生态保护红线界线，形成边界清晰、切合实际、生态完整性好的生态保护红线分布图。

3. 生态保护红线边界核定

在制定生态保护红线划定方案的基础上，通过开展地面调查，明确生态保护红线地块分布范围，勘定生态保护红线边界走向和实地拐点坐标，核定生态保护红线边界。在进行生态保护红线边界核定时，需与其他空间规划相协调，尽可能保持现存各类生态保护区与山脉、河流、地貌单元、植被等要素的自然地理边界，划定连续成片的红线斑块。

生态保护红线边界核定须调查与收集如下特征信息：（1）生态保护红线区的面积与范围，包括所处行政区域和地理位置、红线区面积、红线区拐点坐标等；（2）自然环境状况，包括自然地理特征和自然资源状况、生态系统类型等；（3）经济社会状况，包括区内人口、社区数量与分布、土地利用状况与权属、所在区域经济发展水平、产业类型、产业结构与布局，以及其他人类活动特征等；（4）主要生态问题，包括现存的主要生态问题、潜在的生态风险、社会经济问题及其成因；（5）管控措施，包括生态保护红线区内的禁止和限制行为，为保护和改善生态系统服务功能需开展的恢复治理措施等。

◄◄◄ 第二节 ►►►

国土资源利用的空间阈值界定

一、狭义国土开发强度内涵界定

国土开发强度是对区域国土资源开发利用程度及其累积承载密度的综合反映，其在地块尺度和区域尺度上有着不同的内涵。地块尺度的国土开发强度常用于表示城市土地开发程度，属于对地块的三维空间管理；区域尺度的国土开发强度则反映的是区域内土地整体开发程度，属于对区域性国土空间的二维管理。

所谓狭义，主要是就某一物质系统中具有特殊性的、有别于一般的、非普遍的部分而言。本研究提出的狭义国土开发强度是指区域建设用地规模与区域自然条件约束下适宜开发建设国土面积的比例，不仅是区域尺度上的二维开发强度概念，其分母更是调整为自然条件约束下区域适宜开发建设国土面积，其阈值即为区域内生态与耕保政策红线约束下的理论最大建设用地规模占区域自然条件约束下适宜开发建设国土面积的比例。

狭义国土开发强度的内涵与国土资源的"底盘"、"底数"和"底线"密切相关，具体包括三层含义：一是自然适宜"底盘"。由于地形地貌、地质灾害、地质环境、资源禀赋等自然条件约束，国土空间开发建设需要"择地"进行而不能"全域"开展,即要识别自然条件约束下有限国土的适宜开发建设范围。二是建设需求"底数"。区域自身发展和协同发展对国土资源开发建设有着强烈需求,即要确定建设用地需求规模。三是政策约束"底线"。在自然适宜建设的范围内,国土开发建设还应规避生态与耕地保护红线①,非红线空间即为保护"底线"基础上的建设用地规模"天花板"(见图6-1)。

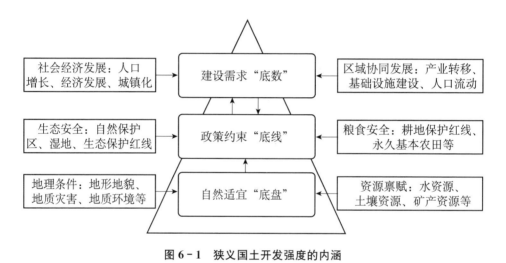

图6-1 狭义国土开发强度的内涵

二、测度方法

(一)基于自然条件约束的国土开发建设适宜性评价

国土资源利用需要以合理有效的评价方法明晰国土开发建设的基底,即通过识别自然约束、明晰国土开发建设适宜性"底盘"条件,明确开发建设的适宜空间,为整体布局建设空间和扩大建设用地规模提供基础参

———

① 严金明,王晓莉,夏方舟. 重塑自然资源管理新格局:目标定位、价值导向与战略选择 [J]. 中国土地科学,2018,32(4):1-7.

考。落实生态保护和永久基本农田保护的"底线"管控要求，进一步以"底盘＋底线"要素确定国土资源利用的最大空间阈值，有效避免开发建设与生态保护、耕地保护的空间冲突，实现国土空间用途管制差别化引导和管理。根据地区经济社会发展和区域协同发展的要求对国土开发建设的"底数"需求规模进行情景分析，有效保障必要的国土空间开发规模、结构、布局和时序，从而因时制宜、因地制宜地统筹必要建设用地供给和科学开发强度管控，最终实现国土空间有效开发、合理集聚和井然有序，为实现区域优化利用与重点开发提供国土资源保障。

基于自然条件约束的国土开发建设适宜性评价围绕区域地形地貌、地质灾害、地表类型、区位资源禀赋等核心约束条件[①]，力图构建较为完善、反映地域特色的自然限制条件体系（见表 6-4），根据影响程度对要素进行评价分级，进而采用限制系数法计算国土开发建设适宜性[②]，公式如式 6-13 所示：

$$E = \sum_{q=1}^{n} F_q W_q \tag{6-13}$$

式中，E 为综合适宜性分值；F_q 为第 q 个适宜性因子的适宜性等级；W_q 为第 q 个适宜性因子的权重；n 为适宜性因子的个数。根据适宜性评价分级结

---

① 黄大全，张文新，梁进社，等. 三明市建设用地开发适宜性评价 [J]. 农业工程学报，2008，24（S1）：202-207；Yan Jinming, Chen Hao, Xia Fangzhou. Toward improved land elements for ur-ban-rural integration: a cell concept of an urban-rural mixed community [J]. Habitat International, 2018, 77（7）：110-120；Yan Jinming, Shen Yue, Xia Fangzhou. Differentiated optimization of sus-tainable land use in metropolitan areas: a demarcation of functional units for land consolidation [J]. Sustainability, 2017, 9（8）：1356-1375；孔雪松，刘耀林，邓宣凯，等. 村镇农村居民点用地适宜性评价与整治分区规划 [J]. 农业工程学报，2012，28（18）：215-222；曲衍波，张凤荣，姜广辉，等. 基于生态位的农村居民点用地适宜性评价与分区调控 [J]. 农业工程学报，2010，26（11）：290-296.

② 贾克敬，张辉，徐小黎，等. 面向空间开发利用的土地资源承载力评价技术 [J]. 地理科学进展，2017，36（3）：335-341.

果，通过聚类分析法将开发建设适宜性划分为适宜（E1）、基本适宜（E2）、基本不适宜（E3）和不适宜（E4），其中适宜和基本适宜规模之和为自然条件约束下的适宜开发建设国土面积，即测算国土开发强度时的分母。

表6-4　基于自然条件约束的国土开发建设适宜性评价指标体系

影响因素	具体指标	指标分级	建议等级
地质环境	活动断层	1000m	E1
		800m	E2
		500m	E3
		200m	E4
	地面沉降	轻微或稳定区	E1
		一般沉降区	E2
		较严重沉降区	E3
		严重沉降区	E4
地形地貌	坡度限制	0～8%	E1
		8%～15%	E2
		15%～25%	E3
		＞25%	E4
	高程限制	1000m以下	E1
		1 000～2 000m	E2
		2 000～3 000m	E3
		3000m以上	E4
地质灾害	岩溶塌陷	不易发区	E1
		低易发区	E2
		中易发区	E3
		高易发区	E4
	崩塌、滑坡、泥石流	非易发区	E1
		低易发区	E2
		中易发区	E3
		高易发区	E4

续表

影响因素	具体指标	指标分级	建议等级
地表类型	土地类型限制	无限制	E1
		轻度限制	E2
		中度限制	E3
		水域、冰川和永久积雪	E4
区位资源禀赋	水资源约束	一般或无约束	E1
		较严重	E2
		严重	E3
		极为严重	E4
	河流缓冲距离	>100m	E1
		50~100m	E2
		30~50m	E3
		<30m	E4
	湖泊、水库缓冲距离	>2 000m	E1
		1 000~2 000m	E2
		500~1 000m	E3
		<500m	E4

(二) 国土开发强度阈值测度

1. 基于 GIS 叠加政策红线约束

以基于自然条件约束的国土开发建设适宜性评价结果为基础，通过 GIS 空间分析，叠加生态保护红线、永久基本农田等政策红线约束，得出理论上最大的建设空间阈值，其公式如式 6-14 所示：

$$F = E_j - f(s,n) \tag{6-14}$$

式中，F 表示基于自然约束与政策红线约束的理论建设规模阈值，E_j 表示自然条件约束下的国土开发建设适宜性等级，$j = 1,2$；$f(s,n)$ 表示红线约束因素叠加函数，s 表示生态保护红线属性，n 表示永久基本农田属性。

2. 国土开发强度阈值测度

以基于自然条件约束的国土开发建设适宜性评价结果为分母，以叠加政策红线约束的最大可建设规模为分子，对比分析可得出国土开发强度阈值，公式如式 6 - 15 所示：

$$L_i = \frac{E_{i,j} - F_i(s,n)}{E_{i,j}} \qquad (6-15)$$

式中，L_i 表示 i 区域的国土开发强度阈值，$E_{i,j}$ 表示 i 区域基于自然条件约束的适宜开发建设规模，其中 $j=1$，2；$F_i(s,n)$ 表示 i 区域在基于自然条件约束的适宜开发建设范围内受政策红线约束的规模。

(三) 基于 RBF 神经网络模型与产业转移修正的国土开发强度预测

1. RBF 神经网络模型

RBF 神经网络有较高的运算速度和很强的非线性映射功能[1]，能以任意精度逼近任意连续函数，可以较好地揭示复杂非线性系统的实际结构[2]。研究表明，RBF 神经网络模型在建设用地需求预测精度上优于 BP 神经网络、GM (1，1) 和多元回归等模型方法[3]，因此，本研究运用 RBF 神经网络模型分析各区域 2030 年建设用地最大需求规模，其隐含层的激活函数采用高斯径向基函数。

---

① E J Kansa. Multiquadric—a scattered data approximation scheme with applications to computational fluid dynamics-I surface approximations and partial derivative estimates [J]. Compute. Math. Appl.，1990 (19)：127-145.

② 张良均，曹晶，蒋世忠. 神经网络实用教程 [M]. 北京：机械工业出版社.2008.

③ 张晓瑞，方创琳，王振波，等. 基于 RBF 神经网络的城市建成区面积预测研究：兼与 BP 神经网络和线性回归对比分析 [J]. 长江流域资源与环境，2013，22 (6)：691-697；郝思雨，谢汀，伍文，等. 基于 RBF 神经网络的成都市城镇建设用地需求预测 [J]. 资源科学，2014，36 (6)：1220-1228；Fothergill S, Gudgin G. In defense of shift-share [J]. Urban Studies, 1979, 16 (3)：309-319.

2. 产业转移测度模型

借鉴偏离-份额法的思想，通过将某个产业在某一行政单元一定时期经济产出的变化分解为不同区域层面的增长分量，观察得出区域承接产业转移的时空演变趋势和绝对规模，进而通过单位产业用地面积测算产业转移所需增加的建设用地规模。由于第二次全国土地调查现状分类标准中，建设用地是按土地用途分类而不是按产业和行业分类，因此产业转移过程中的建设用地需求规模以产业转移规模/单位二、三产业产值地耗进行测算。产业转移测度模型公式如式 6-16、式 6-17 所示：

$$
\begin{cases}
Z(Q,B,k)_{i,t} = Q_{i,t-1}^{k} \times (Q_{j,t}^{k}/Q_{j,t-1}^{k}-1)/B_t + Q_{i,t-1}^{k} \\
\qquad \times (Q_{i,t}^{k}/Q_{i,t-1}^{k} - Q_{S,t}^{k}/Q_{S,t-1}^{k})/B_t + Q_{i,t-1}^{k} \\
\qquad \times (Q_{i,t}^{k}/Q_{i,t-1}^{k} - Q_{j,t}^{k}/Q_{j,t-1}^{k})/B_t \qquad (6-16) \\
Y_{i,t+n}' = Z(Q,B,k)_{i,t+n} + G(S) \qquad\qquad\qquad (6-17)
\end{cases}
$$

式中，$Z(Q,B,k)_{i,t}$ 代表 i 区域在 t 时期产业转移需要的建设用地规模，$Q_{i,t}^{k}$、$Q_{i,t-1}^{k}$ 分别代表 i 区域 k 产业 t、$t-1$ 时期的产业增加值，$Q_{j,t}^{k}$、$Q_{j,t-1}^{k}$ 分别代表京津冀地区 k 产业 t、$t-1$ 时期的产业增加值，$Q_{S,t}^{k}$、$Q_{S,t-1}^{k}$ 分别代表河北省 k 产业 t、$t-1$ 时期的产业增加值，B_t 代表 t 时期万元二、三产业产值耗用建设用地面积，$Y_{i,t+n}'$ 表示 i 区域基于未来 n 时期产业转移规模的建设用地修正规模，$Z(Q,B,k)_{i,t+n}$ 表示 i 区域在未来 n 时期基于产业转移预测的建设用地需求规模，$G(S)$ 代表雄安新区等"特殊事件"所形成的建设用地规模。$Q_{j,t-1}^{k} \times (Q_{j,t}^{k}/Q_{j,t-1}^{k}-1)$ 表示产业规模的京津冀地区增长分量，即 i 区域按照 k 产业京津冀地区增长率计算所增加的分量。$Q_{i,t-1}^{k} \times (Q_{i,t}^{k}/Q_{i,t-1}^{k} - Q_{S,t}^{k}/Q_{S,t-1}^{k})$ 表示产业规模的区域增长分量，即 k 产业所在 i 区域增长率与河北省增长率的差值所增加的分量。

若其为正，则所考察时段内该区域有产业转入；若其为负，则该区域有产业转出。$Q_{i,t-1}^k \times (Q_{i,t}^k / Q_{i,t-1}^k - Q_{J,t}^k / Q_{J,t-1})$ 表示产业规模的区域增长分量，即 k 产业所在 i 区域增长率与京津冀地区增长率的差值所增加的分量。若其为正，则所考察时段内该区域有产业转入；若其为负，则该区域有产业转出。

3. 狭义国土开发强度情景值

以 RBF 神经网络模型分析的建设用地 2030 年情景规模为基数，叠加区域协同发展对建设用地的外生性需求规模，测算理想情景下的最大建设用地规模，并与国土开发强度的分母对比分析，得出国土开发强度的 2030 年情景值，公式如式 6-18 所示：

$$P_i = \frac{Y_i + Y_i'}{E_{i,j}} \tag{6-18}$$

式中，P_i 表示 i 区域的国土开发强度情景值，Y_i 代表 i 区域建设用地 2030 年情景规模，Y_i' 代表 i 区域基于协同发展对建设用地的需求规模，$E_{i,j}$ 表示 i 区域基于自然条件约束的适宜开发建设规模，其中 $j=1$，2。

通过上述国土开发强度阈值和情景值的比较分析，测算各区域的临近阈值系数，并以此进行阈值和情景值的反馈调整。临近阈值系数测算公式如式 6-19 所示：

$$I_i = \frac{P_i}{L_i} \tag{6-19}$$

式中，I_i 表示 i 区域的国土开发强度临近阈值系数，P_i 表示 i 区域的国土开发强度情景值，L_i 表示 i 区域的国土开发强度阈值。

若临近阈值系数<1，则表示该区域适宜开发建设的国土面积能够满足未来建设用地需求，无须调整；若临近阈值系数>1，则表示未来建设用地需求规模将突破适宜开发建设的国土面积，在短时间内无法改变自然条件约束的前提下，需调整政策红线约束范围，或调减建设用地未来情景规模，以此实现开发强度差别化管控。

国土资源利用的安全内涵体系构建

一、国家宏观发展战略下国土资源合理利用的需求

通过综合研究可持续发展、新型城镇化和乡村振兴战略三大国家发展战略下国土资源利用的战略发展导向，结合国土资源合理利用的内涵，我们认为，当前国土资源利用应当满足"保安全"、"调结构"、"提品质"和"促均衡"四大诉求。

（一）国土资源利用中需要"保安全"

安全是现代文明的标志，是社会和民族可持续发展的根本所在。国土资源利用中主要涉及资源安全、粮食安全、生态安全、水安全和发展安全五个方面。

1. 资源安全

国土资源利用中要注重引导产业集群发展，减少能源资源消耗和碳排

放，尽量减少化石能源的大规模、长距离输送，能源转化尽量布局在消费地、环境容量大的地方。同时，要加大清洁能源推广使用力度，以绿色生产生活方式减少对能源的依赖。

2. 粮食安全

耕地是土地资源的精华，其数量、质量对于保障国家粮食安全和维护社会经济稳定持续发展具有非常重要的意义。随着人类对耕地资源利用强度的上升，耕地资源的稀缺性增强，耕地系统所受压力日益加大，其脆弱性日益增强，其安全问题成为亟待解决的问题。在确保粮食安全的要求下，合理利用土地资源的核心就是保护耕地。

保护耕地首先是要通过数量保护、质量提升全面提高耕地的面积和生产能力，严格执行国土空间用途管制政策，健全和落实耕地占补平衡政策，防止先占后补、占优补劣；其次，推进国土综合整治，通过"田水路林村"的综合整治提高耕地质量、改善耕地生产条件、推动精准扶贫和乡村振兴。此外，要通过休耕等合理的耕地利用保护手段涵养土壤肥力，进而提高耕地生产能力的可持续性，最终促进耕地保护和生态保护的协调统一。

3. 生态安全

首先，国土资源利用中要在自然空间用途管制基础上，按照生态性、连续性和开放性原则，为由生态屏障、生态空间、生态隔离带、生态廊道构成的生态网络提供基础空间载体，实现自然水系、生态骨架、园林绿化、游憩绿道的有机融合。其次，国土资源利用中要注重水土保持，同步开展土地生态功能修复、水体生态整治、土壤污染综合治理等生态修复活动。国土资源利用中应当因地制宜，合理配置和科学利用生态用地，除了绿化植树之外，更要注重恢复生物多样性、生态完整性和生态系统自我维持性，增强土地的保水性与透水性，恢复城市生态水系。乡村地区在国土资源利用中更要尊重自然，大幅减少沥青路面、水泥沟渠，结合自然条件因地制宜地选择农作物，鼓励耕地生态化利用并进行适度休耕，减少水土流失，缓解面源污染，提高国土承载能力，增强生态功能。

4. 水安全

水是生命之源。人类发展、粮食生产、产业进步、生态维护都离不开水资源，因此水安全是资源安全中最大的底线，要"以水定城、以水定地、以水定人、以水定产"。首先要确保用水安全，即数量安全。一是需要通过土地资源的合理利用，通过国土综合整治等多种国土资源利用方式进行合理的水资源调配，解决生活和生产的水源问题。二是在水约束条件下对土地资源进行合理配置，引导土地资源从耗水型产业退出并向节水型产业倾斜。三是以生命共同体理念指导生态用地结构调整，在缺水地区科学配置需水量小的生态用地类型，防止生态建设中片面追求"绿"而忽视生态系统服务价值的综合性和系统性。其次是水环境安全，即质量安全。第一，在国土资源利用中需要进行水污染指标管理，尤其是要在耕地和工业用地的利用过程中进行水污染物排放管理，土地利用中严禁新增高污染产业，推动高污染产业退出。第二，通过实施国土资源利用管控措施，防止水资源过度开发。第三，通过国土资源利用机制引导人口和产业从水资源环境超载地区转出。第四，城市水环境安全还需要解决"逢雨必淹""城市看海"等问题，通过土地资源的立体利用营造"城水共生，人水和谐"的海绵城市发展模式。

5. 发展安全

经济社会持续发展是可持续发展的重要内涵，是新型城镇化和乡村振兴战略的目标，保持基本的经济社会增长、保障人民生活水平不降低和国家经济安全不受损也应当是国土资源合理利用在安全维度上的重要组成部分。一方面，国土资源利用需要以产业经济安全为底线，首先保障关键性、战略性产业的用地需求，对特殊的重要产业进行合理布局并充分保障其配套设施用地，提高产业用地布局的合理性和功能的复合性，推动关键性、战略性产业集聚优化发展；另一方面，国土资源利用需要推动和支持重要的创新型、前沿型产业发展，保持国家经济发展的基本活力，推动提高经济发展的自主性，实现国民经济高质量发展。此外，在国土资源利用时应当进行合理"留白"，打造韧性空间，通过气候变化应对和灾害风险管理，从抵抗、恢复、适应三个环节，提高经济社会抵御风险和弹性适应的能力。

（二）国土资源利用中需要"调结构"

国土资源利用的目标是根据自然条件、社会经济条件和国民经济发展的需要对有限的资源在各部门之间进行配置，通过优化土地利用结构和土地利用分布，实现土地总供给和总需求的结构平衡优化。因此，可以沿着数量协调、空间有序和时序动态这三条主要路径对国土资源利用进行结构性调整，推动经济社会可持续发展，促进实现新型城镇化，落实乡村振兴战略。

1. 数量结构调整

实现国土资源合理利用，需要对国土资源利用结构中的数量关系进行调整。进行数量结构调整最终是要通过增加土地要素的有效供给，优化全域土地利用结构，从数量角度提高土地利用供求的匹配度和土地利用效率。首先，要重点保障完善基础设施建设、提供公共服务、发展战略性新兴产业、提高生活宜居性、改善生态环境、实施区域精准扶贫等方面的用地，还要合理评价土地利用综合效果，淘汰高耗能、高污染的传统产业，从禀赋需求、产业系统角度出发评价部分新兴产业与区域长远发展的契合度。

其次，新时期政府需要充分发挥底线管理的作用，为市场机制运行提供良性环境，纠正市场失灵。土地管理是重要的政府调控手段，要结合经济社会发展情况，科学划定和管理"三线"，即生态保护红线、永久基本农田和城镇开发边界，在推动经济持续发展的同时坚守保障粮食安全和生态安全所要求的土地资源数量底线。

再次，国土资源合理利用是人与自然和谐共生的土地利用方式，应以生态文明建设为指导，以可持续发展为目标，坚持绿色发展的理念。因此，在土地资源的数量结构调整中要着重保障生态用地供给，增加生态用途土地的用地指标，为生态建设提供必要的土地资源和空间载体，通过创新土地用途分类，将生态用地纳入现行土地利用分类体系中，妥善处理生态用地、生活用地、生产用地之间的关系，促进"三生"空间协调共生。

此外，结合新型城镇化和乡村振兴发展的要求，土地利用规划的供给侧结构性改革要坚持城乡协调发展的理念，统筹城乡用地数量和土地利用结构，防止城市过度蔓延，对特大城市要采取建设用地指标减量措施，推动城市存量建设用地挖潜；同时，通过农村居民点整理、中心村改造等方式推动农村建设用地高效利用。

2. 空间结构调整

国土资源合理利用的基础是土地资源在国民经济中各个部门间合理分

配，这就要求对全域空间进行统筹与协调。宏观上，协调生产用地、生活用地和生态用地的布局关系，最大限度地发挥生态空间的作用，减少生活生产行为对生态环境的冲击。中观上，通过引导对土地资源空间布局进行调整，重构国民经济各部门区域的布局体系，引导产业转移和产业升级。通过土地资源的空间结构调整，在继续推动人口城镇化进程的基础上，提高中小型城市的人口密度，疏解超大型城市人口，引导人口从超大型、大型城市向中小城市迁移。微观上，通过土地利用布局调整，推动职住平衡，优化公共服务设施用地的空间布局，提高公共服务效率，推动公共服务均等化的实现。调整农村居民点的布局，引导合村并居，通过农村土地整治活动解决耕地和生态空间碎片化的问题，提高土地利用规模化效益。

此外，通过在纵向尺度上推动完善国土资源利用体系，逐步细化服务市场。针对不同行政级别在国土资源利用上的尺度差异，进行统筹协调。当前在中国县级及以下土地利用中，往往存在分区结果在空间上过于零碎、分区方案难以落实的问题。因此，需要建立差别有序的国土资源利用体系，完善包含战略性、政策性、控制性三个维度和"国、区域、省、市、县、乡、村"七个级别的纵向利用主体体系，应对每一级国土资源利用主体不同的国土资源利用需求，并融入相应级别的国土空间规划体系中。

3. 时序结构调整

可持续发展、新型城镇化和乡村振兴既是现实目标，也是一个长期的过程，会随着自然、人文和社会环境的发展而发生变化。也就是说，一方面，国土资源利用面对的是一个变化的结果和可能发生变化的未来，是时间维度上的一个截面的状况。因此合理的国土资源利用应当以动态评价与反馈机制为依据，对土地利用根据所处时间点的不同而做出相应安排。另一方面，国家战略实施进程和具体目标会随着时间的推移而演变，对土地利用的要求也会因时因地发生变化，因此需要在国土资源利用过程中为这种难以准确预测的变化预留弹性空间，消除土地利用适应复杂经济变化的潜在障碍，推动土地利用方式能够因经济结构调整而进行必要的转换，最终实现土地要素的再配置，推动未来经济可持续发展。具体来说，就是要建立"刚弹结合"的指标体系和张弛有度的管理规则。一是要增加国土资源利用指标在数量、空间等方面的机动弹性，为土地利用及时应对产业结构调整预留空间，以适应时序演变过程中产生的不确定性；二是通过树立"绿图规划"的思想，对规划骨架性内容进行设计，为国土资源利用主体在未来根据具体环境变化完善细节预留空间，同时平衡各种土地利用方式在时间维度上的变化，完善地类变更机制，为土地利用随着外部环境的不断变化在时序上进行调整提供可能。

（三）国土资源利用中需要"提品质"

1. 经济发展品质

高质量利用是国土资源合理利用的重要组成部分，需要通过优化国土资源利用方式、提升国土资源利用效率，推动经济发展品质提升。

第一，坚持集约、节约、高效的用地方式，推动由以增量用地为主向以存量用地为主转变，既要将一些地方过高的人均用地水平降下来，也要有效疏解过密地区人口，形成合理的用地水平；精细化增量空间管理，合理配置必要的、少量的增量建设用地，重点用于建设基础设施、提供基本公共服务；推动由单一粗放的利用方式向高效复合的利用方式转变，增强城市的生机、活力与韧性；推动由强调以经济效益为主向经济、社会、生态并重转变，实施类似产业项目准入制度的土地供给门槛制度，健全土地退出动态机制，通过全生命周期的土地管理提升存量空间品质。

第二，针对城镇化过程中农村人口减少、出现"空心村"等问题，以推动宅基地制度改革和构建集体经营性建设用地流转制度为依托，以土地复垦和增减挂钩为手段，引导城乡要素流动，推动释放农村低效、闲置建设空间，落实乡村振兴战略。

第三，以推进农业现代化为目标塑造绿色可持续的乡村生产空间。我国不同地区耕地的农业生产条件差异较大，应因地制宜，坚持农业发展模式与自然条件相适应：在平原地区推动农业规模化经营，通过机械化提高全要素劳动生产率；在山地丘陵地区推动精致农业发展，通过特色化增强产品竞争力；在北方和缺水地区推广节水农业，通过智能化改善生产条件，增强生态功能。

2. 人居生活品质

（1）生活便利。

首先，通过合理引导城市用地布局，通过土地复合功能利用，将原来单一的居住、产业板块或者大的土地功能分区变成小组团、复合化、短出行的职住平衡结构土地利用模式，扩大生活服务类设施用地，优先保障学校、医院、公园、文化、娱乐等配套设施用地，提高城市生活和工作的便利性。其次，通过精细化土地利用管理，优化城市交通用地网络体系，创新土地立体空间供应机制，推动城市空间立体化发展。最后，还要充分保障高品质租赁住房用地供给，完善国有建设用地出让制度，创新国有建设用地年租制、租让结合等多种土地有偿使用制度，提升城市住房服务品质。此外，要加强乡村地区基础设施用地供给与管理，推动实现公共服务均等化。

（2）生活舒适。

第一，需要营造共享的城市开放空间。国土资源利用与配置应当坚持公平原则，将更多的开放空间留给市民，将优质景观和水域岸线让大众共享。第二，要创新存量建设用地再供应制度，完善城市地类体系与动态管理机制，推动城市老旧地区建设空间改造。第三，在老旧地区改造和城市更新基础上，通过指标动态调整，增加城市绿地面积，提升城市环境品质。第四，要构建科学、适度、有序的农村居民点布局体系，与现代农业生产方式、农民进城就业和城里人下乡生活相适应，因地制宜安排农村居民点的数量、布局和风格，补齐基础设施和基本公共服务的短板，提高农村居民生活舒适程度。

3. 生态景观品质

"绿水青山就是金山银山"，良好的生态环境是最普惠的民生福祉。优质生态空间不仅可以提供休闲游憩的空间场所，而且可以通过提供优美的景观享受提高民众的精神品质。国土资源利用中应当以城市公园体系、绿道体系和国家公园体系构建从城市、区域到国家全域的生态景观空间土地利用系统。生态空间的土地利用应当从单一的生态保护转向差异化的土地利用。在生态脆弱地区禁止人为活动，实行严格的生态保护；对于具备一定自我修复能力、适宜开展低强度休闲活动的生态空间，通过严格设定和管控土地利用活动方式、利用比例、人数上限、利用时间等，提升生态空间的经济价值和社会价值，促进人地和谐。

（四）国土资源利用中需要"促均衡"

1. 城乡均衡

城乡均衡的核心要义是改变当前城乡关系中城市过强的状况，通过建立城乡融合的机制体制，打破城乡二元体制，发展农村要素市场，实现城乡关系转型，推动乡村振兴战略实施。就国土资源利用而言，城乡均衡发展要求在土地利用中改变城市本位的发展理念，优先发展农业农村，健全城乡土地市场。其中，农村地位的提升是实现城乡均衡的价值基础，城乡统一建设用地市场的建立是实现城乡均衡的有力手段。

实现城乡均衡需要实现农村地位的提升，"三农"（农业、农村、农民）问题是关系国计民生的根本性问题，要坚持把解决好"三农"问题作为全党工作的重中之重，坚持农业农村优先发展，健全自治、法治、德治相结合的治理体系，打造"懂农业、爱农村、爱农民"的"三农"工作队伍，站在农村的视角上解决农村的问题。

通过合理利用国土资源促进城乡均衡，深化农村土地领域供给侧结构性改革，按照产业兴旺、生态宜居、乡风文明、治理有效、生活富裕的总要求，以农村土地制度为抓手，推进建立城乡统一的土地市场：巩固和完善农村以家庭承包经营为基础、统分结合的基本经营制度，深化农村土地征收、集体经营性建设用地入市、宅基地制度改革试点；健全农村产权制度体系，保持土地承包关系稳定并长久不变，改革集体产权制度，激活集体经济组织活力，保障农民的财产性权益；推进农业生产现代化，健全农业生产、经营、社会化服务体系，保障粮食安全，创新农业发展模式；促进农村产业融合和结构调整，提升农村产业竞争力和农民收入水平。

同时，城乡均衡并不意味着对城镇化的否定，而是尝试通过转变发展思路、提升乡村在国民经济发展中的地位，营造生产高效、沟通有序、公平公正的城乡关系。这要求深入理解新型城镇化战略的综合性，推进"以人为本"的城镇化，保证农民工享受同等的公共服务，促进相关土地制度的改革创新，提升土地资源集约节约利用程度，协调土地城镇化和人口城镇化的关系，发展以城乡统筹、城乡一体、产业互动、节约集约、生态宜居、和谐发展为基本特征的城镇化，实现大、中、小城市，小城镇，新型农村社区协调发展、互促共进的空间布局。

2. 区域均衡

首先，精细化区域性土地整治与保护工作。根据不同地区的土地资源禀赋、功能发展定位、资源增长潜力等，在综合考虑耕地资源保护、区域经济协调、产业结构升级的基础上，深入了解不同地区的土地政策覆盖广度、实施效果、比较优势等相关情况，从长远的角度谋划区域经济发展，更加系统、科学、合理地规划土地利用格局，健全土地整治项目的规划机制，以提高土地产出效率，加快土地节约集约利用的步伐。注重对区域未利用地的开发利用以及对已开垦土地的治理保护，建立土地整理、复垦和未利用地开发相互协调的土地政策体系，对开发过度的区域重点进行土地修复和保护，对具有开发潜力的地区积极探索可持续的绿色开发模式，以提高差别化土地政策的针对性，使经济活动的分布更为公平，促进区域协调发展并保持区域分配合理。

其次，积极促进区域土地利用与产业转移升级相结合。我国东部地区资源要素成本压力加大，亟须加快产业结构调整升级的步伐，促进产业转移；而中西部地区，尤其是中部地区要素成本优势明显，发展潜力巨大，因此应当探索更为合理的产业用地优化配置政策，以便更好地促进中西部地区承接产业转移。要发挥土地开发利用在配置土地资源方面的优势，优化产业空间布局，支持新兴产业发展，推动区域有序、高效地发展，如根据本地区土地资源存量与供给特点，配合相应的土地和税收优惠政策，承接适宜本地的产业类型，形成产业价值链，引导产业发挥规模经济效应。同时，加强区域创新驱动，加快产业转型升级，优化配置土地资源和人力资本，推动具有高生产率、高劳动技能要求的新型产业加速发展，促进产业优化布局。

再次，提高对欠发达特殊地区的土地扶贫强度。推动产业衰退、生态严重退化、集中连片特殊困难地区加快发展，编制扶贫攻坚规划，实施生态环境保护工程，增加耕地数量、提高耕地等级，提升农田耕作机械化水平、排灌能力等，改变贫困地区土地贫瘠的现状，为创新农业经营模式，实现规模化、产业化、集约化、标准化经营创造基本条件；加强对贫困地区农民的培训，提高农民自身发展和脱贫致富能力；积极探索市场化运作模式，吸引社会资金参与土地扶贫开发工作，增加区域禀赋资源，推动区域均衡协调发展。

最后，加大区域间开放合作力度，建立区域协调发展长效机制。推进重点地区的合作向纵深发展，这需要建立各类土地利用指标在区域之间的动态协调机制，推动区域合作项目落地。

3. 陆海均衡

海洋占地球表面积的 71%，纵观历史，放眼全球，国家兴衰与海洋事业的发展紧密相关。海洋是我国重要的国土资源，未来要坚持陆海统筹，加快建设海洋强国。

首先，国土资源利用过程中需要对海洋进行充分认识，在发展海洋事业的基础上着力推动打造沿海经济带，使产业发展与海岸线有序开发利用相衔接。一要切实解决沿海产业布局不合理、海岸带开发利用方式粗放低效等问题，努力打造沿海经济带，形成新的增长极。二要重点推动海岸线功能规划与沿海产业带规划"两规合一"，陆海统筹，确保产业发展、城市建设、环境保护等与海岸线功能有机衔接、科学匹配，形成布局合理的生产、生活、生态空间格局。三要强化海洋环境和自然岸线保护，加强用海填海管理，坚决守住自然岸线保有率底线，实施海洋保护区建设工程，做好海岸带污染防治和生态修复工作，促进海洋资源可持续利用。四要加强监管，激励涉海部门切实履行主体责任，充分发挥其职能作用，形成推动海洋工作的强大合力。

其次，国土资源利用要以海洋功能区划体系为依据，促进海洋事业发展、海洋经济规划、海岛保护规划等海洋规划同其他规划、区划衔接与配合。加强海洋规划、区划的组织实施与监督检查，提高海洋和海岛开发利用行为的宏观管理水平，优化海洋开发的空间布局，使规划、区划在沿海地区经济社会发展中的调节作用得到充分发挥。

综合考虑可持续发展、新型城镇化和乡村振兴对国土资源利用的需求，结合国土资源利用低效、集约、高效和合理四个级别，可建立国土资源利用"四类四级"综合评价体系。"四类"指标分别是国土资源利用安全类、国土资源利用结构类、国土资源利用品质类、国土资源利用均衡类。"四级"指标分别是国土资源低效利用级、国土资源集约利用级、国土资源高效利用级和国土资源合理利用级。结合实际情况，划定每一类指标的级别阈值，可以对地区国土资源利用情况进行判断，也可以通过设定不同发展导向，制定地区国土资源利用目标。

二、国土资源利用安全评价指标体系

(一) 安全类指标

国土资源利用安全类指标见表 6－5。

表 6－5　安全类指标

资源安全类	粮食安全类	生态安全类	增长安全类
万元生产总值地耗下降率	耕地面积非粮化比例减少量	森林覆盖率	科技创新地均投入
重要江河湖泊水功能区水质达标率	耕地粮食亩产量	湿地规模	
一、二类海域水质面积占比	人均耕地	生物多样性指数	

(二) 结构类指标

国土资源利用结构类指标见表 6－6。

表 6－6　结构类指标

数量结构类	空间结构类	时序结构类
农村人均建设用地	田块集中度	建设用地变化情况
城镇人均建设用地	用地布局破碎度	耕地变化情况
城镇住房空置面积		生态用地变化情况

(三) 品质类指标

国土资源利用品质类指标见表 6－7。

表 6－7　品质类指标

经济发展品质类	人居生活品质类	生态景观品质类
单位土地产出	城市人均住宅建筑面积	城市人均绿地面积
土地利用率	人均公共服务设施面积	景观的多样性指数

续表

经济发展品质类	人居生活品质类	生态景观品质类
土地建成率	公路与铁路网密度	自然景观分离程度
建筑密度	平均通勤时间	生态景观连续性
建设用地综合容积率		
高标准农田比例		

(四) 均衡类指标

国土资源利用均衡类指标见表 6-8。

表 6-8 均衡类指标

城乡均衡类	区域均衡类	陆海均衡类
城乡人均收入比	区域人均收入差距	海岸带利用程度
城乡人均公共服务设施比	跨区域合作园区数量	自然岸线保有率

◀◀◀ 第四节 ▶▶▶

后疫情时代安全之治

一、新冠疫情对国土资源安全的挑战和启示

(一) "生态安全" 是疫情防控 "保护伞"

新冠疫情让野生动物保护的重要性得到了更为深刻的认知。野生动物是国土生态体系的重要组成部分，是大自然赋予人类的宝贵资源。然而，野生动物生存环境较为复杂，诸多动物可能携带着高致病性病毒，在被猎

捕、运输、饲养、宰杀、贮存、加工和食用过程中往往容易引发和传播各类传染性疾病。例如，蝙蝠身上携带着包括 SARS 病毒、埃博拉病毒、MERS 冠状病毒等 100 多种病毒[1]，果子狸易成为 SARS 病毒等多种病毒传播的中间宿主[2]，穿山甲可能是新型冠状病毒的中间宿主[3]。保护野生动物安全，关系到人类的生存和发展，更可能从源头上隔离疫情传染源和阻断传播途径，因而亟须进一步强化野生动物保护，保护野生动植物栖息地不受或少受人类活动的干扰，严控野生动物市场交易。

此外，新冠疫情促使人与自然的关系得到重新审视，提醒人类要重新认识自然、恢复对自然的敬畏。疫情防控期间，大多数人被迫长时间待在家中，各类生产活动、交通出行也相应停滞，人们发现在没有人为干扰的情况下，自然生态环境在短期内得到了显著的改善。这也使得人类能够从繁忙的生活中"停下来"，重新审视和反思掠夺式发展导致的生态破坏、资源耗竭、灾害疫情等问题。此外，面对疫情导致的长时间封闭居住，城乡居民不仅对生活圈内近距离的生态景观的诉求大大增加，而且对安全宜居、开阔舒适和生态美好的环境的诉求大大增加，共同保护环境的意识也有所增强。因此，疫情之后，更多人的国土资源开发利用观念从"人类中心观"转向"自然中心观"，更为强调尊重客观规律，通过转变利用自然和改造自然的方式，真正实现人与自然的和谐共生。

---

① Conrardy C，Tao Y，Kuzmin I V，et al. Molecular detection of adenoviruses，rhabdoviruses，and paramyxoviruses in bats from Kenya [J]. The American Journal of Tropical Medicine and Hygiene，2014，91 (2)：258 - 266.

② Perlman S，Netland J. Coronaviruses post-SARS：update on replication and pathogenesis [J]. Nature Reviews Microbiology，2009，7 (6)：439 - 450.

③ Liu P，Jiang J Z，Wan X F，et al. Are pangolins the intermediate host of the 2019 novel coronavirus (SARS-CoV-2)? [J]. PLoS Pathogens，2020，16 (5)：e1008421.

（二）"粮食安全"是疫情应对"压舱石"

新冠疫情的暴发更让人们看到了粮食安全的极端重要性。疫情给中国的粮食安全，尤其外部粮食供应安全敲响了警钟。受疫情影响，国际粮食价格有所上涨，部分国家在疫情初期就开始限制或禁止粮食出口，如越南宣布将暂停签署新的大米出口合同，柬埔寨禁止白米和稻米出口，哈萨克斯坦决定对小麦和面粉出口实行配额制，等等。尽管这些国家的粮食供应政策的变化对中国的整体外部影响甚微，但其引发的不确定性值得引起人们对粮食安全的高度警惕。当然，面对疫情，中国粮食始终供应充足，并未出现粮食安全危机，稻谷和小麦两大口粮的库存足够全国消费一年以上，这恰恰是长期坚持耕地保护和保障粮食安全的结果，有效保障了国家在战"疫"过程中稳定预期，做到手中有粮、心中不慌，以不变应万变。仓廪实而天下安，耕地是关系十几亿人吃饭的大事，未来应当进一步强化耕地保护和粮食安全底线，确保"谷物基本自给、口粮绝对安全"。

此外，疫情的冲击提醒人类，粮食安全将会面对众多难以预测的冲击。尽管迄今为止，新冠疫情尚未对受影响的地区或全球主粮供应量和供应价格产生直接的重大影响，然而长期来看，全球仍然有可能面临劳动力等生产要素短缺引发的粮食供给不足风险、物流堵塞引发的供应链中断风险以及粮食价格飙升风险。此外，疫情冲击之下，相较于主粮，蔬菜水果保质期较短且不易储存，农产品批发市场关闭和物流堵塞可能对其造成更大的负面影响。反思武汉"封城"和北京新发地农产品批发市场关闭对蔬菜供给的现实影响，我们认为大都市区域内及其周边地区应预留一定的耕地空间，这样不仅可以保障部分日常蔬菜和肉蛋奶供应，而且可以打造市民休闲游憩的生态绿地和共享田园，还可以在更大危机来临时提供"保命、续命"的口粮。以北京市为例，尽管永久基本农田仅占市域面积的6％，但在这样一个人口超过 2 150 万人、城镇化率超过 87％的首都城市和超大城市之内，保留好、保护好为数不多的耕地资源显得弥足珍贵[①]。总之，诸多风险进一步强化了人们的粮食安全认知，同时也增强了社会大众对耕地保护的认同感，从而使得民众更为理解保障耕地数量、提升耕地质量和多元化耕地功能的意义，有利于促进形成"坚决守住耕地和基本农田红线，牢筑粮食安全'压舱石'不动摇"的社会共识。

（三）"居住安全"是战疫民生"稳定器"

新冠疫情使得农村宅基地的居住保障作用得到了更为具体的体现。疫情冲击之下，农民工难以实现区域间流动，众多进城返乡农民工在春节之后长期滞留农村，同时在全国大部分区域疫情形势有所好转后，由于众多中小企业受疫情影响严重，农民工就业岗位有所减少并且相应收入待遇下降，导致部分农民工仍然滞留在农村。在此情况下，宅基地作为农民工"最后退路"的保障作用得到了充分的体现，让农民工群体"有家可回"。同时，低密度、自给自足式的田园生活模式使得乡村空间成为疫情软着陆的有效缓冲地带，从而能够以较低的治理成本控制住乡村疫情传播。然而，人们也应当意识到，当前中国农村的居住空间仍然缺少医疗、卫生、教育等公共服务的供给，也缺乏远程在线教育资源和信息基础设施。

疫情对城市居民的生活方式同样造成了冲击，安全和舒适的居住保障

---

① 张维. 全国土地日丨北京市规划自然资源委主任张维：以全域管控之力谋耕地保护之实［EB/OL］.（2020－06－25）［2020－06－26］. https：//mp. weixin. qq. com/s/vT_AMqOtaG5cRw84XBionQ.

诉求更为彰显。疫情形势好转之后，城市居民的居家时间相较疫情之前大幅增加，对居住空间隐私性和安全性的要求逐步提高，人们更希望在个人短时间、近距离的出行范围内，能够实现社会无接触或是少接触。相较利用过于集约、人群过于密集和个人空间过于狭窄的高楼大厦，更为舒适、疏散和开阔的居住空间结构成为城乡居民追求更美好生活的必然诉求。此外，疫情防控期间，由于离汉通道管控，部分滞留武汉的外地人员住宿困难，生活陷入困境，也引发了人们对城市弱势人群基础居住保障的反思。

（四）"产业安全"是疫后发展"新动能"

疫情给中国产业安全造成了巨大的冲击。2020 年中国第一季度 GDP 同比下滑 6.8%，消费、投资和进出口贸易相关指标也都是负增长。作为疫情形势最为严重的地区，湖北全省基本处于停产状态，经济发展明显放缓。2020 年湖北省第一季度主要经济指标明显下滑，全省 GDP 同比减少 3 706.23 亿元，下降幅度将近 39.2%，社会消费品零售总额下降 44.9%，外商投资更是直接下降 96.3%。此外，疫情防控期间众多产业也受到巨大影响，受居民消费信心下降、延迟复工和配套产品供应不畅等影响，餐饮、旅游、住宿、交通、娱乐等线下服务业消费需求下降迅猛，制造业、房地产业、基建投资等领域工程项目短期基本停产停工，汽车、通用设备、电气机械和医疗等产业的下行压力倍增。疫情的冲击更阻碍了部分要素和资源的流动，原材料、劳动力、中间产品等生产要素流通受阻，同时疫情导致的广泛的线上连接诉求也要求建立更为完善的信息网络平台。对于国土资源治理而言，要大力提升经济社会发展所需要素和资源的有效供给能力，尤其应关注重点项目、关键区域、核心产业和枢纽网络的应急纾困，减少经济福利因非可抗力而受到的损失，保障经济体系安全稳定运行。

疫情之下，消费、投资、出口"三架马车"均遭受重创，经济发展动能严重缺失，特别是市场体系中最具竞争力、创造力和发展潜力的中小微企业遭受了尤为巨大的冲击。一方面，中小微企业面临订单萎缩（甚至枯竭）、经营风险骤增等困境，发展的不确定性较强，导致营业收入大幅下降；另一方面，成本（包括租金、用工成本等）快速上升，导致中小微企业入不敷出，客户流失、供应链不畅、资金周转困难等问题接连出现。因此疫情防控期间，中小微企业往往现金流吃紧，被迫减员降薪甚至停产歇业。在成本上升和市场收缩双重压力下，国土资源治理应聚焦中小微企业，量身定制地降低企业用地成本，实现产业用地有效配置。此外，疫情之中，当前部分城市存量空间的公共服务配套过于陈旧，居住健康隐患较大，具备巨大的挖潜空间。因此，后疫情时代国土资源治理应进一步保障主体功能，充分挖掘城乡存量潜力，推进土地要素市场化配置以释放土地改革红利，不断挖掘保障产业安全的"新动能"。

二、后疫情时代"国土资源安全之治"的战略导向

（一）遵循"道法自然"，推进"生态安全之治"

1. 加强野生动植物保护，防控疫情传播

未来，首先应积极推进《野生动物保护法》的修订工作，进一步牢固树立"野生动物和植物是最珍稀的自然资源"的观念，深入开展野生动植物保护政策宣传教育，积极引导广大人民群众关注和参与野生动植物保护、提升保护野生动植物的自觉认识和法律意识，营造保护野生动植物的良好氛围。其次，在国土资源开发、利用、修复和整治中，尤其应关注生物多样性保护。例如，可基于目标物种保护目标优化生境板块设计，合理

设计板块的形状、大小和数量，提高板块类型的多样性；还可以积极开展沟渠廊道、土坎廊道、道路廊道等生态廊道的优化设计，为不同生态景观板块内的生物提供栖息和通行的廊道，促进物种的空间运动和增加物种重新迁入的机会，确保在日常国土资源利用中，区域的生物多样性保持稳定，不受到人类活动的巨大冲击。最后，要切实推进野生动植物栖息地保护，严格杜绝捕猎野生动物等行为。深入开展野生动植物栖息地调查，洞悉动植物的种类、数量及重要物种的生存状况，建立分类科学、布局合理、保护有力、管理有效的栖息地保护体系并确定具体名录，建立野生动物栖息地的物理空间屏障和法律规章屏障，严格限定人类相关开发利用活动，特别是杜绝捕猎、饲养、交易野生动物等活动，确保重要动植物栖息地的生态系统不受干扰。

2. 强化生态修复和综合治理，实现人与自然和谐共生

基于"道法自然"的伦理观，未来的国土资源治理，首先要强化生态安全认知，构建全域生态安全格局，全面开展全域综合整治和生态修复。要更为深入地认识区域内的生态环境特征和空间分异规律，从而以重要生态功能区、生态环境脆弱区为重点，有针对性地开展景观生态型国土综合整治和生态修复工程，全面保护与修复受损生态系统结构，提高全域生态系统保护能力，完善区域整体生态安全格局。其次，国土资源治理应进一步聚焦人与自然的"生命共同体"理念，将山、水、林、田、湖、草和人类社会等多个生态、社会和经济系统相联通，进行整体保护、系统修复和综合治理。着力加强全域生态系统与经济、社会系统的互补协调，推进物质流与能量流有序循环，持续强化生态系统的整体韧性，保障其面对长期或突发的自然或人为扰动时能够保持弹性和稳定。此外，针对城乡居民对

生活圈内近距离生态景观的诉求，未来应强化城乡园林绿地系统建设，促进城乡建设空间与自然人文景观协调融合，打造蓝绿交织、清新美丽、生态友好的城乡生活空间。最后，共同环境保护诉求持续增强，意味着可借鉴英国科研专用区（SSSI）的保护经验①，鼓励政府、社区、民间组织共同开展"协议保护＋奖励资助＋多元补偿"的生态治理新模式，通过制定管理协议，建立包含特许保护赋权、社区自治、生态补偿多元化、第三方监督、信息交流与研讨协商等制度的生态治理机制，促使社会各方力量合作维护生态空间。

（二）坚守"耕地保护红线"，落实"粮食安全之治"

1. 严守耕地保护与永久基本农田红线，多措并举强化耕地保护实施效果

未来，首先，应进一步严守耕地保护与永久基本农田红线，从严监管各类形式的建设占用耕地（特别是优质耕地）。尤其需要建立林地和农田的动态统筹管理机制，防止生态建设过度占用永久基本农田。其次，要进一步完善耕地占补平衡责任落实机制，通过完善永久基本农田管理、补充耕地质量验收、耕地质量调查监测等各项制度，严格落实"占一补一、占优补优、占水田补水田"的要求，其中尤应重视跨省占补平衡，审慎兼顾公平与效率，确保实现耕地资源的优化配置。此外，还要进一步营造耕地保护氛围，建立耕地保护共同责任机制，强化多主体耕地保护意识。进一步营造"耕地红线绝不动摇、保护耕地人人有责"的环境氛围，深化压实地方政府耕地保护主体责任，确保农民成为耕地保护的参与者、决策者和

---

① 夏方舟，吴顿，严金明. 生态红线区管理：英国科研专用区的历史脉络与经验借鉴［J］. 地域研究与开发，2017，36（1）：6.

监督者；同时健全耕地保护补偿激励机制和惩罚问责机制，探索资金补贴、建设用地指标奖励和其他资源扶持等多元补偿激励举措，以激发耕地保护者的热情，同步实施严格的耕地保护惩罚问责制度，将耕地保护纳入地方政府年度工作考评和领导干部离任审计范围。最后，要借助遥感监测、大数据辅助、社会舆情追踪、人工智能研判等现代科技手段，多源头、多尺度、多时态地开展耕地利用状况和相关行为的日常监督管理，重点关注耕地数量、质量、生态"三位一体"测控，逐步实现耕地保护监管工作的精准化、系统化、智能化和常态化，切实提升耕地资源的保护能力和科学治理水平。

2. 实施"五位一体"综合整治，实现可持续的粮食安全保障

未来，要大力推进高标准基本农田建设，深入实施"数量、质量、生态、人文、景观"五位一体综合整治。通过稳定耕地"毛"面积，增加耕地有效"净"面积，强化耕地的数量基础；利用增施有机肥、秸秆还田、绿肥种植、酸化改良等高效适用技术手段①，提升耕地质量；通过综合运用生态冲沟、生态田土坎、生态水塘以及生态廊道等生态化工程设计，加强农业面源污染治理，建立节水生态农业体系，打造生态良田；鼓励发展"土地整治＋"模式，积极推进都市近远郊区开展保质期较短的蔬菜种植，切实加强农耕文化遗产保护，合理发展都市休闲农业，构筑耕地的人文关怀；加强农田防护林，道路、沟渠、田坎等廊道以及耕地的景观功能设计，建设特色鲜明的农田景观。此外，在保障粮食短期安全的同时，也要综合考虑未来可能面对的诸多风险，推进耕地资源实现可持续的长远利

---

① 严金明，张东昇，夏方舟. 自然资源资产管理：理论逻辑与改革导向［J］. 中国土地科学，2019，33（4）：1-8.

用。为此，需合理设计和推进耕地用养结合，通过轮作休耕、保育养护、调整种植结构等方式，适度扩大休耕面积，从而有序推进耕地休养生息，提升耕地利用的可持续性，实现可持续的粮食安全保障。

（三）强化"民生保障"，促进"居住安全之治"

1. 推动农村宅基地基本保障与高效利用兼顾，保障城乡"均等化"居住安全

未来，应进一步强化宅基地作为农民工"最后退路"的权能保障作用并加以合理利用。首先，应借助"三调"平台，完成农村范围内宅基地权属调查，摸清农村宅基地底数，充分实现农村宅基地和房屋确权登记发证。其次，以成员资格平等、社会保障资格平等为原则，对宅基地资格权的行使范围进行规范和均等化处置，合理保障宅基地的必要增量，审慎促进存量宅基地合法流转。通过进一步盘活闲置农村宅基地、放活宅基地使用权，采用由集体或市场主体统一经营等方式实现宅基地实物与货币收益的灵活转换，在确保农民退出后居住有保障、福利不降低的前提下，显化宅基地的使用价值。同时，以宅基地制度改革为动力，加强村庄整体风貌保护，优化设计，改善农村居民生活环境，推动农村社区完善水电路气等基础设施和文化、体育、教育、医疗、卫生、环保等公共服务设施建设，保障农村获得与城市均等化的居住品质。

2. 解决城镇弱势群体住房问题，满足城镇居民"无接触"居住安全需求

各个地区应根据疫情防控形势和弱势人群情况，充分保障城镇弱势人群的居住安全。合理确定保障性住宅用地年度供应规模、布局和节奏，重点支撑城镇住房保障体系建设，多渠道保障不同群体的住房需求，尤其应关注疫情之中众多失业劳动者无固定居住地点的问题，加速解决流动人口住房困难问题。同时，应稳步推进棚户区改造等系列城市更新项目，完善基础设施建设和提升公共服务供给水平，积极推进城镇弱势人群住房条件提升和人居环境改善。此外，针对城乡居民对更为舒适、疏散和开阔的居住空间的诉求，需要在集约节约建设的同时，进一步追求实现更高质量、更有效率、更为公平、更加合理以及更可持续发展的居住空间治理目标。在必要社交距离的约束下，未来可适当降低土地利用的紧凑程度，更为合理地重构居住空间结构，打造更为安全、私密、健康和舒适的空间环境。其中，针对居家时间可能大幅提升、社交无接触要求逐步加强的现实情况，应积极保障居民日常活动范围内的生活便捷度、舒适度与隐私度，着力打造"15分钟品质居住圈"，提升15分钟步行或骑行出行范围内的土地利用混合度、人类活动私密度和公共服务保障度，在使人们的一切生活基本诉求在15分钟步行或骑行出行范围内得到满足的同时避免人与人过密接触。同时可借此契机着力打造"圈内混合集聚＋圈外零星分散"相对平衡的居住空间发展模式，将有条件居家办公的企业设置在生活圈组团外，而将不能居家办公的企业设置在生活圈内，从而从根本上解决职住均衡问题。

（四）优化"要素配置"，助推"产业安全之治"

1. 重点保障关键"点-线-面"建设空间供给，促进要素集聚和效率提升

面对疫情，国土资源治理要全力保障重大项目建设用地需求。积极应对疫情防控形势下重大项目建设中面临的新情况、新问题，主动对接、跟踪掌握重大建设项目的用地需求，优化供地规模、结构和时序，提高出让地块品质，完善提升供地效率，强化土地供后监管。以国土空间规划为引领，加速完成详细规划编制，推进低效用地通过转让、收回再出让等模式实现再利用，鼓励企业通过出租、重组、合并等形式进行再开发，保障重大项目快速落地。同时，努力通过土地利用计划指标调控进一步改进土地计划管理方式，灵活组织重大项目弹性供地，为优质"造血"产业项目提供落地空间。此外，还要有力保障、优先满足乡村振兴重点项目的用地需求，为生态扶贫、贫困村集体经济培育、易地搬迁扶贫、农村人居环境整治等乡村振兴重点难点项目提供空间保障，助推农村新产业、新业态、新模式进一步发展。

针对疫情使要素和资源的流动受阻的现实，应通过国土资源治理进一步密切城乡之间和区域之间的联系，推动其更为联动互补地发展。在疫情之下，城乡各自的比较优势一览无余，因而要基于城乡要素互补、互联互通、均等互助式发展的需要，以国土空间规划和全域土地综合整治为抓手，加强连接城乡、互通有无和贯穿始终的线状空间链接布局建设，打造发展特色更为鲜明、功能分工更为明显、空间层次感更为分明的城乡融合发展网络体系，引导城乡资源要素实现更大范围、更高层次、更广空间的均衡配置和高效利用。要基于流量时代资源快速流动的新诉求，进一步打造线上线下的流通空间。其中，重点推动以交通基础设施一体化为重点的基础设施建设，依托主要交通干线和综合交通运输网络，打通要素流动通道，降低区域间要素流动的摩擦阻力，积极引导生产要素跨区域线下合理流动。同时，积极推进信息网络等基础设施建设，通过区域间虚拟线上互联，充分利用互联网跨地域、无边界，海量信息、海量用户的优势，全面推动区域间各类资源线上深度融合，从而提高区域整体综合承载能力和联动发展水平。

除了"点"和"线"的用地保障之外，国土资源治理还应重点引导建设用地向需求最为迫切和优势最为凸显的区域和产业集中①。一是优先优化湖北地区建设用地空间布局，助推激活疫后经济。新冠疫情令湖北经济遭受了前所未有的重创，应通过编制各级各类国土空间规划，积极把握长江经济带、中部地区崛起等重大战略机遇，以新型建设空间蓝图推进湖北经济社会秩序全面恢复。二是赋予省级政府更大自主权，推进建设用地空间向更为微观的核心优势板块集中。通过赋予省级地方政府更大的自主权，调整国土空间格局与发展战略，提高项目落地效率和土地利用效率，以满足疫情之后经济复苏的要求，进而保障改善营商环境、服务产业发展、提高基础设施保障水平等用地需求。三是合理优化产业建设空间结构，保障建设用地空间向备受疫情"摧残"的受损产业和历经疫情"检验"的优势产业集中，推动产业布局转型。在总量控制、增量有限的现实预期下，重点支持符合未来发展方向的智能制造业、现代服务业、战略性新兴产业、开放型产业的用地需求，尤其应注重通过建设空间布局推进产业集群培育和上下游产业链集中建设，提高产业空间集聚水平和利用效率，推进高质量的产业创新发展与结构转型升级。

2. 推进土地要素市场化配置改革，挖掘产业安全"新动能"

针对受到疫情冲击的中小微企业，应当加强生命周期用地管理，以差别化模式优化产业用地市场化配置，合理降低企业特别是中小微企业的用地成本。首先，应实行差异化的产业用地年期确定机制，通过精准识别各类行业、各种规模企业的生命周期，构建建设用地弹性出让年限的差异化

---

① 黄国勤. 长江经济带稻田耕作制度绿色发展探讨 [J]. 中国生态农业学报，2020，28 (1)：1-7.

设定机制，提高企业生命周期与供地年限的匹配性，降低企业成本；针对不同企业因地制宜、灵活多样地制定供地方式，以年期调节各类行业、各种规模企业所需产业用地的价格，制定规模分类、行业分级的地价年限标准，依据行业整体发展态势进行修正，为各地区设置产业用地价格弹性范围，对高精尖、科研等产业用地，适度降低用地价格；针对企业所处生命周期阶段，制定土地出让、流转过程中的地价修正条款，编制阶段差异化的政策优惠清单，以年期调节各行业中处在不同生命周期阶段的企业的购地价格，向处于高速发展期的企业提供优惠更大、期限更长的产业用地价格，对处于衰落期的企业适当提高产业用地价格，引导土地合理流转，提高土地利用效率。其次，还应按照各地不同的发展阶段，以长期租赁、先租后让、作价出资（入股）、类型转换、混合供给等差别化模式，优化产业用地市场化配置。如江西鼓励各地在继续完善工业用地招拍挂出让的同时，积极引导企业以长期租赁、先租后让、租让结合等方式取得土地。如南京优化土地供应模式，引导土地多用途复合开发利用，允许成片开发的产城融合体项目搭配不超过15％的配套设施整体挂牌出让，逐步推进先租后让和弹性年限出让政策①。

针对当前存在的部分城乡存量空间居住健康隐患问题，亟须进一步挖掘存量空间发展潜力，盘活城乡存量建设用地、重塑城市空间，为经济复苏和发展注入新的活力。因此，未来应合理控制存量建设用地盘活成本，积极创新激励手段，妥善解决拆迁补偿、安置和建设成本较高的问题。可以探索建立建设用地盘活增值收益共享机制，使得政府、开发商、被改造

---

① 杨平. 四大改革路径促中小工业区转型［N］. 中国自然资源报，2019－06－28（6）.

地块单位和个人共享改造开发产生的土地增值收益，以此调动农村集体经济组织、企业和被征地居民的积极性，将政府从大包大揽的拆迁中解放出来。同时，要以各方的诉求为出发点，充分创新和完善存量建设用地退出模式，降低退出成本、提升退出收益、加速退出进程，推动存量建设用地快速再利用。此外，应进一步深化农村宅基地制度改革，合理推进建设用地整理，完善城乡建设用地增减挂钩政策，为乡村振兴和城乡融合发展提供土地要素保障[①]。最后，应根据地方需求挖掘农村建设用地存量资源，优先盘活和保障当地复工复产的现代种养业、农产品加工流通业等乡村产业发展用地，平衡就近利用和集聚利用模式，大力支撑农民增收和农村集体经济发展[②]。

三、后疫情时代"国土资源安全之治"的战略保障

（一）加强"韧性城乡"建设，提升危机应对处置能力

"韧性城乡"即能够承受和快速应对灾害等突发性冲击，迅速恢复和持续保持城乡功能正常运行，并通过强化适应能力更好地应对未来灾害风险的城乡功能属性。疫情的突发呼唤国土空间治理以打造能"应对冲击，快速恢复稳态"的"韧性城乡"为目标，以适应城市未来发展的复杂性和难以预测性，增强应对和控制未来风险的能力。尤其要针对这次疫情应对中暴露出来的短板和不足，以"简政放权"和"系统构建"实现打造"韧性城乡"目标所要求的"快速恢复稳态"，从而加快国土资源治理体系优

---

① 中共中央，国务院. 中共中央国务院关于构建更加完善的要素市场化配置体制机制的意见 [N]. 人民日报，2020 - 04 - 10（1）.

② 严金明，迪力沙提·亚库甫，夏方舟. 乡村振兴战略实施与宅基地"三权分置"改革的深化 [J]. 改革，2019（1）：5 - 18.

化升级，推进国土资源治理能力现代化。一是要进一步"简政"，通过减少行政环节，大力提升治理效能和服务水平，增强快速应对能力，降低突发事件的冲击和影响。通过精简审批环节和优化审批机制，推动国土资源治理实现"一窗受理"、"一事通办"和"最多跑一次"，让企业和群众办事更方便、更快捷、更满意。同时，对于疫情防控急需使用的土地，可按照"特事特办、即受即审"的应急原则，允许"容缺受理、先建后补"，进而提高审查效率，全力保障疫情防控项目建设先行用地，全面降低疫情的冲击和影响。二是需突出强化"放权"，进一步将农地转用审批、应急用地审批等事项授权给各省、自治区、直辖市各级人民政府批准，从注重审批向完善监管和提供优质服务转变，同时压实省级政府责任，做到既实现疫情之下的风险共担和冲击分散，又提高冲击应对效果和稳态恢复速度，服务最为迫切、最为需要和最为有效的土地利用诉求。三是需进一步完善更为系统完整的国土资源治理应急体系。通过加强应急体系的基础能力建设，大力构建合理的应急管理模块、完善应急管理相关流程体系，形成全面覆盖危机预警、风险防控、应急响应、应急处置及事后处理的专业的国土资源治理应急体系，把对重大突发事件的临时应对转化为应急管理规范化常态操作，实现稳态恢复系统化、科学化和规范化。

（二）注重"规划留白"，留足应急管理"弹性空间"

"规划留白"就是在规划编制过程中面对未来发展的不确定性，不将区域空间都填满，不将所有地块用途都编定，而给未来发展留下足够大的弹性空间。留白是理念，也是方法，更是智慧。面对疫情的冲击，规划中应急避难场所和防疫应急设施空间预留不足问题较为突出。亟须落地的疫情防控建设项目往往面临空间弹性较低、建设留白不足的困境，导致部分应急疫情防控项目难以迅速落地或是落地选址不尽合理。对此，首先，应要求国土空间规划在编制和实施过程中合理预留弹性建设空间，充分考虑重大突发公共事件可能的用地需求，科学布置弹性留白空间，从而保障应急突发事件所需空间的有效供给，并为城市功能优化调整预留战略性调整空间。其次，要在坚持国土空间用途管制的同时，鼓励推进国土空间功能混合"弹性利用"。通过探索国土空间混合利用发展模式，给予空间利用更大的弹性管理空间和更多样的利用方式，如抗疫应急医院平时可用于科教（教育、科研等）、工矿仓储（医疗健康企业生产、物流仓库等）、文体娱乐（图书馆、博物馆等）等其他功能用途，疫情发生时则迅速改造为抗击疫情的救治点，从而提高空间布局的相对灵活性，为更新改造和功能置换留足余地。

（三）大力推进公共卫生基础设施建设，完善各类支撑保障体系

此次疫情的暴发也进一步暴露了医疗和公共卫生基础设施相对不足的问题，部分地区应急医疗设施建设较为落后，医疗防护物资储备相对短缺，基层医疗设施服务水平总体偏低。同时，疫情应对过程中的不足也反映了城市污水与垃圾处理设施建设不够完善的问题，由此导致的医疗废水和废弃物的后端处置问题同样引起了人们的反思。当前，中国正处于加快布局"新基建"的重要窗口期，应基于疫情中吸取的经验教训，更高标准地完善公共卫生基础设施。一是需要加强环境污染治理基础设施建设。要因地制宜地加强大气污染、水污染、固体废弃物污染等环境污染治理基础设施的建设，尤其要重视医疗废弃物、危险废弃物等处置设施的建设。二是要加快农村公共卫生设施建设。着重防治农业污染，建设农业污水、污物等处理设施与农业废弃物资源化设施等，促进农村农业绿色转型发展。同时，优化配置基层卫生服务资源，合理调整设置村级卫生服务机构空间落位，提高农村卫生服务的普遍性和可及性。三是应探索构建公共卫生基础设施建设新模式。加快新型公共卫生基础设施建设规范标准的出台与升级，同时鼓励多元社会力量参与公共卫生基础设施建设、监督和管理。

（四）加速大数据智能化建设，推进国土资源治理能力现代化

尽管大数据、云平台、人工智能等信息化智能化工具在抗击疫情中的积极作用得到了广泛认可，然而这些工具对国土资源治理的支撑力度仍有不足，难以满足疫情冲击之下云调查、一体化平台、智能审批、智能监管、智能决策等治理能力现代化的保障要求。因此，在国土资源治理体系和治理能力现代化进程中，要全面加强加速大数据、云平台、人工智能等信息化智能化支撑建设。一是构建国土资源大数据体系。集成整合基础地理、遥感、土地、林业、地质、矿产、海洋等数据，通过共享交换、实时抓取等模式广泛获取大数据，形成地上地下、陆海相连、集成融合、可持续更新的国土资源三维立体"一张图"大数据体系，实现时空数据全面化、数据聚合化和信息实体化，从而为国土资源治理能力的提升提供海量数据支撑。二是搭建国土资源综合信息平台。以国土资源大数据体系为支撑，参考区块链等技术，构建并完善统一的国土资源业务信息化管理服务体系，建成部门联动、开放共享、安全高效的分布式国土资源综合信息平台，从而为各项国土资源业务提供线上"一条龙"服务。三是构建"人工智能＋"国土资源治理支撑体系。利用各类模式识别、机器学习、数据挖掘和智能算法等人工智能技术，为办理国土资源调查评价、空间规划、用途管制、耕地保护、执法监管、生态修复、资产管理与确权登记等各项业务，一站式提供支持跨部门、跨层级、跨区域的智能审批、智能监管、智能决策等服务。

第七章

效率与发展

国土资源利用效率是指一定时间内单位面积土地的产出量。提高国土资源利用效率，就是要提高单位面积土地的农作物产量和经济产出量，用较少的投入获得较高的产出。因此，在高质量发展理念引领下，推动国土资源利用方式变革，大幅度提高国土资源要素的利用效率成为国民经济高质量发展的重要要求。基于此，本章提出应把握国土资源利用已进入高质量发展、存量发展、城乡融合发展以及资产显化发展阶段的新机遇，以土地要素投入产出理论、土地利用结构优化理论、土地报酬变化规律以及土地适度规模经营理论等相关理论为指导，明确全面提高国土资源利用效率的路径模式，构建提高国土资源利用效率的相关保障机制。

◀◀◀ 第一节 ▶▶▶

国土资源利用进入新的发展阶段

一、国土资源利用进入高质量发展阶段

近年来，我国国土资源利用集约程度不断提高，地均产出不断提升。2019 年国家级开发区综合容积率为 0.98，工业用地综合容积率为 0.93，两

者较上年度均提高了 0.02[①]。2018 年建设用地地均 GDP 为 225.4 万元/公顷，较 2017 年提升了 8.67%，较 2016 年提升了 19.07%。此外，我国耕地保护成效显著，生态空间扩张明显。2019 年年底，全国耕地保有量 20.23 亿亩，守住了 18 亿亩耕地红线，总体上有效保证了粮食安全。以国家公园为主题的各级各类自然保护地超 1.18 万个，保护面积达到陆域国土面积的 18%。全国森林面积 2.2 亿公顷，森林覆盖率达到 22.96%[②]。

二、国土资源利用进入存量发展阶段

在高质量发展理念的要求下，国土资源利用必须挖掘存量土地资源，推进低效用地再开发，进而提高我国国土资源利用效率。一方面，我国国土资源约束趋紧，开发强度持续走高。2016 年至 2018 年，全国国土开发强度从 4.12% 上升至 4.21%，逼近 2020 年的约束指标 4.24%，而建设用地扩张空间又十分有限，因而亟须通过全面提高国土资源利用效率来破解用地瓶颈。另一方面，存量土地利用整体效率偏低，环境承载压力较大。粗放的用地模式严重挤占了城市未来的发展空间、耕地资源以及生态空间，同时仍然存在摊大饼、外延式扩张等土地利用方式。

---

① 自然资源部 . 关于 2020 年度国家级开发区土地集约利用监测统计情况的通报［EB/OL］.（2021 - 01 - 07）［2021 - 01 - 07］. http：//gi. mnr. gov. cn/202101/t20210112_2597883. html.

② 生态环境部 . 2019 中国生态环境状况公报［R/OL］.（2020 - 06 - 02）［2020 - 06 - 03］. https：//www. mee. gov. cn/hjzl/sthjzk/zghjzkgb/202006/P02020 0602509464 172096. pdf.

三、国土资源利用进入城乡融合发展阶段

我国城乡土地关系进入融合发展、协调共生的新阶段。因此，首先，土地资源利用中必须改变农村依附城市的发展方式，设计合理的农村土地利用布局。农村土地资源利用不能仅仅以保障粮食生产为目标，还要强调推动农村产业兴旺、农民生活富裕、环境生态宜居的综合发展目标。其次，土地资源利用中需要形成城乡均等的主体地位，在城乡融合的新型发展关系下，探索区域土地资源利用中农村与城市同地、同权、同价的平等互动关系。另外，要加快构建城乡统一的建设用地市场，促进城乡地域系统良性互动和土地要素双向流动。

四、国土资源利用进入资产显化发展阶段

随着自然资源资产管理体制的不断完善，作为自然资源资产的基础和载体，土地资源利用进入资产显化发展阶段。首先是资产所有者职责需逐步显化。土地使用权有偿获得和交易制度实施过程中出现了所有权虚化等问题，土地资源利用中需要进一步显化资产所有者的权利与义务。其次，要素市场化进程中土地资源的资产属性逐渐显化。当前要素配置市场化进程中土地要素价格机制的建立过于缓慢，推进土地要素市场化改革、加强培育城乡统一的土地市场进入落实和实现阶段。此外，公民权利的保障要求资产显化。土地资源合理利用和国土空间格局优化中需要以人为本，协调土地公有制与公民合法财产权利之间的关系。

第二节
全面提高国土资源利用效率的理论支撑

一、土地要素投入产出理论

土地要素投入产出理论主要是利用经济学中的投入产出分析思想和方法，将土地看成与劳动、资本、技术等同等重要的生产要素，讨论其在实际生产中的投入产出关系及其对经济发展的贡献，通常借助经济学领域的柯布-道格拉斯生产函数（又称 C-D 生产函数）加以阐述[①]。具体而言，首先将土地作为生产要素之一引入 C-D 生产函数中，判断土地要素投入产出关系及其对经济增长的贡献率；然后分析土地要素投入边际产量的变化趋势，以及是否有效促进经济增长，并对低效用地进行筛查；进而结合实际情况调整土地要素投入策略，实施不同的改进方案或路径模式，从而避免土地资源浪费、提高土地利用效率。其相关公式如下：

$$Y = AL^{\alpha}K^{\beta}S^{\gamma} \qquad\qquad (7-1)$$

$$E_S = \gamma \times \frac{\Delta S/S}{\Delta Y/Y} \qquad\qquad (7-2)$$

---

① 李明月，张志鸿，胡竹枝. 土地要素对经济增长的贡献研究：基于土地资源与土地资产双重属性的视角 [J]. 城市发展研究，2018，25（7）：61-67.

式中，Y 为产量，A 为技术进步水平，L 为劳动要素投入量，K 为资本要素投入量，S 为土地要素投入量；α、β、γ 为常数，分别表示劳动、资本和土地的要素产出弹性；ΔS 和 ΔY 表示对应变量的变化量；E_s 表示土地要素对经济增长的贡献率。

二、土地利用结构优化理论

土地利用结构优化理论主要讨论分析土地资源配置问题，研究如何通过土地资源结构调整和优化来实现整体效益最大化。系统论关于结构与功能辩证统一关系的论述是土地利用结构优化理论的重要基础。国土资源利用是一个复杂巨系统，全面提高国土资源利用效率就是改善土地资源整体的生产功能，因此必须注重土地利用结构的优化。土地利用结构优化包括土地数量结构优化和空间布局优化。在数量结构优化方面，通常基于多目标决策技术，结合灰色线性模型、蚁群算法（ACO）以及粒子群算法（PSO）、人工神经网络模型等对不同类型用地规模进行预测和调整；在空间布局优化方面，则主要是在主体功能区、用途管制分区、适宜性分区等基础上，结合元胞自动机模型、多智能体模型（MAS）以及 CLUS-S 模型等对未来土地利用布局进行模拟和规划①。通过将理论仿真模拟与现实用地情况相结合，对不同时空尺度下的不同功能用地规模进行调控，对不同功能用地布局进行组合优化，从而促进土地资源合理利用、提高土地利用效率。

---

① 李鑫，李宁，欧名豪. 土地利用结构与布局优化研究述评 [J]. 干旱区资源与环境，2016，30 (11)：103 - 110.

三、土地报酬变化规律

土地报酬变化规律主要讨论土地产出量如何随要素投入量的变化而变化。在技术水平和其他生产要素投入量不变的条件下，当连续等量地向固定土地投入某一可变要素时，土地产出量呈现出递减的规律[①]，具体可分为三个阶段（见图7-1）。其中，当边际产量达到最大值（A'点）时，总产量曲线上对应的A点处斜率最大，此时总产量增长速度最快，土地利用投入产出效率最高；当平均产量达到最大值（B'点）时，总产量曲线上对应的B点处斜率介于A点和C点之间，此时土地利用的平均效益最高，但投入产出效率不是最高；而在C点总产量达到最大值，该点斜率为0，此时土地产出总量虽然最高，但边际投入产出效率却为0。全面提高国土资源利用效率就是要提高土地资源投入产出效率，充分发挥生产要素的价值。因此，在实际生产中，土地投入量应尽量靠近L_1。当然，土地报酬递减的前提条件是生产技术水平不变，而实际上随着社会经济发展与技术水平的不断进步，土地报酬递减只是短时间内的一种现象。技术进步不仅能大幅提升各个阶段的生产效率、提高总产量，使生产曲线整体上移，还能延长各阶段的生产周期（见图7-2），进一步提高总体效益。因此，全面提高国土资源效率时，既要注意生产要素投入适当，又要注重技术的革新。其中，技术革新一方面体现为生产技术革新，如生产工具革新等；另一方面还体现为

---

① 王令超，宋艳华，宋富强，等．农用地分等中最高单产和最高产量—成本指数确定方法 [J]．农业工程学报，2017，33 (12)：255-261；杨俊，黄贤金，王占岐，等．新时代中国城市土地集约利用若干问题的再认识 [J]．中国土地科学，2020，34 (11)：31-37.

生产空间扩展技术革新，如高层建筑技术革新、地下空间开发技术革新、土地再开发技术革新等。

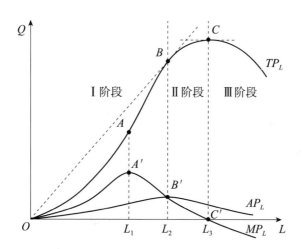

图 7 - 1 传统生产要素投入产出曲线

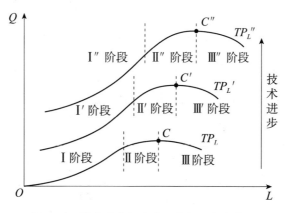

图 7 - 2 技术进步下生产要素投入产出曲线

四、土地适度规模经营理论

土地适度经营规模是指在一定的技术和经营管理水平下，能够实现社会效益、经济效益和生态效益最大化的土地生产经营规模。土地适度规模经营思想主要来源于规模经济，适度扩大生产规模，使土地、劳动、资本、技术等生产要素的配置更加合理，能够提高土地利用整体效益①。我国是一个农业大国，因而这里所说的土地适度规模经营主要指农业生产适度规模经营。传统小农经济分散化经营不利于机械化作业，且管理水平整体偏低，从而导致农业生产效益和农地利用效率不高。适度规模经营才是我国现代化农业发展的最佳选择和必由之路。土地规模经营对土地利用面积并没有设立明确标准，需要因地制宜。从我国农业生产总体情况来看，现阶段，我国粮食生产户均100~200亩时，资源配置效率整体水平较高，能够同时使粮食产量和农民收益处于较高水平②。但实际中，我国农地资源破碎化现象仍然较为严重，一方面表现为户均耕地面积小，远不足100亩/户，大部分农户经营农地面积不到10亩，少数达到几十亩，极少数超过100亩；另一方面表现为农户经营的农地地块数较多，较为分散，不利于耕作。此外，我国农地流转水平和农地规模经营水平仍然有很大提升空间。因此，需要通过土地整治、存量再开发、创新农地流转等措施促进土地规模经营，进而提高土地利用整体效率。

---

① 吴振方.农业适度规模经营：缘由、路径与前景.农村经济，2019 (1)：29-36.

② 李文明，罗丹，陈洁，等.农业适度规模经营：规模效益、产出水平与生产成本：基于1 552个水稻种植户的调查数据 [J].中国农村经济，2015 (3)：4-17，43；罗丹，李文明，陈洁.粮食生产经营的适度规模：产出与效益二维视角 [J].管理世界，2017 (1)：78-88.

◀◀◀ 第三节 ▶▶▶

全面提高国土资源利用效率的路径模式

一、土地立体化开发利用模式

土地立体化开发利用是在传统二维平面土地资源开发利用的基础上，统筹地上、地表和地下三维空间的开发利用模式，其本质是对空间资源的占有和使用[①]。土地立体化开发利用是伴随社会经济发展、生产要素集聚、土资源紧缺以及城市交通拥挤等出现的，是未来国土资源利用（尤其是城市国土资源开发利用）的必然趋势[②]。土地立体化开发利用通过对地上和地下空间进行延展开发，能够扩大城市环境容量、提高城市建设密度、缩短城市时空距离、提升城市运行效率，进而改善城市环境质量、优化城市功能结构、提高土地利用效率[③]。如加拿大蒙特利尔市地下城，容纳了交通、办公、商业、金融、居住等多种服务功能，每天人流量超过 50 万人，

---

① 安旭东，陈浮，彭补拙. 长江三角洲土地资源可持续利用系统分析与策略选择 [J]. 资源科学，2001 (3)：47 - 54；徐志博，罗婷文，文楚君，等. 基于改进多边形面积法的城市土地立体化利用潜力评价：以深圳市为例 [J]. 自然资源学报，2018，33 (3)：504 - 514.

② 罗婷文，姚尧，罗平，等. 秉承三维思维的土地立体化利用评价指标研究 [J]. 资源科学，2017，39 (1)：74 - 84；史平平，张军连，杨燕敏. 我国城市地上地下土地权利的设立：以中关村西区为例 [J]. 自然资源学报，2010，25 (10)：1639 - 1648.

③ 杜荃深，陈箫，于凤瑞. 土地立体利用的产权管理路径分析 [J]. 中国土地科学，2020，34 (2)：1 - 8；刘咏梅，李谦，江南. 三维地籍与城市立体空间开发的信息技术应用分析：以南京市为例 [J]. 地球信息科学学报，2010，12 (3)：392 - 398.

是世界上规模最大的地下城商业中心。其通过对地下空间的延展开发，使得同一水平空间内容纳了更多的城市功能，提高了城市整体运行效率，创造了更多的经济价值，显著提升了城市土地利用效率。再如巴黎拉德芳斯新城，其交通系统实现了人车分离、互不干扰，地上的商业和住宅等建筑体通过一个巨大的广场相连，地下则是由地铁、火车等不同类型的交通方式构成的交通网络。人车分离的设计显著提升了城市运行效率，缓解了城市用地紧张的局面，提高了城市土地利用效率。同样，国内的深圳福田车公庙"未来之城"以及武汉光谷广场等也都在积极探索地下空间的开发利用，力图打造多功能的立体综合体，进而扩大城市容量、缓解城市用地紧张问题、提升城市运行效率，最终提高城市土地利用效率。

二、土地复合利用模式

土地复合利用（或土地混合利用）是指两种及以上土地利用类型或土地利用功能等在一定时间和空间范围内组合使用的状态①。土地不同类型或功能的复合利用可以推动空间紧凑发展、提高土地利用强度和密度，对节约土地资源、提升土地利用效率等具有重要意义，是破解人地关系趋紧问题、激发城市发展活力的重要途径。土地复合利用包括空间维度的复合和时间维度的复合。其中，空间维度的复合利用主要体现为不同空间尺度下的多功能复合，如微观尺度下建筑单体或地块等层面的商业、办公、住宅等多功能的复合，中观尺度下街区或邻里层面的工作、居住、服务等多功能的复

---

① 张佰林，钱家乘，蔡为民. 论农村居民点用地混合利用的研究框架［J］. 自然资源学报，2020，35（12）：2929 - 2941；郑红玉，吴次芳，沈孝强. 土地混合利用研究评述及框架体系构建［J］. 经济地理，2018，38（3）：157 - 164.

合，宏观尺度下城市或区域层面的"三生"空间功能复合等。空间维度的复合利用能组合不同功能需求，显著提高城市或区域通勤效率及整体运行效率，进而提高城市或区域土地利用效率。时间维度的复合利用主要体现为单位周期内不同时段的多功能复合，如租赁周期、经营周期等单位周期内同一空间不同时段不同功能的安排等。时间维度的复合利用使同一固定空间内有限的土地资源能够满足更多需求，既可促进土地资源的节约集约利用，又可提升生产生活效率，进而提高土地利用效率。土地复合利用最早起源于西方部分国家对城市发展的反思和探索，当前我国也在积极推进土地复合利用的理论研究和实践探索①。如美国费城东街走廊地处市交通枢纽中心，规划结合了地下步行商业街、公共汽车站、车库、铁路客运站、购物中心及地铁系统，建设了舒适的步行设施，实现了土地的复合高效利用，在满足城市多功能需求的同时，提升了城市发展质量，提高了城市土地利用效率。同样，国内的上海、深圳等也都提出要探索土地多功能复合利用模式，破解城市用地瓶颈，提升城市运行效率，进而提高城市土地利用效率。

三、存量土地再开发模式

存量土地是相对于增量土地而言的，广义上泛指城乡建设已占用或使用的土地，国土开发利用意义上是指现有城乡建设用地范围内的闲置未利用土地及利用不充分、不合理、产出低的土地，即具有开发利用潜力的现

---

① 郑红玉，吴次芳，郑盛，等．空间一致性视角下的城市紧凑发展与土地混合利用研究：以上海市为例［J］．中国土地科学，2016，30（4）：35-42；王娜，张年国，王阳，等．基于三生融合的城市边缘区绿色生态空间规划：以沈阳市西北绿楔为例［J］．城市规划，2016，40（S1）：116-120．

有城乡建设用地①。存量土地再开发就是通过一定的技术手段和管理措施对闲置、浪费、低效的土地进行整治和再开发进而提高其利用效率的过程。存量土地再开发是生态文明建设、高质量发展以及新型城镇化等新时代宏观背景下，国土资源开发利用从外延粗放向内涵集约转型的必然选择②。存量土地再开发模式主要包括交通枢纽改造模式、生态化改造模式、文化类改造模式以及综合类改造模式。其中，综合类改造模式主要指整合市区、郊区、城中村、厂房等不同区域，整合居住、产业、文化等多类型用地，进行存量空间综合开发，全面重塑城市存量空间。如城市更新，就是对城市中已经不适应现代化城市社会生活的地区进行必要的、有计划的改建活动。国际上城市更新主要可以分为城市重建、更新、再开发和再生四个阶段。例如英国伦敦金丝雀码头开展的公私合作模式下的城市更新，其通过改善片区交通条件、开发新建住房以及制定宽松的办公空间租赁协议等方式，便利中产阶级的生产生活，吸引中产阶级进入，最终实现了从废弃码头区到繁荣商业区的彻底转变，显著促进了区域经济发展，提高了土地利用效率。而国内城市更新则主要是旧城、旧村、旧工业区和烂尾楼改造等，典型代表为广州的"三旧改造"。"三旧改造"模式是广东省创新的改造模式，亦即"旧城镇、旧厂房、旧村庄"改造，是推进存量用地再开发、促进土地节约集约高效利用的重要举措。

四、工矿废弃地复垦模式

工矿废弃地复垦模式主要是将历史遗留的工矿废弃地以及交通、水利等

① 邹兵. 增量规划向存量规划转型：理论解析与实践应对 [J]. 城市规划学刊, 2015 (5)：12-19；沈嘉瑜. 杭州市区存量低效用地空间格局及再开发策略研究 [D]. 杭州：浙江大学, 2020.
② 林坚, 叶子君, 杨红. 存量规划时代城镇低效用地再开发的思考 [J]. 中国土地科学, 2019, 33 (9)：1-8.

基础设施废弃地加以复垦，通过治理废弃地的土地环境问题，营造良好的空间形象，改变落后低效的利用状态。工矿废弃地是影响我国国土资源整体效率的重要因素，全面提高国土资源利用效率必须重视工矿废弃地的复垦和再利用，认真学习和借鉴国内外相关经验，积极探索切实有效的复垦模式。如德国鲁尔区废弃地改造，德国将其划分为南部已转型地区、中部待转型地区和北部待发展地区三块地区分区治理，通过改善生态环境、重组产业结构、完善交通网络、营造绿色开敞空间、开辟休闲娱乐场所等手段，改善了旧工业区旧容旧貌，缓解了矿区衰退带来的社会问题。再如美国的棕地治理，其采取的主要措施包括改善城市内部生态环境、控制城市发展边界、储备未开发用地、优化产业结构、提供保障性住房、积累社区社会资本、促进公共参与、更新空间结构等。工矿废弃地复垦和再开发，不仅能够改变废弃地低效利用状态、提升用地效益，进而提高土地利用效率，还能缓解用地紧张问题、促进区域经济发展，是全面提高国土资源利用效率的重要举措。

◄◄◄ 第四节 ►►►

全面提高国土资源利用效率的保障机制

一、科学发挥国土空间规划的引导作用

国土空间规划作为高位统筹的战略规划，有机融合了土地利用规划、

城乡规划、主体功能区规划等相关规划，是实现"多规合一"的重要部署，是各类国土开发保护与建设活动的基本依据，也是国家指导和监督国土资源开发利用与保护的重要手段。党的十八届三中全会明确提出在资源配置中要更好地发挥政府的作用。这主要体现在两个方面：一是政府要整体把控宏观经济发展方向，确保市场机制运行平稳；二是克服市场失灵以及对公共资源的配置仍需政府主导推动。国土空间规划正是政府作为"看得见的手"进行宏观经济调控和国土资源配置调整的重要途径，体现了国家对国土经济发展的意志导向。因此，全面提高国土资源利用效率，要科学发挥国土空间规划的"龙头"作用，强化国土空间规划对国土资源利用和土地要素市场的引导和监督作用[①]。

二、充分激活土地要素市场化配置的优势

同政府一样，市场也是资源配置的重要手段，但与政府不同的是，市场配置资源主要依赖价格机制、竞争机制、供求机制以及风险机制等经济运行规律，是"看不见的手"，具有较强的自发性，是最有效率的形式[②]。但长期以来，我国要素市场化程度普遍偏低，加之要素报酬并非完全由市场供求决定，导致我国全要素生产效率整体水平较低，尤其在国土资源利用层面更为明显。因而，党的十八届三中全会提出要全面深化改革，强调使市场在资源配置中起决定性作用。其含义就是要靠市场机制自发配置资

---

① 严金明，迪力沙提·亚库甫，张东昇. 国土空间规划法的立法逻辑与立法框架［J］. 资源科学，2019，41（9）：1600－1609.
② 沈志荣，沈荣华. 公共服务市场化：政府与市场关系再思考［J］. 中国行政管理，2016（3）：65－70.

源，进而实现收益最大化和效率最大化①。之后，党中央和国务院又提出推进土地要素市场化配置，彰显了土地要素配置市场化的重要意义，表明了实现土地资源配置市场化的决心。因此，全面提高国土资源利用效率，要深刻理解市场运行机制，充分发挥土地要素市场化配置的优势，进而提高土地要素配置效率、促进土地要素有序流动、保障土地财产权益、激发土地要素市场活力②。

三、健全完善三维地籍信息技术平台

地籍是记载土地资源数量、质量、位置及权属等基本情况的簿册，是土地利用与管理的基础性资料和基本工具。长久以来，我国国土资源利用主要集中于二维地表层面，因而采用的主要是传统二维地籍模式。近年来，随着经济的快速发展，土地二维平面的资源承载力和环境容量日益趋紧，人地矛盾日趋突出，土地空间立体化利用越来越受到关注和青睐。目前，北京、上海、深圳等大城市都已开展了土地立体化利用的实践探索，对地上和地下空间进行延展开发利用，同时结合不同层次空间不同功能的混合利用，大大提高了用地效率③。空间立体化利用是国土资源未来发展的必然趋势，而传统二维地籍模式势必将难以满足国土资源三维空间立体化利用的要求。因此，亟须在二维地籍的基础上积极探索三维地籍相关技术、规范标准和管理流程等，从而为国土资源未来采用更高级的利用模式提供有力保障。

---

① 洪银兴. 实现要素市场化配置的改革 [J]. 经济学家，2020（2）：5-14.

② 严金明，李储，夏方舟. 深化土地要素市场化改革的战略思考 [J]. 改革，2020（10）：19-32.

③ 郭仁忠，罗平，罗婷文. 土地管理三维思维与土地空间资源认知 [J]. 地理研究，2018，37（4）：649-658.

四、探索建立多元主体专项融资渠道

探索构建政府引导、市场运行、公众参与、税收调节的多元主体专项融资渠道，为全面提高国土资源利用效率提供有效经济保障。首先，政府部门要建立统筹协调机制，引导各部门联动合作，引导各方资金有效融合，引导专项资金合理使用，并对资金使用加强监督管理。其次，充分利用市场经济调节机制，激活银行、证券公司、保险公司、基金公司等金融机构的资金流量，保障相关工程项目的现金供应。再次，调动全社会参与的积极性，引导各级各类组织、集体、个人等不同主体的投资倾向，驱动社会资本汇集。最后，充分发挥税收对融资的调节作用。税收是国家收入的主要来源，也是实现收入公平分配、资源有效配置、经济稳定增长的重要政策手段，在现代国家治理体系中发挥着基础性、支柱性和保障性作用。全面提高国土资源利用效率涉及各个领域，因此在政府、市场、公众等多元主体融资的基础上，通过调整税类结构（如资源税、土地增值税、城镇土地使用税、耕地占用税、房产税、契税等）引导社会资金流向全面提高国土资源利用效率相关工程项目。

五、加快推进国土资源利用相关法律体系构建

法律是由国家制定或认可并由国家强制力保证实施的行为规范体系，具有权威性、强制性和政治性，是保障国家各项事业有序开展的最有力的武器，也是实现国家治理体系和治理能力现代化的重要工具[①]。国土空间

---

① 卓泽渊. 国家治理现代化的法治解读 [J]. 现代法学，2020，42（1）：3-14.

规划的有效实施、土地要素市场的有序运行、国土资源的合理利用等都离不开相关法律强有力的支持和保障。但目前，我国国土资源利用相关法律法规尽管数量较多，但体系尚不健全，不同法律法规之间甚至存在内容上的重叠或冲突等，这在一定程度上也制约了我国国土资源利用的整体效率的提升①。而"国土空间规划法"既能够体现国家建设高质量、高品质、高和谐的"三生"空间意志导向，又能够对其他规划针对基础设施、能源资源、生态环境等提出的开发保护活动提供有效指导和约束②，同时还能避免重叠和冲突等问题。因此，亟须加快推进构建以"国土空间规划法"为主导的相关法律体系，进而为全面提高我国国土资源利用效率提供强有力的法律支持。

---

① 郭仁忠，罗平，罗婷文. 土地管理三维思维与土地空间资源认知 [J]. 地理研究，2018，37（4）：649－658.

② 严金明，迪力沙提·亚库甫，张东昇. 国土空间规划法的立法逻辑与立法框架 [J]. 资源科学，2019，41（9）：1600－1609.

第八章

整治与转型

国土综合整治已上升为国家层面的战略部署，全面推进国土综合整治，加快修复国土功能，提高国土开发利用质量和效益，已然是统筹推进现代化建设、生态文明建设、乡村振兴和城乡融合的有力抓手。鉴于此，本章首先正本溯源凝练出适应中国当前时期的国土综合整治核心内涵，进而探讨在新的转型背景和发展需求下国土综合整治的转型发展战略导向，并以北京市海淀区为例开展国土综合整治单元划定的理论与方法研究，从而为创新国土综合整治规划实施和项目落地提供参考和依据。

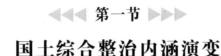

第一节
国土综合整治内涵演变

一、国土综合整治内涵研究的阶段演进与内涵辨析

（一）国土综合整治内涵研究的阶段演进

人类社会的发展史也可以认为是国土开发、利用和改造的历程[①]：由最初临时、简单、局部的微小改造到现代长期、综合、复杂的大型改造，从古代大禹治水和各代开挖运河到现在的全域整治、南水北调等，国土综合整治逐步由零星、分散、简单的整治活动向综合、有序、系统、全面的

---

① 周立三. 我国国土整治方针与任务的探讨［J］. 经济地理，1982（4）：243-246.

整治活动演化。然而随着发展诉求的转变，国土综合整治在每个时期往往表现出不同的时代特征，学界关注的重点也存在较大差异。通过知网检索近40年以"国土""整治"等为主题的文献，共有14 820篇，就数量而言，在1997年之前关于国土整治的文献数量远高于关于土地整治的文献数量，1997年之后关于土地整治的文献数量迅速增加并超过关于国土整治的文献数量，2010年至今重点研究国土综合整治的文献数量则增长迅速（如表8-1所示）。

表8-1 我国关于土地整治、国土整治、国土综合整治的文献数量统计

时期	土地整治	国土整治	国土综合整治
1981—1985年	38篇	187篇	23篇
1986—1996年	317篇	773篇	126篇
1997—2009年	1 176篇	782篇	181篇
2010年至今	8 601篇	2 097篇	519篇

依据文献发展趋势，大体上可以将国土综合整治内涵研究分为四个阶段，每个阶段的研究重点、内涵定义和概念特征均有较大差异。1981—1985年，国土综合整治研究偏向于对国土规划、战略和布局的探索；1986—1996年，经济、社会、环境的可持续协调发展逐步成为研究重点，生态整治开始逐步进入学者的研究视野；1997—2009年，国土综合整治逐步偏向于土地开发、整理、复垦等具体土地整治工作，土地整治及其相应工程的实施落实受到极大关注；2010年以来，国土综合整治研究往往涵盖全区域、全要素和全周期，其内涵更为全面和系统（见图8-1）。

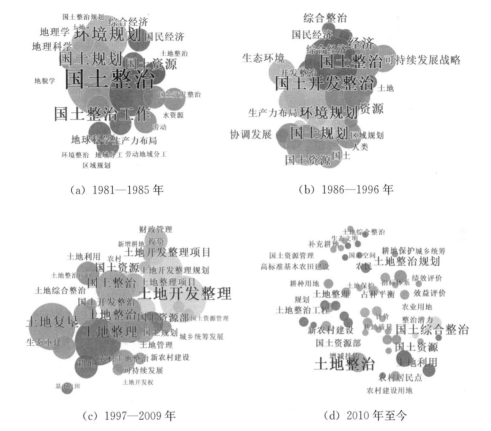

(a) 1981—1985 年

(b) 1986—1996 年

(c) 1997—2009 年

(d) 2010 年至今

图 8-1　20 世纪 80 年代至今我国关于土地整治、国土整治、国土综合
整治的文献的研究重点

（二）国土综合整治内涵研究的内涵辨析

总体来看，由于其形成背景各不相同，国土综合整治的内涵研究经历
了从初始阶段重规划到发展阶段重协调，再到演变阶段重工程，最后到延
拓阶段重统筹这样一个过程（如表 8-2 所示）。在初始阶段，国土综合整
治与国土规划、区域规划、国土整治存在概念重叠，其内涵研究多关注国
土区域开发利用规划，重点在于通过对自然资源的开发利用实现经济增长；
在发展阶段，国土综合整治更为关注人地关系，重点在于实现经济与人口、资源、环境的均衡协调发展；在演变阶段，国土综合整治更注重整治工程的设立部署与项目机制的具体落实，多落实为具体的土地整治工程项目；在延拓阶段，国土综合整治的内涵拓展到全区域国土资源整治，更注重山水林田湖草路村城等全要素整治和全生命周期的全过程整治。

表 8-2　国土综合整治近 40 年内涵发展演变分析

阶段	形成背景	内涵定义	阶段特征	研究重点
初始阶段（1981—1985年）：重规划	缺乏科学的国土战略性规划，亟须推进"四化"建设、促进经济社会发展	对国土资源的开发、利用、治理和保护工作，是国土规划、区域规划、国土立法等内容的"大管理"	概念多与国土整治混用，相较土地整治更宽泛	注重国土区域开发利用规划，力图通过对自然资源的开发利用实现经济增长
发展阶段（1986—1996年）：重协调	资源消耗过快、生态环境恶化，经济发展无法与人口、资源和环境相互协调	通过对国土资源的开发、利用、治理和保护，促进区域经济系统和人地系统的协调发展	尤为强调经济、人口、资源和环境的协调可持续发展	注重人地关系，力求实现经济与人口、资源、环境的均衡协调发展
演变阶段（1997—2009年）：重工程	耕地保护、建设用地节约集约利用等工作进一步被强调，土地整治在全国范围内全面开展	一定时期内对区域国土开发、利用、治理和保护行动的统一管理工程	重点强调综合性工程管理，在很大程度上落实为土地整治工程	注重整治工程的设立部署与项目机制的具体落实
延拓阶段（2010年至今）：重统筹	优化国土空间开发格局，健全国土空间开发、自然资源节约、生态环境保护的体制机制的新要求	采取综合措施对某一空间范围内的国土资源进行开发、利用、整治、保护等活动，最终实现永续发展的过程	突出强调整治范围的全域性、整治对象全要素和整治过程全周期	注重全区域国土资源整治，注重山水林田湖草路村城等全要素整治，注重全生命周期的全过程整治

尽管各个阶段研究重点各不相同，但是随着内涵定义的逐步完善，国土综合整治与土地整治、国土整治也逐渐显现出明确的差别（如表 8-3 所

示）：1981—1985 年，国土综合整治和国土整治内涵趋同，较以"土地规划"概念为标志的土地整治更为强调区域经济社会发展战略性；1986—1996 年，国土综合整治较国土整治更强调人与自然的协调，整治范围也不限于土地，相较以"土地整理"概念为标志的"土地整治"更为宽泛；1997—2009 年，国土综合整治同国土整治相比更强调综合工程管理的综合性和系统性，相较以"土地整理复垦开发"概念为标志的土地整治显得更为概念化和抽象化，因而在很大程度上具体落实为土地整治工程；2010 年至今，国土综合整治与国土整治相比围绕综合谈整治，与土地整治相比跳出土地谈整治，突出强调整治范围的全域性、整治对象全要素和整治过程全周期。

表 8-3　土地整治、国土整治和国土综合整治内涵演变对照

时期	土地整治	国土整治	国土综合整治
1981—1985 年	以"土地规划"概念为标志，替代译自俄语的"土地整理"，旨在通过工程技术与方法组织土地利用	全局性和战略性的规划任务，在调查评价和利益协调的基础上进行开发、利用、治理和保护的国土管理工作	对国土资源的开发、利用、治理和保护工作，是国土规划、区域规划、国土立法等内容的"大管理"
1986—1996 年	以"土地整理"概念为标志，根据需要对土地利用及土地权属关系进行调整，以充分合理利用土地	包含国土资源的开发、利用、治理和保护工作，其中国土开发治理是重点工作	通过对国土资源的开发、利用、治理和保护，促进区域经济系统和人地系统的协调发展
1997—2009 年	以"土地整理复垦开发"概念为标志，包含土地开发、整理、复垦等内容，是对土地资源及其利用方式的再组织和再优化过程	对国土资源的考察、开发、利用、治理和保护，尚未有明确的体系定位和综合性管理、保障制度	一定时期内对区域国土开发、利用、治理和保护行动的统一管理工程

续表

时期	土地整治	国土整治	国土综合整治
2010年至今	以"土地整治"概念为标志,是全域土地的整治,包括田水路林村综合治理,工矿等废弃地复垦利用,城乡低效利用土地再开发与促进土地节约集约利用等	基本工作仍为对国土资源的开发、利用、治理和保护,侧重于针对性的区域国土整治模式	采取综合措施对某一空间范围内的国土资源进行开发、利用、整治、保护等活动,最终实现永续发展的过程

资料来源:王军,钟莉娜. 中国土地整治文献分析与研究进展 [J]. 中国土地科学,2016,30 (4):88-96;董祚继. 试论土地整理的内涵及当前任务 [N]. 中国土地报,1997-03-08.

二、国土综合整治内涵的未来展望

未来国土综合整治需要一系列的制度构建作为基础:以自然资源产权制度为前提,明确承担国土综合整治责任和义务的主体;以资源环境承载力评价制度为基础,明确不同区域国土综合整治的目标、任务和路径;以空间规划制度为统领,明确不同地域空间的功能定位、开发利用方向;以国土空间管制制度为手段,明确空间分区开发标准和控制引导措施;以市场与政府协同推进制度为保障,明确国土综合整治的资金投入和经济来源;以城乡建设用地增减挂钩、耕地占补平衡等具体政策措施为路径,明确不同区域、不同领域实现国土综合整治目标的可操作的措施。

在不断强化一系列制度保障的前提下,未来国土综合整治应进一步涵盖所有涉及空间、资源等的国土要素,拓展国土综合整治的适用范围。总体目标是全面优化国土资源,塑造区域"三生"格局,推动城乡融合发展,助力实现现代化目标。总体任务应包括如下几方面:严格保护耕地,大规模建设高标准基本农田;开展农村建设用地整治,改善农村生产生活条件；推进城镇和工矿建设用地整治，提高建设用地保障能力；整治山水林田湖草等多种资源，构筑国土生态安全屏障；合理开发利用海洋资源，加强蓝色国土整治与安全建设；合理开展跨区域资源调配工程，促进区域资源有效互动与统筹发展；完善国土资源整治制度体系，促进国土资源治理转型优化。

基于总体目标和任务，未来的国土综合整治的类型模式应当为"基本类型＋延拓模式"：不仅包含农用地整治、农村建设用地整治、未利用地开发和土地复垦等基本类型，还应包括南水北调、西气东输等自然资源整合治理，"三北"防护林、各流域水污染治理等环境综合整治，海岸带治理、海岛利用保护等海洋资源整治和异地搬迁、要素盘活等国土精准扶贫整治等延拓模式（如图 8-2 所示）。此外，在国土综合整治的具体实施中，还应以协同推进为导向，整合设计"三线"划定、增减挂钩、"三块地"改革、城镇低效用地开发、生态补偿制度等国土综合整治政策路径，从加强公众参与、多元化资金渠道、建设数据库平台、完善实施调整程序、实

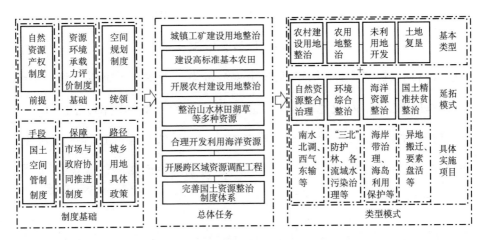

图 8-2　国土综合整治的未来展望框架

施成果动态监控、设计激励保障机制等方面配套科学有效的国土综合整治实施保障措施。

◄◄◄ 第二节 ►►►

国土综合整治战略转型

一、国土综合整治现状问题分析

（一）国土综合整治认知偏于狭仄

中国开展真正现代意义上的大规模国土综合整治仅仅不到 20 年时间，对于国土综合整治的本质和功能的基本认知依然不尽准确，多将国土综合整治认作实施性的工程、技术或任务，并未认识到国土综合整治的本质和功能是对人地关系的再调节，是对低效、空闲和不合理利用的城乡土地进行综合治理以提高土地利用率和产出率的各类土地整理、开发、复垦、修复等活动的统称，因而也影响了对国土综合整治的整体定位、创新理念、目标模式和实施路径等核心要素的根本认知，导致在实施过程中盲目性、功利性、过度工具化和行为短期化等问题造成的负面影响较为突出[1]，影响了国土综合整治的整体效率和效益。

---

① 信桂新，杨朝现，魏朝富，等. 人地协调的土地整治模式与实践 [J]. 农业工程学报，2015，31 (19)：262-275.

（二）国土综合整治定位整体偏低

当前国土综合整治的定位仍囿于土地本身，多关注"战术层面"而非"战略层面"，未能"跳出土地谈土地，跳出整治谈整治"，多强调国土综合整治在耕地保护和新农村建设中的作用，而并未认识到国土综合整治不仅可以作为改善生态环境质量、提高人民生活水平的关键措施，更是提升政府治理实践、助力推进精准扶贫的重要手段。此外，国土综合整治工程仅仅就整治谈整治，地位远不及高铁、水利等重大基础设施工程，未被视为拉动内需的强大引擎、实现中国式现代化的坚实保障。因此，国土综合整治的整体定位和功能被相应低估，亟须重新从更高层次上定位国土综合整治。

（三）国土综合整治理念创新不足

当前的国土综合整治仍然被作为增加耕地和城市建设用地面积的手段，多针对"用地不足"问题而非"用地不当"的问题，以"数量"作为核心理念，"重数量、轻质量，重面积、轻效益，重耕地、轻农民"，未能以人为核心，统筹兼顾被整治土地相关权利人的多元需求，未被看作挖掘结构潜力、优化空间布局、提升利用效率、协调促进土地"合理利用"的核心抓手，未能融合创新、协调、绿色、开放、共享等核心发展理念，难以体现出质量创新性、"三生"协调性、绿色生态性、开放国际性和人文共享性，距离进入主要以提高生产质量、生活品质和生态环境为主要导向的可持续国土综合整治新阶段仍然有较长的路要走①。

---

①　严金明，夏方舟，李强．中国土地综合整治战略顶层设计［J］．农业工程学报，2012，28（14）：1-9。

（四）国土综合整治目标过于单一

在"保发展、保红线"方针的指导下，为了实现耕地总量动态平衡，中国当前的国土综合整治仍以增加耕地为首要任务，多偏重于农用地整治，重点关注耕地的调整、地块的规整和耕地改造等方面的内容，对山、水、田、路、林、村、城等对象的综合整治相对不足，忽视了对山水林田湖生命共同体的生态保护[①]。事实上，长期以来中国土地集约节约利用水平较低，生产、生活和生态"三生"空间利用无序、布局散乱，生产用地空置闲置、管理低效等问题较为严重，人居生活环境质量偏低、基础设施不尽完善，生态环境污染严重、生物多样性下降，城镇、村落、农田、道路、河流水系、森林等景观要素之间的功能联系遭到破坏，亟须拓展国土综合整治的核心对象与目标，统筹城乡土地利用结构，改善"三生"空间布局。

（五）国土综合整治协调统筹有限

目前，国土综合整治实践主体往往局限于具体部门，整治客体通常依托于固定整治项目，"头痛医头、脚痛医脚"，缺乏全域化、综合化、系统化的前瞻规划和设计，各部门各自为政的问题也较为突出，缺乏国土、农林、水利等部门的配合、协调、统筹，资金使用分散和投入交叉重复现象比较普遍，导致各个整治项目难以实现时空和功能上的联结衔接。在区域上，与"京津冀一体化"等区域发展战略的协调程度相对不足，与"一带一路"建设等国家级顶层合作倡议的协同开放程度较低，距离全面实现国

---

① 程功，吴左宾. 县域国土综合整治与生态修复框架及实践［J］. 规划师，2020，36（17）：35-40.

土综合整治工程"融进去""走出去"的发展目标仍然存在较大差距。

（六）国土综合整治模式趋于同质化

在国土综合整治的过程中，不少地方未能充分尊重自然规律，片面追求高品质设计，导致田间的路、沟、渠大量铺筑水泥，农田整治呈现出混凝土化趋势；对于部分历史久远、极具地方特色、具有文化遗产性质的自然风貌和建筑民居，未能根据其自然禀赋和历史文化进行分类整治、充分保护，导致乡土文化遭到破坏，自然景观趋于同质化，一些地方原有的青山绿水、民俗民风和生活形态未能得到保留，出现了"千镇一面""千村一面"等问题。因此，国土综合整治亟须充分考虑田、村、镇等被整治区域的独有乡土元素，全面保护地方乡土特色、文化气息和人文特征。

（七）国土综合整治社会参与缺乏

中国的国土综合整治往往是由政府"自上而下"地确立相关项目，缺乏民众自发"自下而上"的主动整治，其体现的是政府的意志而非民众的需求，因此容易导致整治中民众的参与程度较低。许多整治区域中的民众对整治目的、方向和权属调整方案等都缺乏了解。国土综合整治权属调整和利益分配的公平性仍显不足，难以体现"以人为本"的核心价值。同时就当前而言，中国国土综合整治项目只有非常少的资金来源于企业或个人，绝大多数资金来源于政府的财政投入，而国土综合整治具有资金占用量大、投资回收期长的特点，从长远来看，只依赖财政有限的资金仍然远远不足，亟须寻找有效完备、可供推广的资金筹集方式。

二、国土综合整治转型"十大战略导向"

(一)国土综合整治的定位要从"土地本身"上升为"高位统筹"

国土综合整治应总体定位为统筹城乡发展的重要抓手、推进新型城镇化和新农村建设的核心平台、实现生态文明的建设路径、提升民生福祉的发展动力、加强政府治理的突破窗口、保障社会经济可持续发展的政策工具。"十四五"时期,国土综合整治还可具体定位为拉动内需的强大引擎、落实空间规划"多规合一"的实施单元、助力精准扶贫的重要手段、实现中国式现代化的坚实保障。

(二)国土综合整治的理念要从"注重数量"转变为"四位一体"

国土综合整治转型理念应融合创新、协调、绿色、开放和共享等理念,树立"数量、质量、生态、人文"四位一体的国土综合整治理念,以理论、制度和科技等方面的创新为国土综合整治的内在动力,以促进城乡协调、区域协调、"三生"协调为国土综合整治的关键目标,以环境污染治理与景观生态质量提升为国土综合整治的核心导向,以改善民生条件、实施精准扶贫和保护乡土文化为国土综合整治的根本核心,以统筹保障京津冀协同发展、长江三角洲区域一体化发展等国家重大战略的落地实施为国土综合整治的重要任务。

(三)国土综合整治的核心要从"以地为本"转变为"以人为本"

坚持以人为本,就是要从人民群众的根本利益出发谋发展、促发展,不断满足人民群众日益增长的物质文化需要,切实保障人民群众的经济、政治和文化权益,让发展的成果惠及全体人民。因此,国土综合整治应以明晰整治土地的产权界定为基础，维护整治涉及的利益相关者的根本利益，在思想层面激励公民意识与公民本位的价值认同和主观意愿，在制度层面健全全维度公众参与的具体制度，在技术层面实施信息公开与交流回馈制度，在经济层面以提升人民收入水平、增进人民福祉为根本出发点，在社会层面突出体现乡风文明和特色人文情怀，保证整治过程公平、公正、公开，提升整治过程的公众满意度。

（四）国土综合整治的阶段要从"粮食生产"深入到"永续发展"

国土综合整治转型发展要以"永续发展"为导向，以生态、景观服务及休闲游憩功能为重点，提升环境污染治理能力，加强山水林田湖生命共同体的整体修复①，构建"山为骨、水为脉、林为表、田为魂、湖为心"的国土生态安全体系，并依托现有山水脉络等独特风光加强景观建设，增大农田、林地、绿化等生态用地空间占比②，改善人居环境，建成都市生态屏障，协调资源的永续利用、经济的持续发展和社会的全面进步，让居民"望得见山、看得见水"，安居乐业、幸福美满。因此，要通过开展永续发展型国土综合整治，打造欣欣向荣的生态世界和可持续利用的壮丽美景。

（五）国土综合整治的目标要从"保护耕地"转变为"优化'三生'"

国土综合整治转型发展要以"三生"空间为承载，兼顾保障粮食供给安全、城市发展安全、生态环境安全，通过在空间划定耕地保护红线作为

---

① Forman R. Land mosaic: the ecology of landscapes and regions [M]. Cambridge: Cambridge University Press, 1995.

② 张文瑞. 土地生态化整治与农业景观设计实证研究 [J]. 中国农业资源与区划, 2016, 37 (4)：224-227.

"生产线"、划定城镇开发边界作为"生活线"、划定生态保护红线作为
"生态线",实现在生产上进一步严格保护耕地,提升耕地质量,适度推进
农业规模经营,在生活上进一步优化空间形态与建设用地结构,提升土地
利用效率,促进城乡生活"人物"并进,在生态上破解城乡生态空间萎
缩、污染问题突出与景观破碎化的问题,通过建设绿色基础设施,强化生
态化国土综合整治技术的应用,最终实现整个区域生态、生产和生活的同
步重构。

(六)国土综合整治的对象要从"单项推进"转变为"要素综合"

国土综合整治的对象不应局限于单块耕地、集体建设用地等单个要
素,要实现对山、水、田、路、林、村、城七要素的综合整治,即在整治
区域中集中国土、农委、林业、水利、环保等各个部门的力量,同步推进
对山体、水体、农田、道路、森林和城乡居民点、工矿用地等多种类型对
象的整治,实现生产集约、生活提质、生态改善的"三生"目标。

(七)国土综合整治的范畴要从"项目承载"扩展到"全域协同"

国土综合整治转型发展要转变以具体单个项目为整治范畴的固化思
维,转向全域规划、全域设计和全域整治。根据地区间的差异、相互关
联,围绕充分发挥各地区的比较优势、促进区域间合理分工与协作等目
标,统筹各区域的土地利用发展,防止重复建设、产业结构趋同,促进区
域经济、产业、人口发展与土地利用相协调。在更宏观的层面上,要树立
国际化发展视野,通过分区域、分类别进行差别化重点整治,致力于保障
京津冀协同发展、长江经济带发展等国家战略的实施,促进都市圈、城市
群和一体化区域土地资源开发利用结构优化和空间布局协同化。

（八）国土综合整治的模式要从"同质同化"优化至"差别整治"

国土综合整治的模式设计要摆脱千篇一律、城乡雷同的同质化趋势，必须转向差别化保护城乡景观特色和传承乡土文明。数千年的农耕文明使得中国的乡土文化源远流长，很大意义上代表了让中华民族得以繁衍发展的精神寄托和智慧结晶，然而相对弱势的乡土文明在高速的工业化和城镇化过程中极易被摧毁和遗忘。因此，国土综合整治中应高度重视保护历史沿革、民俗风情、古建遗存、村规民约、家族族谱、传统技艺、古树名木等诸多方面的乡土文化，大力鼓励国土综合整治以保护乡土文明为前提，创新性地构建独特模式，打造具有地域特征的自然风貌、建筑民居和传统文化，留住以土地为载体的"乡愁"[①]。

（九）国土综合整治的路径要从"自上而下"转变为"上下结合"

国土综合整治的实施路径要从当前政府主导、指标分解的"自上而下"模式向群众自愿、政府引导的"上下结合"模式转变。在国土综合整治中应充分考虑被整治土地利益相关者主客观状况的匹配程度，以市场需求为现实基础，以群众意愿为内在动力，以政府政策为外部引力[②]，融合政府推动、市场配置与群众构想，采用"上下结合"的综合治理路径，充分保障被整治土地利益相关者的主体地位、实施动力与权益权利，促进国土综合整治实施绩效最优化。

---

① Taylor J. The China dream is an urban dream: assessing the CPC's national new-type urbanization plan [J]. Journal of Chinese Political Science, 2015, 20 (2): 107 - 120.

② 夏方舟，严金明，刘建生. 农村居民点重构治理路径模式的研究 [J]. 农业工程学报，2014，30 (3): 215 - 222.

（十）国土综合整治的资金要从"财政负担"拓宽为"多元共投"

目前，主要由政府财政作为国土综合整治资金的主要来源，但这显然不可持续。在新时期，国土综合整治应探索由政府、企业、个人等多元主体参与的外包式、股份式、私营式等不同结构的 PPP（Public-Private Partnership）资金支撑模式。在此模式下，政府和私人部门（企业或个人）可以依据项目特征、资金现状和发展预期设计融资方案，可以由政府全额出资企业承包部分工程（外包式），也可以确定各方资金比例并据以分配预期收益（股份式），还可以由私人部门全额负责（私营式），通过多种渠道满足国土综合整治的资金诉求，多元共投，保障整治工作持续有序地推进。

第三节

国土综合整治功能单元划定

一、国土综合整治功能单元划定的研究方法与技术路线

（一）国土综合整治功能单元内涵

国土综合整治功能单元是根据主导整治功能导向实施差异化管理的最小实施单元，是引导空间秩序由低效无序向有机可持续发展转变的全覆盖

基本网络。其本质是国土综合整治功能区的功能细分，尺度介于国土综合整治功能区与国土综合整治项目之间，向上落实国土综合整治功能区战略，向下指导国土综合整治项目实施。国土综合整治功能单元应具有清晰的范围边界，边界不重叠不交叉。

"三生"空间包括生产、生活、生态三类空间。城乡交错区根据区域人口构成和空间形态的不同，可分为中心地区、中心拓展地区以及外围地区等①。综合考虑空间功能细分需求和城乡交错区空间形态差异，可将"三生"空间的功能分为农业生产、工业服务业生产、乡村生活、城镇生活、生态五种②。其中，农业生产功能、工业服务业生产功能分别指空间提供农产品、工业品和服务产品的功能，乡村生活功能、城镇生活功能分别指空间向乡村居民、城镇居民提供居住和公共活动等服务的功能，生态功能指空间提供生态产品和生态服务的功能。优化"三生"空间即优化区域国土空间结构，提升空间发展质量，因地制宜发挥生产、生活、生态等方面的功能，促进"三生"空间相协调，最终实现"生产空间集约高效、生活空间宜居适度、生态空间山清水秀"③。因此，基于"三生"空间优化的国土综合整治功能单元类别也可对应细分为农业生产提质增效类（fertile farmland consolidation，F）、产业园区节地类（industrial land saving

① 黄琦，王宏志，顾江，等. 城乡景观复杂度视角下的城乡交错带界限确定：以武汉市为例 [J]. 经济地理，2019，39（10）：71-77.

② 王群，王万茂，金雯. 中国城市土地集约利用研究中的新观点和新方法：综述与展望 [J]. 中国人口·资源与环境，2017，27（S1）：95-100；He C, Han Q, Vries B, et al. Evaluation of sustainable land management in urban area: a case study of Shanghai, China [J]. Ecological Indicators, 2017 (80): 106-113; Shasha Liu, Xingliang Guan, Chao He, et al. Spatio-temporal patterns and policy implications of urban land expansion in metropolitan areas: a case study of Wuhan urban agglomeration, central China [J]. Sustainability, 2014 (6): 4723-4748.

③ 黄金川，林浩曦，漆潇潇. 面向国土空间优化的三生空间研究进展 [J]. 地理科学进展，2017，36（3）：378-391.

and intensive consolidation，I)、乡村人居环境提升类（rural residential environment consolidation，R）、城镇更新类（urban renewal consolidation，U）和山水林田湖综合整治类（ecological comprehensive consolidation，E)[1]。

总结深圳、广州、上海、北京等地开展单元整治的实施成效，可以发现，国土综合整治功能单元划定主要通过主导空间功能显化、自主循环运行、多规统筹协同等多条途径来共同实现"三生"空间的优化[2]。主导功能显化是指单元突出区域主导功能，使国土综合整治功能单元空间布局和政策工具最大限度地提高国土综合整治功能效用和"三生"空间的可持续利用性。自主循环运行是指以行政区划边界为基础清晰划定单元边界，单元内因地制宜地配置单元整治规划等政策工具，实现单元内部"三生"空间功能的自主有机更新。多规统筹协同是指以单元为单位实现多规融合，统筹考虑单元内各规划人口、产业、生态、空间等要素，减少空间结构调整的实施成本。

（二）国土综合整治功能单元划定思路

按照"确定整治功能区—确定评价单元—测算评价单元功能状态—确定功能单元类别"四个步骤划定国土综合整治功能单元：（1）根据区域发展战略，综合利用图层叠置法和德尔菲法，确定国土综合整治功能区，为

---

① 郧文聚，宇振荣. 土地整治加强生态景观建设理论、方法和技术应用对策 [J]. 中国土地科学，2011，(6)：4-9，19.

② 金贵，王占岐，姚小薇，等. 国土空间分区的概念与方法探讨 [J]. 中国土地科学，2013，(5)：48-53.

划定国土综合整治功能单元提供宏观载体①。（2）依据内部同质性、实施独立性、评价可操作性等原则②，将国土综合整治功能区划分为若干评价单元。（3）根据评价单元内空间功能的现状与目标，利用区位熵法和多指标综合评价法，对评价单元内五类空间功能导向下国土综合整治功能状态进行度量③。（4）为兼顾科学性和可操作性，综合利用距离法和德尔菲法，测算评价单元整治功能相比所在国土综合整治功能区的优势，从而确定整治功能单元类别（见图8-3）。

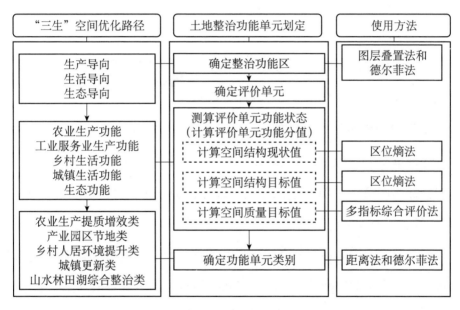

图8-3　技术流程

① 刘巧芹，郭爱请，吴克宁，等．中国土地整理分区研究进展与展望［J］．资源开发与市场，2013，29（1）：72-75，93．

② 严若谷，闫小培，周素红．台湾城市更新单元规划和启示［J］．国际城市规划，2012，27（1）：99-105；郎文聚，严金明，汤怀志．后工业化城市区域土地整治功能单元规划探索：以北京市海淀区为例［J］．中国土地，2015（5）：17-19；孙翔，姚燕华．基于规划发展单元的总规—控规联动机制研究：以广州市为例［J］．城市规划，2010，34（4）：32-37．

③ 韦俊敏，胡宝清．基于改进TOPSIS法的土地整治合理度评价：以广西农垦国有金光等4个农场为例［J］．资源科学，2013，35（7）：1407-1414．

(三)国土综合整治功能单元划定方法

1. 明确整治功能区

将主体功能区规划的功能分区图、城乡规划中的乡镇功能定位图、土地利用总体规划中的管制分区图、国土综合整治规划中的整治综合分区图等在 ArcGIS 中进行叠加,根据规划分区组合初步确定分区备选方案,然后召集相关领域专家对备选方案进行论证,最终将城乡交错区划分为若干个功能区,并确定这些功能区的宏观功能导向。

2. 确定评价单元

鉴于城乡交错区城乡管理分异特征明显,建成区以街道为评价单元,建成区外以村(或国有农场)等为评价单元。

3. 测度评价单元功能状态

评价单元 i 的整治功能状态 U_i 由评价单元的"三生"空间功能现状与理想目标共同决定。但在目标方面,以往研究主要局限于结构的理想状态①,缺少对空间质量目标的考虑,因此笔者拟从空间结构现状、空间结构目标以及空间质量目标三个层面测度评价单元功能状态。其中,空间结构现状表示现实的空间结构状况,空间结构目标表示规划的理想空间结构状况,空间质量目标表示规划的理想空间利用水平。以空间结构现状值为 x 轴,以空间结构目标值为 y 轴,以空间质量目标值为 z 轴,评价单元 i 第 j 种功能($j=1,2,\cdots,5$)的状态 U_{ij} 的坐标为

$$U_{ij} = (SF_{ij}, SF_{ij}^{0}, SF_{ij}^{*})$$

---

① 杨贵庆,顾建波,庞磊,等 . 社区单元理念及其规划实践:以浙江平湖市东湖区规划为例[J]. 城市规划,2006(8):87-92.

式中，SF_{ij} 表示评价单元 i 的第 j 种功能的空间结构现状值，SF_{ij}^0 表示评价单元 i 的第 j 种功能的空间结构目标值，SF_{ij}^* 表示评价单元 i 的第 j 种功能的空间质量目标值。

（1）空间结构现状值确定。

首先结合已有学者的研究[①]，根据城乡交错区土地利用功能的特征，将土地利用现状数据转为"三生"空间结构数据。土地利用分类与"三生"空间分类的对应关系如表 8-4 所示。

表 8-4　土地利用分类和空间功能对应关系

一级地类	二级地类	三级地类	地类主导功能细化	功能归并类型
农用地	耕地	耕地	粮食生产功能	农业生产
			生态景观功能	生态
			观光体验农业功能	乡村生活
	园地	园地	高科技农业功能	农业生产
			生态景观功能	生态
	林地	林地	生态景观功能	生态
			农业生产功能	农业生产
	牧草地	牧草地	生态景观功能	生态
		设施农用地	农业生产功能	农业生产
	其他农用地	农村道路	居住配套功能	乡村生活
		坑塘水面	农业生产功能	农业生产
		农田水利用地、田坎	农业生产功能	农业生产

---

① 念沛豪，蔡玉梅，张文新，等．面向综合区划的国土空间地理实体分类与功能识别［J］．经济地理，2014，34（12）：7-14；马世发，黄宏源，蔡玉梅，等．基于三生功能优化的国土空间综合分区理论框架［J］．中国国土资源经济，2014，27（11）：31-34．

续表

一级地类	二级地类	三级地类	地类主导功能细化	功能归并类型
建设用地	城乡建设用地	城市	居住、基础设施等功能	城镇生活
			公园绿地	生态
		建制镇	居住、基础设施等功能	城镇生活
		农村居民点	居住功能	城镇生活
		其他独立建设用地	工业生产功能	工业服务业生产
	交通水利用地	铁路用地、公路用地、机场用地	物质流等连接通道	工业服务业生产
		管道运输用地	运输功能	工业服务业生产
		水库水面、水工建筑用地	供水或生态景观功能	生态
	其他建设用地	风景名胜设施用地	人文、生态景观功能	生态
		特殊用地	军事、殡葬等功能	生态
其他用地	水域用地	水域用地	生态景观功能	生态
	自然保留地	自然保留地	生态景观功能	生态

根据区位熵原理[①]，SF_{ij} 的计算公式为

$$SF_{ij} = \frac{q_{ij} / \sum_{j=1}^{n} q_{ij}}{\sum_{i=1}^{m} q_{ij} / \sum_{i=1}^{m} \sum_{j=1}^{n} q_{ij}}$$

式中，n 表示与第 j 种功能在同一评价单元内的功能的数量；m 表示与评价单元 i 在同一国土综合整治功能区内的单元的个数；q_{ij} 表示第 j 种功能在评价单元 i 的规模。

① 刘晓红，李国平. 基于区位熵分析的区域产业结构实证研究 [J]. 统计与决策，2006 (5)：78-79.

（2）空间结构目标值确定。

与空间结构现状值计算同理，根据土地利用规划分类与"三生"空间分类的对应关系，再利用区位熵量化各评价单元的空间结构目标值 SF_{ij}^0。

（3）空间质量目标值确定。

从农业生产、工业服务业生产、乡村生活、城镇生活、生态五个维度对空间利用水平进行度量，考虑指标的可操作性和数据的可得性，综合参考国家有关规划指标体系和相关评价指标体系，构建空间质量目标的评价指标体系[①]。如农业生产功能指标可包括亩均产值、农业总产值、农田灌溉水有效利用系数等；工业服务业生产功能指标可包括万元产值占地、地均固定资产投资、工业用地地均税收等；乡村生活功能指标可包括人均住宅建筑面积、基础设施完善度、对外交通便捷度等；城镇生活功能指标可包括 500 米内拥有小学的社区比例、城市化人口的比例、人均道路面积、建成区绿地率等；生态功能指标可包括人均绿地面积、环保投资占 GDP 的比例、景观功能满意度等。然后采用极差标准化方法，对初选指标的数据进行无量纲化处理；接着采取层次分析法确定指标权重，确定权重时注意要考虑功能区的定位对评价单位各指标权重的影响；最后利用加权求和法确定空间质量目标值 SF_{ij}^*。

4. 确定功能单元类别

第 j 种功能在评价单元 i 的状态位置为 U_{ij}（SF_{ij}，SF_{ij}^0，SF_{ij}^*），第 j 种功能在评价单元 i 所在国土综合整治功能区 k 的状态位置为 U_{kj}（SF_{kj}，SF_{kj}^0，SF_{kj}^*），二者距离原点 O 的距离差 $\Delta d_{ij} = |OU_{ij}| - |OU_{kj}|$ 表示

---

① 夏春云，严金明. 土地利用规划实施评价的指标体系构建［J］. 中国土地科学，2006（2）：19-23.

第 j 种功能在评价单元 i 与功能区 k 的功能状态的差值①。当 Δd_{ij} 为正时，表示评价单元 i 的第 j 种功能状态比其所在功能区的功能更突出，具有整治优势，距离越大，优势越大；当 Δd_{ij} 为负时，表示评价单元 i 的第 j 种功能状态没有其所在功能区的该项功能突出，不具备整治优势。使评价单元 i 的 Δd_{ij} 最大的第 j 种功能即为评价单元 i 的主导整治功能。

二、国土综合整治功能单元划定的案例应用

（一）研究区概况与数据来源

1. 研究区概况

北京市海淀区位于北京市区西北部，作为承载首都核心功能的重要区域，兼具科技创新中心、历史文化区、生态文明区等多种功能，共辖 22 个街道、7 个镇，总面积 43 080.61 公顷，占北京市总面积的 2.6%，地势西高东低。

海淀区具有"南城北乡"的空间分布特征，是典型的城乡交错区。在区域新型城镇化、产业规模化、科教文化集群化迅速推进的同时，海淀区面临着土地资源负荷重、建设用地需求日益增加、人地矛盾日益突出、土地生态安全问题严峻、统筹城乡和区域发展难度加大等诸多挑战，"三生"空间优化需求日趋强烈。2014 年，海淀区城乡建设用地现状规模达到 23 240 公顷，已经超过规划指标（22 700 公顷），亟须瘦身健体、促进建设空间转型升级；耕地保有量为 2 067 公顷，耕地现状规模为 2 042 公

---

① 韦俊敏，胡宝清. 基于改进 TOPSIS 法的土地整治合理度评价：以广西农垦国有金光等 4 个农场为例 [J]. 资源科学，2013，35（7）：1407-1414.

顷，农业生产空间具有较大的整治需求，亟须坚守底线、保护农业空间；林地现状规模为 10 457 公顷，占全区土地面积的 24％，需要加强生态建设、提升全区生态宜居水平；南部城市地区人均城镇工矿建设用地面积为 47 平方米/人，而北部乡村地区人均农村建设用地面积高达 773.9 平方米/人，亟须促进乡村生活空间集约高效利用，推动城乡统筹发展。

2. 数据来源

土地利用现状数据来源于 2014 年度北京市土地变更调查数据，土地利用规划数据来源于《海淀区土地利用总体规划（2006—2020 年）》及海淀区各镇（街）土地利用总体规划成果，土地坡度图、质量等别、地质灾害分布和防治等其他数据来源于北京市国土资源局海淀分局，海淀区基本情况、经济人口数据、重点建设项目等数据来源于海淀区 2015 年统计年鉴，城市规划、国民经济发展规划、环境和生态规划、重点建设项目数据等在调研中由有关委办局和镇（街）提供。

（二）国土综合整治功能单元划定结果

1. 明确三大国土综合整治功能区

综合考虑海淀区战略分区、乡镇功能定位、土地用途管制分区和整治综合分区等因素，在专家论证优化的基础上，将海淀区初步划分为三个国土综合整治功能区：生产导向的北部生态科技新区、生态导向的中部"三山五园"历史文化景区和生活导向的南部中关村科学城，实施"北部集约，中部优化，南部挖潜"的国土综合整治战略。

其中，生产导向的北部生态科技新区定位为科技创新基地、城乡统筹发展典范地区、生态环境一流城市发展新区，包括 7 个镇（街），区内地貌分为西部和西南部山地、其他平原地区，用地类型以农村居民点和生态用地为主，主要承载科技绿心、产业园区、浅山区国土综合整治、新型城镇化发展、大西山生态涵养和都市型现代农业等功能。生态导向的中部"三山五园"历史文化景区定位为文化中心城市、历史文物保护区、古都风貌代表区、科技与文化融合发展示范区和世界高端旅游目的地，包括 7 个镇（街），区内地貌分为西部和西北部山地、其他平原地区，用地类型以生态用地为主，主要承载环境治理、景观提升、教育科研文化提升等功能。生活导向的南部中关村科学城，定位为科技创新和创新服务科研新区、引领国家和区域创新发展的增长极核区域、城乡融合发展的生态智能城区，包括 17 个镇街，区内地貌为平原，用地类型以城市建设用地为主，含部分用地效率较高的集体建设用地，主要承载文化创意产业、创新服务、商务服务和科技创新等功能。

2. 划分 93 个功能评价单元

根据评价单元确定原则，将海淀区三大整治功能区细分为 93 个功能评价单元，通过由南向北蛇形编号，南部整治功能区共包含 17 个评价单元，编号为 1～16、30；中部包含 5 个评价单元，编号为 17～21；北部包含 71 个评价单元，编号为 22～29、31～93。

根据统计数据，评价单元平均面积为 463.23 公顷，面积最大评价单元为 11 号评价单元，面积为 3 952.52 公顷；面积最小评价单元为 77 号评价单元苏家坨镇花木公司，面积为 4.04 公顷。三大功能区具体评价单元样本的统计特征见表 8-5。

表 8-5　评价单元样本描述　　　　　　　（单位：公顷）

统计量	北部	中部	南部	海淀
最大值	1 268.69	2 069.24	3 952.52	3 952.52
最小值	4.04	197.29	178.55	4.04
标准差	274.77	905.64	817.98	515.69
平均值	332.71	997.38	851.24	463.23
总面积	23 622.70	4 986.90	14 471.01	43 080.61

3. 测算评价单元功能状态

（1）空间结构现状值和空间结构目标值计算结果。

测算评价单元空间结构现状值与目标值，结果见图 8-4（a）、（b），图中横坐标代表评价单元编号，纵坐标代表主导空间功能占比情况；图 8-4（c）为图 8-4（b）与图 8-4（a）中评价单元空间功能的差值，即空间规划与现状的功能结构差异，可以反映未来评价单元的功能优化需求。由图 8-4 可知，评价单元中，南部以城镇生活空间为主，北部以乡村生活空间为主，由南向北的生活空间呈缩小趋势，乡村生活空间呈节约集约态势，中部乡村生活空间腾退后主要用于生态修复，北部腾退后主要用于提升农业生产质量和效率、激活集体组织产业发展活力；根据整治空间变化趋势分析，生产空间利用需求较大，农业生产空间亟须开发后备耕地资源，工业服务业生产空间利用以高新技术产业发展和服务业升级改造为主；生态空间呈增加趋势，在自然生态保护区范围内达到峰值，在区域郊野公园等零散分布的生态服务区内达到较高值。

（2）空间质量目标值结果。

根据海淀区自身特色以及数据可得性，构建"三生"功能评价指标体系，指标和权重见表 8-6，根据各功能区功能定位的不同，对应权重为指标权重与所在功能区权重之积。

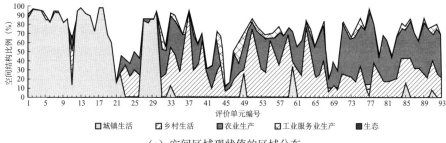

（a）空间区域现状值的区域分布

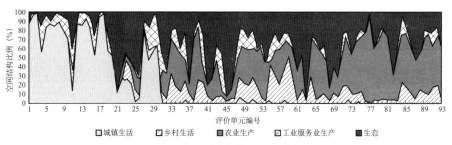

（b）空间区域目标值的区域分布

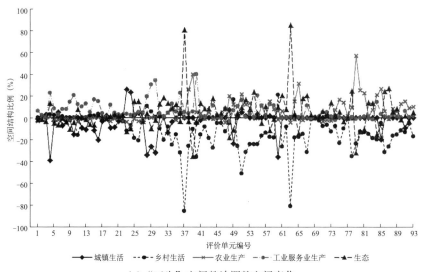

（c）"三生"空间整治调整空间变化

图8-4　评价单元空间结构现状与目标情况分析

表 8-6　国土综合整治功能评价指标权重

目标层	指标层	指标权重	功能区权重		
			N	M	S
农业生产指标	亩均产值	0.35	0.25	0.15	0.10
	农业总产值	0.30	0.25	0.15	0.10
	农田灌溉水有效利用系数	0.35	0.25	0.15	0.10
工业服务业生产指标	万元产值占地	0.35	0.20	0.15	0.25
	地均固定资产投资	0.30	0.20	0.15	0.25
	工业用地地均税收	0.35	0.20	0.15	0.25
乡村生活指标	人均住宅建筑面积	0.25	0.25	0.20	0.10
	基础设施完善度	0.40	0.25	0.20	0.10
	对外交通便捷度	0.35	0.25	0.20	0.10
城镇生活指标	500 米内拥有小学的社区比例	0.40	0.10	0.20	0.35
	城市化人口的比例	0.35	0.10	0.20	0.35
	人均道路面积	0.25	0.10	0.20	0.35
生态指标	人均绿地面积	0.30	0.20	0.30	0.20
	环保投资占 GDP 的比例	0.30	0.20	0.30	0.20
	景观功能满意度	0.40	0.20	0.30	0.20

4. 确定 54 个国土综合整治功能单元类别

对 93 个评价单元进行国土综合整治功能评价，农业生产提质增效功能（F）最突出的评价单元有 3 个，产业园区节地功能（I）最突出的评价单元有 8 个，乡村人居环境提升功能（R）最突出的评价单元有 36 个，城镇更新功能（U）最突出的评价单元有 17 个，山水林田湖综合整治功能（E）最突出的评价单元有 29 个。在此基础上，为提升管理的便利性，归并部分空间相邻、功能统一的评价单元，经征求多方意愿最终形成 51 个整治功能单元，并获北京市国土资源局批复实施，如图 8-4 (c) 和表 8-7 所示，图中圆点位置为最后合并单元的质心位置，为便于单元管理，对各整治功能单元进行编号，编号中涵盖单元的位置和类别信息，编号规则为"整治功能区缩写（N、M、S）-整治功能缩写（F、R、E、I、U）+序号"。

5. 预期空间优化效果

通过划定国土综合整治功能单元，可为各类国土综合整治工程的有序实施、优化区域用地结构、满足区域功能需求提供基础。预期可产生以下效果：（1）农业生产空间的规模和质量稳步提高，预期将整治农用地 975 公顷，补充耕地 247 公顷，建设高标准基本农田 134 公顷，经整治的农田质量提高 1.4 个等级、产能提高 4 053.8 吨；通过山水林田湖与城、村综合整治，可提高农业规模化和产业化水平约 3.7%，整治区土地农民人均年收入增加 750 元左右，生态型现代都市农业将得到有利发展。（2）城镇和乡村的生活空间布局不断优化，预期将整治农村建设用地 3 061 公顷，用于补充耕地 428 公顷，用于改善乡村人居环境、提升乡村土地利用价值的用地面积达 2 142 公顷；实施城中村改造 308 公顷，其中 30% 的面积作为市政道路、公共空间和公共基础设施建设用地。（3）兼具多功能性、具有较高功能质量与较高聚集度的生态空间的保护与建设加强，腾退还绿规模 268.59 公顷，产业园区组团实现生态加密 287.22 公顷，实现水土安全保护、历史文化遗产保护、生物多样性保护、游憩以及热岛效应控制功能提升。（4）工业服务业空间建设用地利用水平不断提升，单位地区生产总值建设用地面积将年均降低 8%，617 公顷的集体产业园区将完成改造升级。（5）实现国土综合整治激励机制创新，提高广大农民参与国土综合整治的主动性和积极性，助力整治功能区功能目标实现，充分发挥国土综合整治的空间优化功能。

表 8-7 国土综合整治功能单元整治方向及实施主体

单元名称	个数	编号	整治方向	实施主体
农业生产提质增效整治功能单元（F）	1	N-F1-F1	主要涵盖农业生产功能加强型国土综合整治，实施高标准基本农田建设，打造生态型都市现代农业示范区，加强国土综合整治补充耕地能力，实现保障农田多元化生态化建设	海淀区农业部门和国土部门联合单元范围内的 3 个村庄实施
乡村人居环境提升整治功能单元（R）	26	N-R1～N-R26	主要实施特色乡村的就地改造和自主更新	26 个村集体自行组织整治
	2	N-R27、N-R28	实施新农村改造，有序推进村庄腾退	由北部生态科技新区指挥部和涉及乡镇统筹实施
山水林田湖综合整治功能单元（E）	3	M-E1～M-E3	提升历史文化景区生态景观，构建山水林田湖与城乡融合的生命共同体	中部"三山五园"历史文化景区功能区指挥部牵头联合绿化部门实施
	2	N-E4、N-E5	实施生态环境脆弱区居民用地腾退以及大西山的彩化工程，科学开发、合理利用浅山区低丘缓坡	涉及乡镇配合林业部门以及绿心指挥部共同实施
城镇更新整治功能单元（U）	17	S-U1～S-U17	涵盖城镇生活功能加强型、城镇生产功能向生活功能转变型国土综合整治，实施城镇存量建设用地的集约挖潜工程，推进科研院所产业调整	由南部中关村科学城指挥部牵头 17 个镇街政府组织实施

第九章

治理与改革

作为国家治理体系的重要组成部分，国土空间治理是指以空间发展战略、法规与规划、区域政策体系为核心内容，以政府、市场、社会等为参与者共同参与，通过资源配置实现国土空间有效、公平和可持续的利用及各地区间相对均衡的发展。本章在协调、有序和动态的系统观下探讨了国土空间供给侧结构性改革，明确了土地要素市场化改革的战略目标与任务，探讨构建了国土空间治理的数字化改革框架，以期为切实推动国土空间治理改革、实现国土空间治理体系现代化水平的提升提供助力。

◀◀◀ 第一节 ▶▶▶

规划与供给侧结构性改革

一、协调的系统观下国土空间规划供给侧结构性改革

根据系统论的观点，系统是由各个要素组成的相互联系的整体，各要素互相影响、互相制约，通过一定的组合方式具备了单独要素所没有的新功能。结构和功能是一体的，结构和功能相辅相成，结构决定目标功能，目标功能引导结构。国土空间利用结构是产业结构的直接反映，产业结构可以通过国土空间利用结构来体现，产业结构的调整就是国土空间利用结构的调整；国土空间利用结构优化就是以国土空间利用系统功能最大化为目标，将一定数量的土地合理地配置到各个用地部门中，使国土空间资源

得到合理安排①。国土空间规划的目标和功能是推动国民经济持续健康发展，为国民经济社会的各部门提供空间载体，因此国土空间规划需要将国土空间利用与产业、人口和环境的变化协调统一起来，对国土空间数量在各部门间进行调整和分配，通过国土空间利用结构的调整促进国民经济结构的调整。基于此，国土空间规划的供给侧结构性改革需要坚持协调的系统观，将国土空间规划与功能目标协调起来，正确处理国民经济中各部门、各环节在国土空间资源上的数量关系。

供给侧结构性改革首先要通过对生产要素的重新组合和配置，提高全要素生产率，推动产业结构升级，逐步淘汰高耗能、高污染产业，提升战略性新兴产业、生产生活性服务业的发展水平，使产业结构迈入中高端水平。因此，国土空间规划供给侧结构性改革的首要目标就是增加国土空间要素的有效供给，通过优化全域国土空间利用结构，从数量角度提高国土空间利用供求的匹配度和国土空间利用效率。具体来说，第一，要重点保障基础设施与公共服务、战略性新兴产业、生活宜居与生态提升、区域精准扶贫等功能的用地指标，还要合理评价国土空间利用综合效果，限制高耗能、高污染等传统产业用地并推动其逐步退出，从禀赋需求、产业系统角度出发评判部分新兴产业与区域长远发展的契合度。第二，供给侧结构性改革要求政府充分发挥底线管理的作用，从而为市场机制运转提供良性环境，纠正市场失灵。国土空间规划作为重要的政府调控手段，要结合经济社会发展，科学划定和管理"三线"，即永久基本农田、生态保护红线和城镇开发边界，在推动经济持续发展的同时坚守保障粮食安全和生态安

---

① 严金明.简论土地利用结构优化与模型设计［J］.中国土地科学，2002（4）：20－25.

全所必需的国土空间资源数量底线。第三，生态文明是供给侧结构性改革的基本前提，供给侧结构性改革应以生态文明建设为指导，坚持绿色发展的理念，实现人与自然和谐共生。因此，国土空间规划在开展供给侧结构性改革时要着重保障生态用地供给，增加生态用途的用地指标，为生态建设提供必要的土地资源和空间载体，通过创新土地用途分类，将生态用地纳入现行国土空间利用现状分类体系中，妥善处理生态用地、生活用地、生产用地之间的关系，促进"三生"空间协调共生。此外，结合供给侧结构性改革对城乡一体化发展的要求，国土空间规划的供给侧结构性改革要坚持城乡协调发展的理念，统筹城乡用地数量和国土空间利用结构，防止城市过度蔓延，对特大城市要采取建设用地指标减量措施，推动城市存量建设用地挖潜；同时，通过农村居民点整理、中心村改造等方式推动农村建设用地高效利用。

二、有序的系统观下国土空间规划供给侧结构性改革

国土空间规划需要对国土空间布局进行优化，而空间具有横向层次和纵向层次两个方面。横向层次是不同国土空间利用方式之间的空间分布关系，而纵向层次是不同层级的主体基于国土空间利用活动所产生的空间尺度关系。国土空间规划在横向上应当统筹协调各类空间规划在国土空间上的分布，在纵向上要引导各级国土空间利用主体进行不同空间行政尺度的安排。

在横向关系上，供给侧结构性改革的基础是国民经济中的各个部门在空间的合理分配，要求对空间全域进行统筹与协调，但是在中国目前的空间规划体系下，不同职能部门根据自己的理念对相同国土空间进行规划，

使得各规划与土地用途分区存在一定的交叉或重叠，规划间协调困难[①]、"多规"冲突等情况较为普遍。因此，国土空间规划的供给侧结构性改革要调节不同空间利用规划对国土空间的需求，构建"多规合一"的立体空间规划体系[②]，在发挥国土空间规划功能的同时促进空间规划的完善，最终促进形成空间规划"一张图"与云平台[③]，将土地用途管制规则与其他规划管理手段整合，形成引导分区资源配置的政策合力，同时发挥土地整治规划在优化资源配置方面的作用。此外，供给侧结构性改革中对政府进行底线管理的要求不仅应该从数量关系上加以贯彻，还要从空间层次上予以落实。国土空间规划改革中要处理好各类规划的底线要求，通过土地用途管制、建设用地空间管制等手段保障生态保护红线、永久基本农田和城镇开发边界的落实。

在纵向尺度上，供给侧结构性改革的重点是对不同市场需求进行相应的供给配置，因此国土空间规划要根据供给侧结构性改革的要求重塑总体规划、详细规划、专项规划的体系骨架，逐步细化服务市场。供给侧结构性改革落实到各级政府的职能转变上，应该有不同的工作重点。当前在中国县级及以下国土空间利用总体规划中，往往存在分区结果在空间上过于零碎、分区方案难以落实的问题。因此，国土空间规划改革中要建立差别有序的纵向规划体系，完善包含战略性、政策性、控制性三个维度和"国、区域、省、市、县、乡、村"七个级别的纵向行政体系。

① 苏黎兰，杨乃，李江风. 多目标土地用途分区空间优化方法 [J]. 地理信息世界，2015 (1)：18－21.

② 严金明，陈昊，夏方舟. "多规合一"与空间规划：认知、导向与路径 [J]. 中国土地科学，2017 (1)：21－27.

③ 方创琳. 城市多规合一的科学认知与技术路径探析 [J]. 中国土地科学，2017，31 (1)：28－36.

三、动态的系统观下国土空间规划供给侧结构性改革

系统是复杂的，系统内各个要素在互相作用的同时又与系统外部不断互动反馈，推动系统不断更新，系统内部和来自外部环境的反馈信息会随着时间的推移而发生变化。随着供给侧结构性改革的开展，当前的经济发展状况和过去相比会发生变化，而当改革随着时间的演进而深入时，未来的发展方向也会与现在有所不同。国土空间规划是对未来国土空间利用的一种预测，本身就具有不确定性①。因此，国土空间规划的供给侧结构性改革需要坚持动态的系统观，处理好土地供给的时序关系。

国土空间规划在供给侧结构性改革中，面对的是一个变化的结果和可能发生变化的未来，是时间维度上的一个截面状况。因此国土空间规划的供给侧结构性改革应当建立一种动态评价与反馈机制，对国土空间利用根据所处时间点的不同而做出相应安排。在此基础上，供给侧结构性改革要求以市场机制主导要素分配，而市场需求会随着时间的推移而演变，对国土空间利用的要求也会因时因地发生变化，因此国土空间规划的供给侧结构性改革应当为这种市场难以准确预测的变化预留弹性空间，消除国土空间利用适应复杂经济变化的潜在障碍，推动国土空间利用方式因经济结构调整而进行必要的转换，最终实现国土空间要素的再配置以推动未来经济持续发展②。具体来说，就是要建立"刚弹结合"的指标体系和张弛有度的管理规则。一方面，提高规划指标在数量、空间等方面的机动弹性，为

---

① 王万茂. 规划的本质与土地利用规划多维思考 [J]. 中国土地科学, 2002 (1)：4-6.
② 吴次芳，邵霞珍. 土地利用规划的非理性、不确定性和弹性理论研究 [J]. 浙江大学学报（人文社会科学版），2005 (4)：98-105.

国土空间利用及时应对产业结构调整预留空间，以适应时序演变过程中产生的不确定性；另一方面，通过树立"绿图规划"的思想，即对规划骨架性内容进行设计，为使用者在未来根据具体环境变化完善细节预留空间，同时适应各种国土空间利用方式在时间维度上的变化，完善地类变更机制，为国土空间利用随着外部环境的不断变化在时序上进行调整提供可能。

◀◀◀ 第二节 ▶▶▶

深化土地要素市场化改革的战略思考

一、土地要素市场化改革面临的挑战

在过去数十年里，土地要素市场化改革不断探索和前进，取得了较大的成效，有力地支撑了我国的社会主义现代化建设。然而，相较于劳动力、资金等其他要素市场化改革进程，土地要素市场化改革仍然过于缓慢，在当前开启全面建设社会主义现代化国家新征程的关键时期，面临着更多新形势、新要求和新挑战。

（一）城乡统一的建设用地市场尚未形成

一是农村集体经营性建设用地除部分试点外仍然难以流转，价格也未显化，整体市场远未形成。尽管 2020 年实施的《土地管理法》破除了集体经营性建设用地入市的法律障碍，但是入市实践过程中仍存在诸多问题。首先，就入市对象而言，究竟是只包括现有存量，还是除现有存量之外也包括符合规划和用途管制的新增集体经营性建设用地仍然未明确：如果只允许存量入市，那么据原国土资源部数据，农村集体经营性建设用地约占集体建设用地的10％左右，在中西部比较偏远的农村，这一比例可能仅为5％或者更低①，实际上难以形成较大的规模效应，可能无法满足发展需求；如果允许增量入市，则需要明确相应的增量范畴。显然，农村集体新增建设用地与新增国有建设用地存在竞争，在规划的制定、调整，指标的落实以及土地的收益、补偿、征地、转用等方面均存在冲突，在具体流转实施中往往限制重重。其次，鉴于集体经营性建设用地入市工作的主体复杂性、理论前沿性、学术探索性与实践专业性，政府行使规划管制和规则制定等职权时不可避免地会深度参与甚至主导入市过程，同时还存在着滋生权力寻租、市场机制被扭曲、效率和公平受损的风险。最后，在农村集体经营性建设用地流转具体的市场路径设定中，流转主体究竟是农民集体、村委会、土地股份合作社、村民小组还是农民个体，流转方式究竟是直接自由转让，还是通过"招拍挂"出让，或者采取租赁、入股或抵押等形式，抑或通过整治置换指标入市，仍然不尽明晰，流转利益分配中地方政府、农民集体、农民的利益分配比例也缺乏相对明确的规定②，容易引发矛盾冲突。

二是宅基地流转大部分为隐性或自发的，面临着退路保障和资产盘活

---

① 唐健. 首槌落西部说明了什么？[N]. 中国国土资源报，2015-09-15.

② 黄贤金. 论构建城乡统一的建设用地市场体系：兼论"同地、同权、同价、同责"的理论圈层特征 [J]. 中国土地科学，2019，33（8）：1-7.

之间的矛盾。首先，当前宅基地产权权能仍不完整，缺乏自由的处分权，也无法进行抵押。1999 年国务院印发《关于加强土地转让管理严禁炒卖土地的通知》，首次明确"农民的住宅不得向城市居民出售，也不得批准城市居民占用农民集体土地建住宅"。2004 年《国务院关于深化改革严格土地管理的决定》规定"禁止城镇居民在农村购置宅基地"。2020 年 5 月第十三届全国人大第三次会议通过的《民法典》第三百九十九条规定宅基地的土地使用权不得抵押。其次，宅基地"最后退路保障"和"资产盘活流动"相互冲突，流转还是持有难以抉择①。特别是在疫情冲击之下，宅基地作为农民"最后退路"的功能更是凸显无遗。在农村逐步空心化、老龄化和职业化的大环境下，如何平衡"资产盘活"和"退路保障"，如何针对不同农民的需求选择宅基地的"居住"或"资产"功能或者兼顾二者，仍是各地在实践中亟待解决的重要问题②。

三是土地征收中的成片开发范围界定不清、潜在矛盾冲突等问题突出。新《土地管理法》中对成片开发等概念的内涵和外延仍然未能做出明确界定，在经济下行压力变大、地方债务激增的背景下，征地成片开发范围的科学界定极易受到掣肘和牵制③。究竟何种开发建设情形属于"成片开发"，其内涵界定是"宜宽"还是"宜窄"，其条件标准是"宜松"还是"宜紧"，是否要限制"最小规模"、"公益占比"和"总体规模"等问题仍然亟待探讨和确定。此外，征地过程中不可避免地涉及"个人意愿"和

① 严金明，迪力沙提·亚库甫，夏方舟. 乡村振兴战略实施与宅基地"三权分置"改革的深化 [J]. 改革，2019 (1)：5-18.
② 严金明，赵哲，夏方舟. 后疫情时代中国"自然资源安全之治"的战略思考 [J]. 中国土地科学，2020，34 (7)：1-8.
③ 严金明，陈昊，夏方舟. 深化农村"三块地"改革：问题、要义和取向 [J]. 改革，2018 (5)：48-55.

"群体意愿"的矛盾冲突、"个人利益"和"公共利益"的矛盾冲突、"流转"和"征收"的矛盾冲突。在面对上述矛盾冲突时,暴力实施征地拆迁、村民之间分配争议、农民失地又无社会保障等问题仍时有发生①。特别是在征地和入市互为补充的同时,也存在着此消彼长的矛盾冲突。面对仍然存在的公益性用地征地诉求,究竟哪些土地需要征收,哪些土地可以直接流转?集体建设用地入市是否会造成征地拆迁的难度进一步提升?如何平衡征地补偿和直接入市收益之间的矛盾?诸多问题仍然亟待解决。

(二) 产业用地市场化配置效率偏低

产业用地特别是工业用地的出让相对缺乏弹性和灵活性导致市场配置效率偏低②。依据《城镇国有土地使用权出让和转让暂行条例》第十二条规定,工业用地出让最高年限为50年,且在实际出让中工业用地出让年限也多定为50年,难以和企业生命周期紧密匹配。企业生命周期与区域经济发展水平、企业规模、行业类型等因素密切相关,例如江苏省企业生命周期为5~30年,平均生命周期仅为15.5年,经营30年以上的企业数量较少,通常而言更难以持续50年。这就意味着当企业进入其生命周期的消亡阶段后,由于土地使用权证书尚未到期,因此企业依然可以占据该地块,从而可能导致该地块被低效利用,甚至被闲置。总而言之,不同规模、不同行业间企业生命周期和用地诉求存在差异,而目前采取的仍为固定的全行业统一的供应年限和供应方式,难以满足各类行业的差异化需求。

---

① 夏方舟,严金明.土地储备、入市影响与集体建设用地未来路径 [J].改革,2015 (3):48-55.

② 雷潇雨,龚六堂.基于土地出让的工业化与城镇化 [J].管理世界,2014 (9):29-41.

（三）存量建设用地缺乏市场化盘活机制

由于企业流转和持有土地的成本收益存在明显差别，因此其进行存量流转或再开发的意愿偏弱。一方面，企业生命周期结束后建设用地退出机制不尽明确，虽然土地使用权出让设置了年限，但是续期费用、逾期处置等问题不尽明朗，没有相应较为容易操作的政策规定，导致低效、闲置土地难以流通。同时，由于企业普遍对土地未来转让收益存在较高预期，加之土地持有成本低，因此为了获取最大土地增值收益，企业主动腾退存量建设用地的积极性不高。另一方面，土地转让成本过高，使得企业转让存量建设用地的积极性大受影响。目前土地转让在交易环节需缴纳的税种包括流转税类（增值税和附征的城建税、教育费附加等）、所得税（根据纳税主体分为企业所得税和个人所得税）、财产行为税类（土地增值税、契税、印花税等），税种多达10余种，过高的转让税费影响了存量建设用地的再次盘活。再次，由于缺乏统一的交易平台，存量建设用地流转主要表现为零星自发的交易，严重影响了国土空间要素再次配置的效率。最后，存量建设用地转让时涉及用途变更的增值收益分配机制仍然模糊不清①，难以通过二级市场转让或再开发促进存量建设用地盘活。

（四）农地流转的平台和机制不完善

尽管农地流转在我国已经逐渐推开，但是交易场所和交易平台仍然不尽完善。大多数区域农村农民作为流出方不知道如何流转、去哪流转，流入方不知道人在何方、地在何处。这就导致供给和需求信息难以流通和匹

---

① 林坚，叶子君，杨红. 存量规划时代城镇低效用地再开发的思考［J］. 中国土地科学，2019，33（9）：1-8.

配，造成了"有地无市"与"有市无地"并存的流转困境①。此外，农村土地流转仍然缺乏健全的市场机制，例如尚未形成规范的全国性指导价格标准，第三方土地估价平台还有待发展完善，使得农户在实际流转中面临价值估计偏离的困境，因而导致了低价流转、租金价格增值损失等"价格陷阱"。此外，农地流转市场缺乏有效的保障和监管机制。如部分村民流转土地时只有口头协议，在土地确权或征用时极易发生毁约；又如还存在土地流转合同内容不规范、签订程序不完整等问题，不仅容易导致纠纷，而且容易对调解过程造成困扰；再如土地流转大户或农业企业经营不善，或因自然灾害、突发风险等原因发生亏损，无法兑现农户的土地流转费用，出现毁约甚至跑路的现象。

（五）土地市场化配套体制机制不健全

一是国土空间要素供给机制不尽完善。长期以来，地方政府垄断一级市场上的国土空间要素供给，相对缺乏供地结构和规模的统筹优化。地方政府不但决定了城市土地在一定时期内的供给总量和不同时点的供给流量，而且决定了土地的供给结构和方向。在有限的土地资源总量约束下，部分地方政府关于工业、商服和住宅用地的供给规模、时点和结构不合理的偏好②，容易导致土地供应紧张与闲置浪费并存等现象。此外，在单一供给主体管控之下，对国土空间要素供给总量和供给结构等缺乏精准的匹配和控制，仅仅通过控制国土空间利用计划指标的供给，难以精准满足国土空间

---

① 丁文，冯义强. 土地承包经营权流转市场的问题与对策研究 [J]. 华中师范大学学报（人文社会科学版），2016，55（3）：30 - 39.

② 李伟，Indrawati Sri Mulyani，等. 中国：推进高效、包容、可持续的城镇化 [J]. 管理世界，2014（4）：5 - 41.

要素分异需求。土地市场供给完全由政府掌握，其对地块的价格、用途、规模、容积率以及用途的改变等都拥有绝对的决定权，这不仅使得真实市场的需要难以得到满足，而且还导致区域诉求、产业需求与空间供给脱节，更容易引发信息不对称，使得监管困难并在一定程度上为政府的权力寻租提供了空间，容易产生腐败问题。

二是增值收益分配机制的公平性和科学性难以保障。在土地增值收益分配过程中，政府、企业、市民、村集体和农民等利益相关主体均有较大收益期望。对于土地增值收益的分配，主要有三种观点，即"涨价归公"、"涨价归私"和"公私兼顾"。尽管关于"建立兼顾国家、集体、个人的土地增值收益分配机制，合理提高个人收益"的增值收益分配逻辑已逐步形成共识，然而在实际执行中仍存在困难。首先，现实中政府是社会全民的代理人，一部分土地增值收益由政府代为管理，最终可能逐渐异化为"涨价归政府"，原土地所有者（或使用者）得到的补偿仅仅是损失的实物价值，隐形的价值损失或无法准确估算的价值并未得到补偿。其次，对于政府、集体、个人应当参与分配哪一部分收益，如何进行收益分配，收益分配的比例如何确定等关键问题，仍然没有形成一套具有共识、可供推广的分配方案。其中，增值收益分配的理论支撑也有待形成共识，在征地过程中，政府是否应当享有土地用途转换引起的效益性增值（级差地租Ⅰ）和土地整理再开发的人工增值（级差地租Ⅱ），农民集体和农民是否应当享有所有权和承包权对应的资产价值等问题也远远没有形成共识。此外，增值收益分配比例确定实践缺乏依据①。各试点实践中增值收益分配比例差

---

① 何芳，龙国举，范华，等. 国家集体农民利益均衡分配：集体经营性建设用地入市调节金设定研究［J］. 农业经济问题，2019（6）：67-76.

异巨大，缺乏坚实的理论支撑、科学的依据和广泛的共识。例如，按照《农村集体经营性建设用地土地增值收益调节金征收使用管理暂行办法》第六条的规定，调节金分别按入市或再转让农村集体经营性建设用地土地增值收益的 20%～50% 征收。2019 年《中华人民共和国土地增值税法（征求意见稿）》将集体房地产纳入了征税范围，拟取消土地增值收益调节金，但是实行 30%～60% 的四级累进税率。就各主体分配比例而言，有观点认为增值收益由农民、集体、政府按照 31∶16∶53 的比例分配[①]，也有观点认为应按拆旧区农民、建新区农民和政府按 82.1∶10.7∶7.2 的比例分配[②]，各种观点莫衷一是。

三是国土空间要素市场配套机制多有"缺位"。首先，国土空间要素交易服务体系不健全。尽管城市土地交易服务体系相对完善，服务平台有地方政府网站、中国土地市场网、公共资源交易网等，但城乡统一的国土空间要素有形市场、中介平台、信息和金融服务配套机制还未能同步建立。其次，国土空间要素价格配套机制不尽完善。尤其是农村区域，未实现城乡建设用地基准地价全覆盖，也未能像城市那样搭建起地价信息服务平台，从而难以实现对地价的实时监测，使得农村土地流转价格常常带有随意性和盲目性，普遍存在着价格偏离合理范围、定价相对随意、价格差异大等问题，很大程度上影响了我国土地要素市场化的有序推进。最后，土地市场监管机制有待完善，当前对市场不正当竞争行为缺乏监管和惩罚，也尚未建立完善的信用体系。

---

①　徐进才，徐艳红，庞欣超，等．基于"贡献—风险"的农地征收转用土地增值收益分配研究：以内蒙古和林格尔县为例［J］．中国土地科学，2017，31（3）：28-35.

②　张传伟，石常英．增减挂钩中增值收益分配研究：以辽宁省大洼县为例［J］．中国土地，2014（11）：13-15.

二、深化土地要素市场化改革的战略目标与导向

改革开放四十多年来，我国社会主义市场经济改革在理论和实践上都取得了巨大进展，但在土地要素市场化改革上仍带有计划经济色彩。对此，应根据社会主义市场经济的客观规律和要求，让市场在国土空间要素配置中起决定性作用。需要强调的是，国土空间要素的市场化并不等于土地的私有化。深化土地要素市场化改革的前提，是坚持土地公有制度，以维护土地所有权制度为战略基础和改革底线，重点探索土地用益物权的改革和担保物权的放活。

（一）深化土地要素市场化改革战略目标

1. 提高国土空间要素配置效率

遵循最优市场配置的基本准则，发挥市场在资源配置中的决定性作用，使市场在土地资源配置中处于主体地位。建立城乡统一、自由流动、主体齐全的土地市场，完善各环节中的价格机制、供求机制、竞争机制以及激励约束机制，通过市场这一"看不见的手"引导激励土地按照供求关系自由流动和合理利用，推动国土空间要素依据市场规则进行配置，实现流动效率效果最佳化和利用效率最优化。

2. 促进国土空间要素自主有序流动

明晰不同产权主体的定位和对应的权能边界，避免产权主体虚置与权能缺位问题，消除国土空间要素流动的障碍。同时，通过不动产登记等各类制度充分保护产权归属和合理权能，保障土地产权主体的流转意愿不受强迫，支持和鼓励利益相关者自愿推进国土空间要素流动。最后通过合

理的手段核算产权价值，构建信息平台，减少信息不对称问题，建立交易平台，提供交易场所，确立划拨、出让、转让、租赁、入股、抵押等各种形式的交易路径、交易规范和配套监管保障机制，构建顺畅无阻和稳定有序的国土空间要素流动路径，实现国土空间要素流动主动化、秩序化和畅通化。

3. 有效保障国土空间要素财产权益

中国特色社会主义道路的基本形式决定了必须坚持土地所有权的公有制度，完善国家、集体土地所有制，因此在深化土地要素市场化改革中不能忽视国家和集体作为所有权人的国土空间要素财产权益。在此基础上，进一步保障各资格权（承包权）人和使用权（经营权）人的相关权利，明确个体国土空间要素财产权益的法律界定和增值收益分配模式，最大限度地保障各个利益相关者的国土空间要素财产权益，保障社会财富源泉持续涌流。

4. 激发土地市场活力，推动高质量发展

通过健全城乡统一的建设用地市场，合理破解农村土地流转的限制制约，有效盘活农村沉睡的土地资源，释放出农村土地巨大的价值，有效助力乡村振兴战略全面落实。通过深化产业用地市场化配置改革，精准匹配不同产业的用地需求设计供给模式，合理降低企业特别是中小企业的用地成本，合理引导产业业态发展模式，同时通过推进农村承包地流转市场的完善，合理释放农村劳动力，激活现代化经济发展的内生动力。通过盘活存量建设用地，不仅能优化生产生活空间，更能拉动巨大的投资、提升国土空间利用效率，以城乡空间的优化重塑为经济发展注入新的活力。

（二）深化土地要素市场化改革战略导向

1. 构建有效市场：明确政府边界，推进简政放权

一直以来，合理处理政府和市场的关系一直是全面深化改革、实现国家治理体系和治理能力现代化的关键路径。充分发挥市场在资源配置中的决定性作用，并不是全面否定政府的作用或要求政府完全退出，而是要政府明确权能边界，充分发挥政府实施宏观调控、弥补市场失灵、落实监督惩处等重要职能，充分保障价值规律、竞争规律和供求规律等市场经济规律作用充分体现。因此，"政府退位、市场补位"应当是深化土地要素市场化改革的核心价值导向。当然，政府简政放权并不是完全放任，而是践行适度调控、分类管理、合理监管，对于资产属性强的国土空间要素配置，市场起决定性作用，而对于资源属性强的国土空间要素配置，政府在发挥主动性的同时积极调动市场力量，最终建立土地要素市场化领域的"有为政府"和"有效市场"。

2. 注重公平效率：利益分配公平，资源配置有效

国土空间要素作为国家要素市场化配置的重要组成部分，不仅直接影响农业生产和城乡建设，还关系到整个国民经济发展的宏观效率，更关系到社会的和谐稳定。因此，土地要素市场化改革不能狭隘地理解为财政收入，也不能片面地理解为资源的优化配置，其目标应更为广义、更为深刻地理解为公平与效率的协调统一[①]。通常来说，公平指的是社会的政治利益、经济利益和其他利益在全体社会成员之间合理而平等的分配，意味着

---

① 严金明，王晓莉，夏方舟. 重塑自然资源管理新格局：目标定位、价值导向与战略选择 [J]. 中国土地科学，2018，32（4）：1-7.

权利平等、分配合理、机会均等和司法公正。就深化土地要素市场化改革
而言，不仅要关注土地资源资产价值显化、土地资源财产权利平等、增值
收益分配合理，更要关注发展权损失补偿、保障土地资源可持续利用、生
态保护和公共利益需求限制下的土地资源发展机会均等，同时还要强调监
管体系的公正廉洁，切实实现"权利显化平等，利益分配公平"。效率通
常指的是在给定投入和技术的条件下，最有效地利用资源从而实现成本最
小化或效用最大化。在深化土地要素市场化改革中，要尽可能降低交易成
本和改革风险，实现改革成本和管理成本最小化；同时，深化土地要素市
场化改革更要促使社会经济关系协调并最终作用于社会生产力的发展，提
高人力、资源、资本等全要素利用效率，充分实现"物尽其利、物合其
用"的高质量发展。

3. 坚持循序渐进：分类精准施策，分时审慎推进

在深化土地要素市场化改革中，既不能就改革谈改革，也不能就地方
谈地方，必须按照高质量发展需要、现代化建设诉求和社会经济发展现
状，坚持安全可控原则，实事求是地针对国土空间要素流动的各个突出问
题系统综合设计、分类精准施策，不能试图一蹴而就、一劳永逸，也不能
盲人摸象、一叶障目。在具体实施中，既要协调"政府、村集体、村民"
"城市、乡村"等多元关系，也要兼顾"公平、效率""保护、发展"等多
维目标，尊重国土空间要素利益相关者的意愿，选择"稳中求进"的实施
路径，稳定集体所有制，坚守耕地保护红线和生态保护红线底线，探索自
愿有偿进退制度，赋予完整物权权能，循序渐进地开展市场化流转，最大
可能地防范社会不稳定与过度资本化等诸多风险，审慎探讨和选择深化土
地要素市场化改革各个时期的具体路径，以切实为推动经济发展质量和效

率变革提供强大动力。

4. 强调永续利用：坚持长远发展，实现永续利用

一是流转和利用的均衡。杜绝短期利益压倒长期利益，不搞"寅吃卯粮"，坚持可持续利用。国土空间要素不同于其他要素，其突出特征是稀缺性、不可再生性和保护性，因而在市场化流转的过程中要更凸显尊重自然规律的重要性，充分强调土地的合理利用和充分保护，不能因为市场化的流转而忽略对土地的投资和投入。因此，要深化土地要素市场化的结构性改革，杜绝在市场化过程中过度利用、破坏性利用等行为，确保国土空间要素的长远发展和永续利用。二是土地产权的自动续期探讨。当前，无论是城镇国有土地还是集体建设用地或农地，其年期均存在断崖问题，应从合法、合理和合情的角度出发，探索到期后自动、有偿续期，基于保障基本权利与促进社会利益公平分配构建"最惠＋阶梯"的续缴体系，同时国家法律法规不对到期后续期最高年限做出硬性规定。各类土地使用权到期续期在落实过程中应当以土地年租制为中心，建立费税并行的完整缴费体系，确保有恒产者有恒心。

三、深化土地要素市场化改革的战略任务与保障

实际上，未来我国将进入土地要素市场化改革的攻坚期和深水区，农村建设用地流转、产业用地配置、存量建设用地盘活、农用地市场优化和市场配置机制建设等问题，不仅本身错综复杂，更是彼此交织、互相影响。对此，我国亟须抓住主要矛盾，解决突出问题，深入把握改革的核心战略任务，加速落实改革的必要战略保障措施，既有的放矢而又系统全面地审慎深化土地要素市场化改革。

（一）深化土地要素市场化改革的战略任务

1. 合理放开农村建设用地流转制约，建立健全城乡统一的建设用地市场

对于农村经营性建设用地流转而言，《土地管理法》（2019 年修正）已经在第六十三条相对确定了其出让对象、主体、内部决策程序和流转路径。然而，部分细节仍然需要进一步明确，例如增量集体经营性建设用地能否入市，现有集体非经营性建设用地能否及如何调整作为集体经营性建设用地合法入市，等等。当然，由于限制放开后巨大的利益诱惑，不可避免地存在非经营性建设用地"经营性化"的冲动，因此，应当首先推进存量流转，进而严格遵守国土空间规划的要求和用途管制规定，严控增量并监管其流转，杜绝违法违规流转的产生。此外，针对当前农村集体经营性建设用地受益主体不尽明确、流转路径不尽明晰的现状，集体经营性建设用地流转应首先完善产权和登记制度，进而明晰流转的产权和收益主体，明确流转路径和收益分配方案，最大限度地保障产权主体的利益不受侵害，避免损伤农民的积极性，防止产生矛盾冲突，避免影响市场化改革进程。同时，要进一步明确政府为规则制定者、平台提供者和市场监督者，应严格界定土地增值额和项目金额计算方式，细化分类税率设置标准，完善征收集体经营性建设用地土地增值税制度，以此逐步替代土地出让收入并使之成为地方财政收入的重要来源，防止出现地方财政收入骤降从而无力承担城镇化成本的发展风险①。

对于宅基地流转而言，首先应当适度放开对宅基地的法律法规限制，

---

① 夏方舟，严金明. 农村集体建设用地直接入市流转：作用、风险与建议［J］. 经济体制改革，2014（3）：70-74.

如修改关于对宅基地的限制的相关法律条文，强化宅基地使用权权能，分阶段放开对宅基地土地流转的制约，推进宅基地财产权利显化。其次，由于宅基地兼具福利保障和资产双重属性，基于成员身份的资格权主要代表了农民集体的居住福利保障，然而就农民的居住福利及衍生福利而言，应视不同阶段情况探讨由农民集体、城市政府、市场和社会等部门共同提供；同时，作为农民的资产盘活诉求的体现，放活宅基地使用权是市场化资源配置和农民财产价值显化的必然诉求，然而应当在利益诉求和可能的风险之间权衡分析其流转需要及流转路径。在乡村社会保障未能完全健全时，应彰显宅基地的资格权，突出显化国土空间要素的福利保障属性，此时农村土地要素市场化程度相对偏低；进一步地，可以考虑在部分条件成熟、需求旺盛的地区设定农村房屋居住权，结合宅基地"三权分置"改革逐步实现宅基地权能的加强和流转；随着社会多元福利保障的完善和城乡统一建设用地市场建设时机的逐步成熟，可以考虑实行"四放开"，即购买对象放开、购买区域放开、购买价格放开、购买数量放开，全社会均可按市场交易原则获得宅基地使用权利，并在符合规划用途的前提下使用并获得收益。换言之，未来在乡村充分发展、实现充分社会保障的基础上，可按照平等保护各类产权的原则，结合居住权的设定，逐步赋予宅基地完整的用益物权，实现"同地、同权、同价"。

对于征地制度而言，《土地管理法》（2019 年修正）放弃了传统的"统一年产值征地补偿标准"，在第四十八条明确提出"征收农用地的土地补偿费、安置补助费标准由省、自治区、直辖市通过制定公布区片综合地价确定"。通过进一步提高区片综合地价的科学性和合理性，能够形成相对较为统一的参考标准，相对缩小征地补偿差距。同时，可继续探索以股权化处置进行征收补偿的方式。通过将补偿权兑换为抽象的财产权，不仅可克服安置、现金等补偿分配方式的局限，帮助农民实现补偿利益的长远资本化，而且可降低征地的现金流资金压力，相对更有利于推动配置市场化、资产权益化、利益共同化和收益长期化。此外，就成片开发标准制定而言，应当结合地方需求和特点，因地制宜地界定实际内涵、确定最小和最大规模，不能一刀切地完全排除经营需要，也不能一刀切地制定公益占比、投资额、容积率、密度等限制指标。最后，从当前集体经营性建设用地流转试点的土地增值收益分配情况分析，不管试点地区集体土地以何种途径入市，总体而言流转所获土地增值收益均超过征收所得收益。因此，如果土地供应转为以集体经营性建设用地入市为主，则农民集体收益可能显著增加，地方政府收益可能明显减少，从而导致征地难度增大、地方政府推进集体建设用地入市的积极性降低，容易产生新的社会矛盾，影响社会和谐稳定。因此要统筹兼顾土地征收与集体经营性建设用地入市过程中国家、农民集体和农民的收益分配，根据不同的社会经济发展阶段，适当平衡流转和征收的土地收益，从而既保障农民利益不受损、增强集体经营性建设用地入市动力，又确保出于公益性目标的征收制度的稳定性，有利于"三块地"改革的统筹推进。

2. 加强生命周期用地管理，以差别化模式优化产业用地供需匹配

一是应对照企业生命周期，实行差别化产业用地供给。实行差异化的产业用地年期确定机制，通过精准识别各类行业、各种规模企业的生命周期，构建建设用地弹性出让年限的差异化设定机制，提高企业生命周期与供地年限的匹配性，降低企业成本；针对不同企业因地制宜、灵活多样地制定供地模式，以年期调节各类行业、各种规模企业所需产业用地的价格，制定规模分类、行业分级的地价年限标准，依据行业整体发展态势进行修正，为各地区设置产业用地价格弹性范围，对高精尖、科研等产业用地，适度降低用地价格；针对企业所处生命周期阶段，制定土地出让、流转过程中的地价修正条款，编制阶段差异化的政策优惠清单，以年期调节各行业中处在不同生命周期阶段的企业购地价格，向处于高速发展期的企业提供优惠更大、期限更长的产业用地价格，对处于衰落期的企业适当提高产业用地价格，引导产业用地合理流转，提高利用效率。

二是科学匹配产业用地供给与需求，推进产业用地功能混合利用。产业用地供应的数量结构要与产业结构相匹配，供应的空间结构要和产业区位相匹配。应按照不同企业的不同用地诉求，以长期租赁、先租后让、作价出资（入股）、类型转换、混合供给等差别化模式，优化产业用地供给和需求配置。如江西鼓励各地在继续完善工业用地招拍挂出让的同时，积极引导企业以长期租赁、先租后让、租让结合方式取得土地。如南京优化土地供应模式，引导土地多用途复合开发利用，允许成片开发的产城融合体项目搭配不超过15%的配套设施整体挂牌出让，逐步推进先租后让和弹性年限出让政策。其中，应尤为注意推进产业用地混合利用和弹性用途转换的供给模式改革，以满足多元的市场需求，赋予空间更大的弹性"留白"和更为多样的利用方式。如抗疫应急医院平时可做科教（教育、科研等）、工矿仓储（医疗健康企业生产、物流仓库等）、文体娱乐（图书馆、博物馆或展览馆等）等其他功能用途，疫情发生时则迅速改造为抗击疫情的救治点，从而提高空间布局的相对灵活性，为更新改造和功能置换留足余地。

3. 强化盘活城乡存量建设用地，市场化引导低效用地再开发

一是需要完善存量建设用地退出机制。制定低效和闲置土地监督、评价和责令退出机制，明确续期费用、逾期处罚等相关规定。同时，以市场为核心，通过自由竞争的要素环境，引导城乡存量建设用地有序退出，快速实现资源的优化配置。对于权属复杂、资金压力不大、开发周期偏长的项目，可考虑实行政府回购收储，减少权属纠纷，更大幅度地提升国土空间利用效率。此外，还可以配套推进土地税费相关体制机制改革，适当降低土地流转税费，提升土地长期持有的税费成本，以税收手段倒逼存量建设用地有序退出。

二是应合理控制存量建设用地盘活成本，积极创新激励手段，引导存量建设用地盘活。第一，适度放开法律法规限制。如修改《房地产管理法》第三十九条等规定，降低交易门槛，促进要素流通。第二，创新激励手段，合理控制再开发成本。可以切实立足地方实践和市场诉求，探索实施存量用地用途转变或规划变更、存量用地改造减免土地出让金、存量用地改造取得土地优先获得权、存量用地盘活税收减免等政策，创新契合发展实际的有效激励手段。第三，建立建设用地盘活增值收益共享机制，使得政府、开发商、被改造地块单位和个人分享改造开发产生的土地增值收益，调动农村集体经济组织、企业和被征地居民的积极性，将政府从大包大揽的拆迁中解放出来。第四，以各方诉求为出发点，大力创新和完善存量建设用地退出模式，降低退出成本、提升退出收益、加速退出进程，推动存量建设用地快速再利用。第五，在符合规划的前提下，原国有和集体土地使用权人可申请自发性改造获得更高土地增值收益，由此可以合理推进城乡建设用地整治，依据主体意愿促进城乡建设用地增减挂钩政策落

实。当然，盘活出来的农村土地资源并非一定要置换入城市，同样可以用于保障当地复工复产的现代种养业、农产品加工流通等乡村产业发展用地，平衡就近利用和集聚利用模式，为乡村振兴和高质量发展提供国土空间要素保障。

4. 有序支撑发展农用地市场，强化平台服务和价格指引

一是完善农用地流转平台和中介服务。探索建立全国性的农村土地流转中心平台，提供完善的登记查询、信息传递、交易促成、地价评估、法律咨询、金融支撑、纠纷调解等一系列服务，充分发挥平台资源汇集、资金融通、资产评估、信息公开、风险管理等中介服务功能。其中，尤其要强化金融支撑功能，需对接农业发展银行等金融机构，开展以土地经营权抵押为主的土地流转专项贷款，为农户提供低息或免息贷款，解决流入土地和经营农业的资金缺口。此外，可探索增加对农户特别是种植大户的小额信用贷款，满足这些农民购买种子、肥料、生产工具等方面的资金需求，同时鼓励转让土地经营权的农民进行转产，支撑农用地更为长期的规模化经营。同时，政府部门应基于平台，做好与农用地流转相关的监督和服务工作，积极监督、指导本地的重大农用地流转行为等，规范土地流转，确保农民的权益不受损害。

二是充分完善农用地流转政府指导价建设，避免"价格陷阱"。完善农用地政府指导价建设既可以避免农民权益在流转过程中因流转价格过低而受损，又能避免在规模流转的过程中部分农用地流转价格偏高对规模化、机械化和现代化农业的合理实施的不利影响。农用地流转政府指导价不仅要考虑不同农产品的种植收益，还需要根据土地资源基础条件确定相应的流转浮动收益，土地租期在三年以上的，还要根据物价浮动水平确定土地流转收益递增幅度和租金逐年浮动比例。依据科学合理的政府指导价，流出方和流入方能够更为合理地开展农用地流转，从而优化农用地资源市场化配置，确保农民持续稳定增收、农业持续健康发展。

5. 合理界定增值收益分配机制，建设完善市场配套机制

一是优化政府治理机制。政府自然资源管理部门需分离管理者和经营者角色，明确其主要职能是明晰土地产权管理，制定实施空间规划和相关政策，保护土地资源和规范土地市场运作。与此同时，将资源汇集、资金融通、资产评估、信用创造、清算支付、资本转化、信息公开、风险管理等中介功能交由市场中介服务机构代理。为了合理配置资源、保障市场有序运转、规避行政干预，可设立独立、专门的城乡土地银行①，让土地出让交易处于充分的市场调节之下，政府及其职能部门仅执行宏观调控和监督职能。

二是合理确定土地增值收益分配机制。首先要制定土地增值收益的合理分配原则。改革的本质是权利与利益的调整，因而土地要素市场化改革的本质即国土空间利用中的权益关系在各个社会群体间的制度调整，涉及国家权益、地方权益和群众权益，短期权益和长远权益等各类权益的增减变化②。因此，本阶段土地要素市场化改革应当首先定位"调谁的权益"，进而探讨"如何调权益"。如果其中部分利益相关者认为当前权益不足以体现其权利，则必然会带来权益关系变革的诉求；既得利益者必然有可能面临相应的权益损失，因而也必然存在各种阻力。当然，改革不仅仅是对

---

① 夏方舟，杨雨濛，严金明. 城乡土地银行制度设计：一个新型城乡土地资本化制度探索［J］. 中国土地科学，2020，34（4）：48-57.

② 严金明，郭栋林，夏方舟. 中国共产党百年土地制度变迁的"历史逻辑、理论逻辑和实践逻辑"［J］. 管理世界，2021，37（7）：19-31，2.

当前存量权益的调整，更可能是通过改革盘活沉睡资产、带来权益增量，在改革中也可能实现在增进部分利益相关者权益的同时不损害其他利益相关者权益的帕累托改进。针对当前土地要素市场化过程中"暴力"与"暴利"并存的现象，改革可能更应以客观公允的权益调整为价值取向，进一步将权力、责任和利益相匹配，避免社会财富过度向某一群体集中。其次，需明确区分"涨价归公"与"涨价归政府"，充分探索完善土地增值收益社会分享机制，明确土地增值收益的社会化使用方向，由政府监管、第三方落实，在保障原土地所有者和使用者获得公平合理的土地增值收益的基础上，将增值收益更多地投入城镇基础设施建设和公共服务，这反过来又能创造更大土地增值收益。

三是完善土地市场运行机制，包括供求机制、价格机制、竞争机制和风险机制，推进土地要素市场化改革平稳进行。首先，需建立市场交易平台，提供土地供需信息线上查询平台，完善线下交易场所，制定市场交易规则。其次，要建立和完善中介机制，健全交易代理、地价评估、法律咨询等中介服务，提供交易信息、金融服务和投资咨询等服务。再次，应完善地价评估标准和基准地价体系，统一界定城乡各用途用地估价概念，统一差异化的估价标准，统一确认土地合理价格，显化土地潜在价值，实现城乡建设用地基准地价全覆盖。最后，要建立全生命周期城乡国土空间要素市场监测机制，对土地市场的价格波动、违规行为、风险预兆情况进行长期和实时的监控，推进城乡土地市场协调健康运行。

（二）深化土地要素市场化改革的战略保障

1. 优化更新标准规程

土地要素市场化改革的时间紧、任务重，必须有一整套系统完善的标准规程支持和引导。建立相关标准规程十分重要，对统计部门来说，有了标准规程便于采集相关数据，为将来市场的演变做好铺垫；对用地单位而言，有了标准规程便于公平、公正地参与对要素的占有和使用。因此，深化土地要素市场化改革是未来土地管理制度改革的重要举措，如果缺乏统一的标准规程，那么将造成国土空间要素自发、盲目、无序地进入土地市场，干扰正常的土地市场秩序，最终损害个人、集体和国家的权益。因此，要顺利实施深化土地要素市场化改革战略，首先要形成科学合理的标准规程。当前，《城镇土地估价规程》已经进行了新一轮的修订，《农村集体土地价格评估技术指引》已在 2020 年 4 月发布，未来还应尽快整合汇编涉及城乡各地类的土地估价规程，加强对土地要素市场化配置的指导。

2. 建立信息管理平台

依托市场和土地管理经营机构，建立健全国土空间要素市场信息管理平台。构建完善的国土空间要素市场信息数据库，推进落实国土空间要素确权登记工作，涵盖涉及土地自然属性、社会属性与经济属性的各项信息，尤其是国土空间要素在市场流转过程中的权利变动、流转价款、权利变化情况，形成土地要素市场化的基础信息数据库；建立国土空间要素流转信息服务平台，构建并完善多级、全面、公开、透明的服务和管理网络，建立公共参与和信息公开机制，降低信息不对称风险。

3. 健全监控反馈平台

首先，要健全国土空间要素价格动态监测反馈平台。通过对土地价格的实时监测和对不同时点、不同区域间地价差异的比较，及时判断地价与宏观经济的协调状况，分析出国土空间要素市场的波动变化，并挖掘国土空间要素市场变化的真实原因。其次，要建立市场违规行为监控、管理和惩罚平台，充分利用大数据、人工智能等技术，建立投诉反馈实时平台，及时发现并叫停不正当的市场行为，同时配套相应的违法违规惩罚机制，维护市场环境和交易秩序。最后，要建立国土空间要素相关信用体系，在市场准入、运行和退出方面建立相关信用黑名单机制，将违约、违规等不诚信行为纳入黑名单管理；相对地，对于信用良好、循规守矩的主体，也要建立白名单机制，在市场运行中同等条件下优先考虑并实施相关奖励机制。

第三节

国土空间治理数字化改革的系统框架设计

一、"需求-底线-功能"三维系统框架

国土空间治理数字化改革需要以需求挖掘为基础、以底线控制为支撑、以功能优化为导向。需求挖掘是国土空间治理数字化改革的基石，能够明确各个治理主体的单独诉求和利益博弈关系，更是国土空间治理数字化改革中用户关系的分析基础，能从权利边界划分的视角提供主体矛盾的解决方案。底线控制则决定了土地治理模式中的行动底线。其中，法律底线控制可以识别出必要的环节以及存在的矛盾点，并为治理过程的弹性留白做出合理解释；空间底线控制以国土空间规划管制为核心，旨在协调区

域发展，防止土地治理越位、缺位、错位的问题发生；监管底线控制则严格控制各个主体参与治理的规范，旨在维护主体权益、督促主体履行责任。功能优化为国土空间治理数字化改革提供具体解决思路，在明确各个流程行为主体、实际操作、数据建设、功能依托的基础上，能够解决交易成本过高、治理弹性不足、时空关系失衡等问题。需求、底线和功能三者存在底层基础与上层建筑的构建关系，需求挖掘与底线控制属于基于现实的分析和设计，勾勒出了土地治理现状和行为模式框架，而功能优化则是在此基础上进行的顶端设计，在基础框架中补充功能和服务。此外，需求分析与底线控制相辅相成：需求分析主要识别各类主体的性质及其博弈关系，目的在于划分出各类主体的合理需求边界；底线控制在宏观维度上制定参与治理的规范，施加整体限制（如图 9-1 所示）。

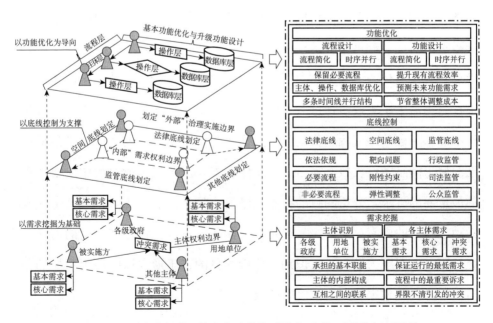

图 9-1　国土空间治理数字化改革的"需求-底线-功能"框架设计

二、多维需求挖掘：主体的识别与需求分析

主体的识别和分类是土地治理需求分析的前提。土地治理过程涉及利益再分配，其实质是相关利益主体的博弈，一般而言，主要涉及各级政府、用地单位、土地原权益主体（被实施方）三大基本主体。其中，各级政府是行动的主体，用地单位是执行的主体，而土地原权益主体既是执行的客体又是监督反馈的主体。主体内部存在不同的运行结构，如政府内部横向职能划分和纵向多层级管理的模式、集体与农民之间的代理模式[①]，这些结构决定了主体外在的行为和价值取向；而政府与土地原权益主体的谈判博弈、政府和用地单位的共谋博弈、土地原权益主体与用地单位的隐性博弈三维关系又在外部塑造着各个主体的行为。通过明晰流程中不同主体各自承担的职能、内部构成以及相互之间的影响与联系，可以构建出流程需求分析的基础框架。需求挖掘与分析是土地治理体系设计与优化的出发点。各个主体自身存在基本需求和核心需求，主体之间又存在冲突需求，三类需求层级逐步递进。主体的基本需求是指主体在参与土地治理过程中能够保证治理流程运行的最低层次需求，分析的目的在于设定最低限度的需求满足条件；核心需求是指主体在参与土地治理的过程中所要实现的最重要的诉求，分析的目的在于明晰需求调节的着力点，挖掘"牵一发而动全身"的要素；而冲突需求是在某些条件下各主体之间产生的需求冲突，可以以问题为导向进行识别，分析的目的在于形成以问题为引导的靶向框架，合理划定不同主体之间的权责利边界。

---

① 仇童伟，罗必良．"好"的代理人抑或"坏"的合谋者：宗族如何影响农地调整？［J］．管理世界，2019，35（8）：97-109，191.

三、治理底线控制：法律、空间、监管底线划定

法律底线控制是指土地治理过程以法律为行动准则，土地治理改革过程中的必要流程与相关安排应当紧密衔接现行法律[①]，以新版《土地管理法》为核心参考，结合《土地管理法实施条例》和《物权法》等的相关规定，总结出土地治理的必要流程，进而结合地方实际出台具体细则，设置可灵活调整的弹性流程。空间底线控制是指严守治理过程的空间安排，新型国土空间规划体系对土地治理实施过程的底线管控提出了明确要求，我国耕地总量不足、质量不高和城市无序外延扩张的格局也决定了土地治理过程中必须遵循有效的空间管理规划和实施具有强制力的保护措施[②]，明确界定治理空间范围和治理规则。监管底线控制是指对土地治理整体过程的监督和审查。土地治理过程中行政监管、资金监管和社会监管机制的缺乏，将导致实施部门公信力缺失、被实施方权益受到损害以及治理交易成本增加等问题，严重降低土地治理实施的科学性和可操作性。这与数字化的基础要求不符，因此，土地治理体系需要建立完整的行政监督、资金监管和大众参与体系，以支撑数字化监管的开展。

四、功能优化改革：流程和体验的优化

运行流程是国土空间治理数字化改革的"外骨骼"框架。土地治理运

---

① 房绍坤. 土地征收制度的立法完善：以《土地管理法修正案草案》为分析对象［J］. 法学杂志，2019，40（4）：1-12.

② 钟镇涛，张鸿辉，洪良，等. 生态文明视角下的国土空间底线管控："双评价"与国土空间规划监测评估预警［J］. 自然资源学报，2020，35（10）：2415-2427；常青，石晓冬，杨浚. 新时代推动国土空间规划重构的实践探索：以北京为例［J］. 城市规划，2021，45（5）：61-67.

行的流程结构主要涉及路径中的流程层、主体层、操作层和数据库层，需遵循一定的时间顺序进行安排，厘清时序结构与前因后果，设计并行时间线，可以方便流程精简与结构顺序的调整。其中，流程层包括土地治理运行的主要和次要运作流程；主体层包含了所有参与治理环节的主体，以及相互之间的通知、联审、反馈等交互关系；操作层包含了各个主体在流程中的实时或延时动作，也包括了平行主体和跨级主体之间的多向合作；数据库层是流程中各环节运行重要的数据来源，主要包括模板数据库、各部门专有数据库、信息公开数据库等内容模块，同时还包含数据库之间复杂的链接和共享关系模块。体验的优化则是国土空间治理数字化改革的重要"内支架"内容，是使得整个系统框架立体化的重要环节。其中，体验的优化包含基本功能优化、升级功能设计两个维度：前者强调在现实已有功能的基础上优化服务质量，比如线上会议、历史数据查询和资金动向查询等功能；后者强调预见未来可能存在的功能需求，以实现未来功能调整的弹性，节省整体调整的系统性成本，比如用户画像、可视化模块以及土地历史人文回顾等功能。整体而言，体验的优化旨在支撑现实和未来两维时间线流程运行以及提升运行效率。

第十章

国际公地的治理与展望

国际公地（global commons）又称"全球公地"，泛指国家主权管辖范围之外涉及全人类共同利益的公共空间资源，如极地、公海等。国际公地治理关乎全球的可持续发展，更是大国之间利益博弈和竞争的战略制高点，是从"聚焦国内"转向"放眼全球"的国土空间治理亟待拓展的未来的关键着力点。基于此，本章基于国际公地治理方面存在的认知不一、主体错位、利益冲突和效果欠佳的现实困境展望未来，提出文明观、权力观、义利观、秩序观"四位一体"的国际公地治理伦理观，进而探讨基于"人类命运共同体"理念的国际公地治理模式与中国参与国际公地治理的政策导向。

◀◀◀ 第一节 ▶▶▶

国际公地治理现状与问题

一、国际公地治理的认知不一

首先，国际公地治理本身涉及诸多领域的不同意识形态。不同国家和地区在经济发展水平、政治制度、意识形态、社会文化等方面存在多样性和差异性，不论是学术界关注的重点和研究视角，还是具体的实践，都存在差异[①]。不同主权国家在国际公地治理思想体系方面客观存在着不同

---

① Ostrom E，Burger J，Field C B，et al. Revisiting the commons：local lessons，global challenges [J]. Science，1999，284（5412）：278-282.

认知和理解，必然导致治理理念上的分歧，这也成为国际公地治理难以逾越的羁绊。其次，对国际公地治理的理论与实践的认知仍需提升。国际公地治理的理论产生于西方，更多地反映了西方发达国家的价值观念、霸权诉求和私利期望。众多发展中国家往往以接受既定规则为主，相对缺乏系统的理论基础和实践佐证保障自身在规则制定中的影响力，导致其在国际公地事务处理中往往保持谨慎、低调、不出头的行为风格，并且更希望也更习惯于通过现有的国际组织和多边主义体制与框架处理国际公地事务。最后，关于国际公地本身的认知边界仍然在不断发展变化。随着人们的科学认知和开发利用水平的提高，对国际公地的边界界定也在不断拓展，然而新领域的发展并不意味着针对利用结构和治理模式能够快速达成共识，同时国际公地仍然存在极为巨大的空白空间不为人类所认知。

二、国际公地治理的主体错位

国际公地治理作为一种多元行为主体的合作治理过程，不仅包括国家这个基本的治理主体，还包括几乎所有与国际社会发生关系的主体，即政府间组织、非政府组织、全球公民社会、跨国企业等[①]。然而，当前国际公地的治理主体往往只包含部分国家，特别是西方发达国家，仍有诸多国家游离在治理主体之外，不愿或者无力作为治理主体参与治理过程。此外，诸多的国际公地问题缺乏强有力的领导主体，难以快速形成合力，主导完善治理观念、促进达成共识并简化烦琐的治理程序。一方面，国际公

---

① Burnay M. China and the global commons: selective contributions and contestation [J]. International Community Law Review, 2020, 22 (5): 639-667.

地问题具有多样性、复杂性和不可预测性，尽管全人类都是国际公地问题的利益相关者，但是绝大部分群体并未被解决问题的组织机构或战略考虑在内，而行为主体过于多元也会导致集体行动难以实现高效又公平的"善治"；另一方面，国际公地治理受到霸权政治的巨大影响，部分霸权国家主导了国际公地的治理模式与政策。霸权国家借此在规则制定、资源分配等方面占得巨大先机，其"合则留，不合则退"的实用主义直接导致了联合国等关键治理主体的地位虚化、弱化和碎片化。

三、国际公地治理的利益冲突

国际公地涉及"全人类共同利益"，承载了人类生存和发展所需要的大量资源，是面向所有人开放使用的公共资源，其开发和利用应以和平为目的，通过公平和高效利用造福当前一代和后续时代的全人类①。然而在现实中，各国利用国际公地的能力不尽均衡，投入也不尽相同，难免各国获益不均，甚至可能出现部分国家为追求个体利益最大化而垄断占用国际公地资源、享有绝大部分利益的情形。如果放任个体诉求挤出公共诉求，那么国际公地会在实质上被"私有化"或者最终导致"公地悲剧"。其次，各个主体的利益诉求日趋多元，例如出于安全考虑的制海权、制空权、制天权和制网权控制诉求，有可能与开放共享的经济行为诉求产生冲突；同时开发利用的当前利益诉求，又可能与综合考虑资源环境承载能力的生态环境保护诉求产生冲突，或是和未来的利用诉求产生冲突；此外，个体、组织或国家的利益诉求，更有可能和其他个体、

---

① 严金明，王晓莉，夏方舟. 重塑自然资源管理新格局：目标定位、价值导向与战略选择［J］. 中国土地科学，2018，32（4）：1-7.

组织或国家的利益诉求发生矛盾。因此，实现国际公地的多元利益协调共享困难重重，相关利益冲突将贯穿治理实践的始终，这也是国际公地治理亟待解决的核心问题。

四、国际公地治理的效果欠佳

国际公地治理关注的是全球性问题，是超越单一国家主权管辖范围的全球性公共问题，必然需要以明确的治理机制实现不同国家的协商谈判与共同治理。然而，当前针对国际公地的治理机制不仅多有空白遗漏，而且更是存在职能交叉重叠、规则互相冲突等问题①。例如，1984 年，美国、英国、法国等国签订了《关于深海底问题的临时谅解》，公开与国际海底资源分配制度相抗衡；1997 年的《京都议定书》等气候公约与 1992 年的《联合国气候变化框架公约》多有重叠和冲突。此外，虽然诸多治理机制已经确定，但是在实施中由于诸多原因治理效果往往不尽如人意。例如，2009 年，《哥本哈根协议》虽再次阐明了全人类共同应对气候变化的目标，但却因一些发达国家的抵制而缺乏法律约束力；2012 年，美国、澳大利亚等国拒绝签署国际电信联盟包含互联网治理内容的新《国际电信规则》；2016 年《巴黎协定》正式签订生效，但全球还远没有实现《巴黎协定》规定的目标，即将全球温度升高幅度控制在 1.5 摄氏度以内。

---

① Ostrom E, Burger J, Field C B, et al. Revisiting the commons: local lessons, global challenges [J]. Science, 1999, 284 (5412): 278-282.

◀◀◀ 第二节 ▶▶▶

国际公地治理的伦理观

一、文明观：兼容并蓄，持续发展

基于"人类命运共同体"理念的新型文明观是对全球治理理论的继承与深化，在批判和继承"公地悲剧""囚徒困境""集体行动的逻辑""公共池塘资源"等理论模型的基础上，进一步深化了马克思"只有在共同体中，个人才能获得全面发展其才能的手段"① 的社会共同体思想。"美人之美，美美与共"，意味着应该从不同文明中寻求智慧、汲取营养，为人们提供精神支撑和心灵慰藉，携手解决人类共同面临的各种挑战。因此，"和而不同"和"天人合一"可以认为是国际公地治理的"文明基因"。"和而不同"遵循了道并行而不相悖的原则，是国际公地可持续发展的前提。由于世界各国的发展阶段、国际地位和历史文化传统不同，因此国际公地治理的伦理差异客观存在，世界上没有放之四海而皆准的治理模式，应该尊重世界文明的多样性和发展模式的多样化。但是为了全人类共同的福祉，为了国际社会共同的发展，应践行"道"虽不同但仍可以并行而不

---

① 马克思，恩格斯．马克思恩格斯选集：第 1 卷 [M]．北京：人民出版社，2012：199．

相悖的理念，求同存异，和平共处，共富共荣。"天人合一"是"天地与我并生，万物与我为一"的精神的体现，遵循的原则是"万物并育而不相害"，体现的是国际公地治理中人与自然、人与人的和谐共生共处。首先应当坚守生态环境保护底线，在开发利用国际公地中不该超过资源环境的承载能力，要考虑子孙后代的开发利用诉求。其次是应当正视和接纳他者的存在，即便国际公地治理主体之间存在竞争、冲突，也不应该势不两立，应以和谐、协调、通融为价值导向，推进多样文明和合共生。

二、权力观：相互尊重，平等共享

在国际公地治理事务中相互尊重的原则尤为重要，世界各国尤其是大国要避免将国际公地治理问题内化为本国内政。在国际公地治理中国家之间相互尊重，既是国际法和国际关系实践遵循的一项基本准则，也是现代国际礼仪的重要基本原则。主权国家之间既要互不干涉内政，又要互相尊重国家尊严，国家元首、国旗、国徽等国家主权的代表或象征，国家社会制度、文化传统、宗教信仰以及风俗习惯都理应受到尊重。此外，人类命运共同体中的权力观还强调世界各国都享有平等参与国际公地事务的权力。国际公地治理是全球治理的重要组成部分，国际公地治理状况关系到全人类的共同利益，与全人类的命运息息相关，国际公地应当由全人类共建、共治、共享。各国体量有大小、国力有强弱、发展有先后，但都是国际社会平等的一员，都有平等参与国际公地事务的权利。但是，传统国际关系理论在处理国际公地治理问题时往往局限于国家本位。因此，国家利益之间发生冲突时，亟须应用人类命运共同体理念，采用平等互信的新型权力观，超越传统的国家界线，以核心的人类本位理念应对国际公地治理困境。只有这样，才能真正落实《联合国宪章》中的主权平等基本原则，共享共担国际公地治理中的权力、利益和责任。

三、义利观：大国责任，义利兼顾

随着全球化的不断推进，大国拥有更多的资源，也有更大的能力，理应承担更多的责任、做出更大的贡献。在国际公地治理中，大国应当承担起应尽的责任和义务，坚持正确的义利观，树立共同、综合、合作、可持续的新安全观，谋求开放创新、包容互惠的发展前景，促进和而不同、兼收并蓄的文明交流，构筑尊崇自然、绿色发展的生态体系，做世界和平的建设者、全球发展的贡献者、国际秩序的维护者。同时，基于"人类命运共同体"的义利观强调，大国之间相处，要不冲突、不对抗、相互尊重、合作共赢①。大国与小国相处，要平等相待。践行正确的义利观，要讲信义、重情义、扬正义、树道义，要以天下为己任，顺应全球化与各国相互依存的大势，致力于合作共赢，处处展现出"大国风度"和"大国担当"。此外，基于"人类命运共同体"的国际公地治理义利观要求摒弃零和游戏、你输我赢的旧思维，树立共赢的新理念，在追求自身利益时兼顾他方利益，在寻求自身发展时促进共同发展。新型义利观意味着，国家的发展绝不能以牺牲别国利益为代价，绝不能做损人利己、以邻为壑的事情。新型义利观是中国传统"义利相兼"思想的延续和发展，强调正确处理义和利的关系、突出义的价值。重义轻利、先义后利、取利有道，是中华民族数千年来一以贯之的道德准则和行为规范。但需要明确的是，新型义利观

---

① Chen Z. State governance, global governance and the construction of world order [J]. Social Sciences in China, 2016, 37 (4): 152-163.

不是只言义不谈利，利仍然是义的基础，不能违背国家的核心利益。新型义利观的底线是坚持政治安全至上、坚持经济安全至上、坚持人民安全至上、坚持国家利益至上的有机统一，不能把"人类命运共同体"简单理解为某个国家牺牲、世界受益，而是坚持推进国际共同安全，高举合作、创新、法治、共赢的旗帜，推动构建普遍安全、合作共赢的"人类命运共同体"。

四、秩序观：规则至上，实事笃行

基于"人类命运共同体"的国际公地治理秩序观强调规则至上，实事笃行。这既是一种思维方式，也是一种行动主张。"法者，治之端也。"国际公地治理需要完善的、公认的关于国与国关系的基本准则，没有这些国际社会共同制定、普遍公认的国际准则，世界最终将滑向弱肉强食的丛林法则，给人类带来灾难性后果。此外，国际公地应该按照各个治理主体共同达成的规则来治理，而不应遵从部分主体的个体意志和利益，已然达成共识的《南极条约》《联合国海洋法公约》等在仍然适用的条件下，需要各个国家实事求是、不打折扣地切实落实。当然，有规则就可能有漏洞和被滥用，规则的实施也可能偏离最初的宗旨。面对国际公地治理领域的冲突、碰撞和融合，世界各国必须坚持独立自主的立场，既要积极地融入全球化，积极承担自身理应承担的责任，又要不断提高警惕，避免部分国家滥用规则或是抓住规则漏洞，将国际公地问题扩展延伸至他国内政问题，甚至利用规则大肆谋取个体利益、侵害公共利益。对此，各个国际公地治理主体应不断加强对各类监督、奖惩、管理等保障机制的完善，真正让规则及其实施规范更为权威、严谨，更要切实笃行资源共管、制度共建、利益共享、责任共担等国际契约精神①，切实提升国际公地治理的效果和效率。

◀◀◀ 第三节 ▶▶▶

国际公地治理模式

一、国际公地不同治理模式的界定

根据国际公地治理的主体、客体、目标等进行划分，当前主要存在三类治理模式：国家中心治理模式、公共领域治理模式、多元多层治理模式。国家中心治理模式以主权国家为主要治理主体，即主权国家在利益聚焦的国际公地领域，出于对共同利益的考虑，通过协商和谈判等方式，共同制定或接受一系列国际协议或规制，合作处理问题。公共领域治理模式以政府间组织为主要治理主体，例如联合国和平利用外层空间委员会、世界气象组织、世界旅游组织等，针对极地、公海、太空等国际公地开展专门活动，使相关成员之间实现对话与合作，谋求实现共同利益。多元多层治理模式以非政府组织为主要治理主体，例如全球海洋委员会、全球互联网治理联盟等，强调主体的多元性，即在现有的跨组织关系网络中，针对

---

① 习近平. 共同构建人类命运共同体 [N]. 人民日报，2017 - 01 - 20.

特定国际公地问题，协调目标与偏好各异的行动者的策略并展开合作管理。在多元多层治理模式中，权力具有高度的异质性和分散性，这与传统的以国家为中心的国际权力体系有着本质区别。

作为国际公地治理的重要组成部分，上述模式在一定程度上发挥了积极作用，但是也暴露出许多不足。例如，国家中心治理模式更多代表了国家利益，当大国和小国或是发达国家和发展中国家之间的矛盾难以调和时，治理的效果将大打折扣，还有可能演化为局部冲突甚至战争。公共领域治理模式也面临着类似问题。该模式以政府间组织为治理主体，其法律效力来源于成员的授权，且运作经费和人员等也有赖于成员提供。若成员的利益诉求无法协调一致，则政府间组织将面临权力受限、经费减少、成员退出等治理困境。此外，基于国家主权平等原则，成员理应在政府间组织内处于平等地位，但事实上又是不平等的，体现在特殊组织规则、否决权和加权表决制等方面。因此，传统的公共领域治理模式并不能消除主权国家干涉的烙印，也存在相当大的局限性。就多元多层治理模式而言，尽管多个治理主体之间能够进行合作，但是由于主体权力的异质性和分散性，实现合作的时间和金钱成本大大增加，降低了治理效率。

二、国际公地治理模式优化路径

基于"人类命运共同体"的新型文明观是国际公地治理模式优化的逻辑起点。新型文明观在深刻理解国际公地治理复杂性、差异性的基础之上，提出了道并行而不相悖的原则，主张求同存异、和平共处、持续发展。世界文明是多彩的、平等的、包容的，同样地，在国际公地治理模式选择过程中，并不存在单一的、最佳的和排他的模式，应当秉持包容精神兼容并蓄。在具体开展国际公地治理时，不论采用何种治理模式，只要不同治理主体之间不存在不可调和的民族、阶级或信仰矛盾，只要国际公地治理目标与可持续发展目标一致，只要治理模式符合先进生产力和生产方式前进的方向，各种模式就都可以接受。

新型权力观则对不同治理模式的治理主体行为权能提出了优化要求。就国家中心治理模式而言，应当针对治理过程中的事实不平等问题，平等地划分各国治理责任，并根据权责一致的原则赋予其相应的权力，承认各国相互联系、相互依存，强调全球命运与共、休戚相关；就公共领域治理模式而言，要针对当前政府间组织权力不明确、成员不稳定、能力不充足、实践不连续、制度不健全等问题，全面强化以政府间组织作为治理主体的权能地位，发挥其提高现代化治理水平和推进主权国家对话协商的重要平台作用；就多元多层治理模式而言，要合理确定以非政府组织为主的治理主体，充分发挥其连接多元主体的纽带和桥梁作用，分层设定其他利益相关主体的权能，推动政府、公民、社会等主体在多个层面达成共识和形成合力。

新型义利观涉及不同治理模式中最为核心的利益，是优化国际公地治理模式的关键所在。就国家中心治理模式而言，应不断强化大国担当，督促大国作为治理核心节点承担关键任务，同时构建对应的国家间利益平衡和补偿机制，使可能存在冲突的各方在利益关系中处于平衡状态；就公共领域治理模式而言，由于政府间组织的利益归属不清晰，容易造成领导关系模糊、成本分摊或者利益分成不均等问题，因此应着力明确利益归属，构建国际政府间组织的利益协调和分配机制；就多元多层治理模式而言，由于非政府组织所容纳的多元主体往往具有各自的利益主张，因此应进一步明确多元化主体利益分配导向，统筹和监督多层级开展利益协商和分配，尽力引导形成最小化利益分配差距的新型利益格局。

新型秩序观是提升国际公地治理效果和治理效率的核心保障。对于国家中心治理模式，应进一步以主权国家的公约、协定、条约为核心规则，明确公约、协定、条约的内涵、效力和期限，完善缔约各方需要履行的义务和享有的权利，形成规则明确、约束有效、运行顺畅的治理秩序；对于公共领域治理模式，应确定由联合国等政府间兼具普遍性、代表性和权威性的组织制定相关规则，引领或主导制定组织宣言、原则等；对于多元多层治理模式，作为多元主体的纽带和桥梁，非政府组织要搭建平台、开展研究、编制法律、出台章程、制定规则机制，不断增进主体互信、促进资源共享，推进形成包含法律、章程、规则等在内的一揽子系统的治理制度，以确保在权利分散化的同时保障治理效果和效率。

◄◄◄ 第四节 ►►►

中国国际公地治理方向

一、国际公地治理的中国参与情况

（一）极地治理

当前，不同国际公地的治理现状各异。相比之下，极地是较早被关注的国际公地领域。1772 年，英国拉开了南极探险的序幕。自 1908 年英国第一个提出对南极的主权要求[①]以来，先后有 7 个国家进行了南极主权声索，直到 1959 年《南极条约》的签订冻结了主权声索。1983 年，中国加入《南极条约》；1985 年，中国正式成为《南极条约》协商国。1984 年中国首次派出南极考察队，经过几十年的发展，中国的南极事业从无到有、由小到大，在南极基础建设、文化宣传、科学研究、环境保护、可持续利用、全球治理、国际交流与合作等领域均取得了重要成就。就北极而言，1925 年中国签署了《斯匹次卑尔根群岛条约》，20 世纪 90 年代初开始有规模地开展北极活动，1996 年加入国际北极科学委员会，2013 年成为北极理事会观察员。截至 2021 年，已组织开展了 11 次北冰洋科学考察[②]。中国积极应对北极变化带来的挑战，2018 年 1 月发布了《中国的北极政策》，这也是中国政府在北极政策方面发表的第一部白皮书，表明了中国维护全人类在北极的利益的决心。

（二）公海治理

公海治理自 20 世纪 40 年代末 50 年代初以来随着全球化进程的不断推进而兴起[③]。1982 年《联合国海洋法公约》提出"各国有保护和保全海洋环境的义务"，确定了现代国际海洋法的基本框架与基本内容，实质性地推动了国际海洋治理建设[④]。中国从全人类的角度出发，积极参与联合国

---

① 鲍文涵. 英国的南极参与：过程、目标与战略［J］. 世界经济与政治论坛，2016（2）：70 - 84.

② 吴雷钊. 北极地缘政治和安全态势及我国参与的北极治理［J］. 世界知识，2021（1）：22 - 23.

③ 吴士存. 全球海洋治理的未来及中国的选择［J］. 亚太安全与海洋研究，2020（5）：1 - 22，133.

④ 刘曙光，尹鹏. 浅析国家管辖外海域海洋治理［N］. 中国社会科学报，2017 - 03 - 21（7）.

开启的国家管辖范围外海域的生物多样性（BBNJ）养护和可持续利用法律文书的政府间谈判，围绕 BBNJ 问题的讨论自 2004 年起被正式纳入联合国议程，多年来中国均积极参与 BBNJ 相关的国际协商及谈判活动，多次就海洋遗传资源、环境评价以及能力建设与技术转让等问题发表观点。此外，中国政府正积极倡导并推进蓝色伙伴关系建设。中国 2017 年 6 月发布的《"一带一路"建设海上合作设想》明确提出："建立紧密的蓝色伙伴关系是推动海上合作的有效渠道。加强战略对接与对话磋商，深化合作共识，增进政治互信，建立双多边合作机制，共同参与海洋治理，为深化海上合作提供制度性保障"。

二、中国的国际公地治理政策导向

（一）多边治理、持续利用

针对国际公地中极地、公海等不同空间的发展阶段，在把握当前经济发展水平、政治制度、意识形态、社会文化的基础上，要坚持多极世界、多边治理，秉持"兼容并蓄，持续发展"的新型文明观，接受、容纳和肯定多样化的治理模式，同时充分强调可持续发展，不仅包括人与自然的和谐共生，保障国际公地资源实现永续利用，更要实现文明与文明之间、人与人之间、代与代之间的和谐共生，推进贯彻落实多样化和合共生的系统治理政策体系。

（二）平等互利、合作共赢

中国尊重其他主体关于国际公地的合法权益，愿意以尊重历史和尊重他人为基本准则和前提加强合作。同时，合作是宽领域、多层次的，应以沟通为桥梁、以协作为路径，从而找到最佳治理路径，广泛开展国际交流与合作，实现共赢。针对不同的国际公地，我国不仅应加强与主权国家之间的合作，而且要积极参与政府间组织和非政府组织，共同协商和解决问题，形成共建共享、相互依赖的国际公地治理关联，进而促进国际公地治理结构的优化，推进国际公地治理政策向着更加平等、合作的方向前进。

（三）主动作为、共享利益

作为最大的发展中国家，中国应在国际公地治理事务中勇挑重担、主动作为。在"人类命运共同体"理念的指导下，中国参与国际公地治理将始终立足于人类的共同利益，将中国人民的利益与世界人民的利益紧紧联系在一起，重义轻利、先义后利、取利有道，将国家利益的实现融入全人类共同利益的实现过程中。

（四）衔接规则、引领机制

中国参与国际公地治理的政策规则体系应涵盖国内与国际两个维度。在国内维度上，国土空间治理体系和治理能力现代化是支撑中国深度参与国际公地治理的前提和动力，强化"内功"应当被置于优先考虑的地位，因而要完善我国的国土空间相关法律体系，及时制定或修订一批急需的涉外、涉空、涉海等法律法规，加快"国土空间规划法""国土空间开发保护法"的立法进程①，促进国内国土空间法律与国际公地法规的衔接和转化。此外，中国应将目光从国内领土向国际公地转移，进一步深入参与并

---

① 严金明，张东昇，迪力沙提·亚库甫. 国土空间规划的现代法治：良法与善治 [J]. 中国土地科学，2020，34（4）：1-9.

逐步增强自身话语权，加入和引领推进国际公地相关治理政策的制定，更多地立足于规则层面推动国际公地治理。一是针对国际公地治理空白，倡导通过平等的对话交流寻求利益契合点，就国际公地治理的重大议题寻求共识，加速推进形成统一的国际规范体系，并采取一切必要措施保证其有效执行；二是深度参与极地治理、深海资源勘探、海洋微塑料防治、海洋生物养护等新兴议题国际规制的创制与修订，拓展我国的战略利益空间，增进全人类的国际公地利用福祉。

第十一章

结论与建议

一、从"国土资源禀赋、开发保护成就、面临的挑战、优化调整"四维视角全面认识国土空间现状格局

从国土资源禀赋来看，在国土资源现状方面，我国耕地数量严格控制在耕地红线以上，完成了耕地保有量目标；生态用地不断增加，生态建设积极有效；建设用地的增加与经济社会发展的用地需求总体相适应。在自然地理格局方面，我国幅员辽阔，陆海兼备；在地形地貌方面，地形丰富多样，地域分异显著；在水资源方面，江河湖海众多；在自然资源方面，资源丰富多样；在生物多样性方面，动植物类型丰富，保护体系不断完善。从开发保护成就来看，我国在开发保护方面已经取得了一定成就，实现了以耕地保护制度保障国家粮食安全、以生态保护制度构筑国家生态安全屏障、以节约集约用地制度提升用地效率、以新型空间治理体系保障国民经济发展等目标。从面临的挑战来看，我国在气候方面面临着全球气候变化带来的极端天气以及资源环境保障压力；在总体资源约束方面，面临着资源质量和功能落后以及资源利用粗放的问题；在生态环境方面，面临着自然生态系统脆弱、多元化投入机制尚未建立、科技支撑能力不强的困境；在粮食安全方面，面临着结构平衡和绿色生产的需求；在开发质量方面，面临着集聚和联结水平较低的现状，同时还需要适应新型科技革命发展的要求。从优化调整来看，当前亟须协调经济布局与人口、资源分布，解决基础条件和自然资源的区域错配；亟须明晰城镇、农业、生态空间结构，强调三类空间的划定以及相互关系，严格管理城乡建设用地；亟须匹配地区国土开发强度与资源环境承载能力，解决开发失衡、城乡差距拉大、环境污染、生态破坏等问题；亟须统筹陆海开发格局与相关规划，推

动空间治理体系和治理能力现代化。

二、明确战略目标、导向及任务，构建新时代高品质国土空间格局

当今世界处于百年未有之大变局，与此同时，2020 年全面建成小康社会后，我国已步入全面建设社会主义现代化国家的新征程。国土空间是中华民族永续发展的物质基础和空间载体，国内外发展形势的变化使得国土空间布局优化工作在面临巨大压力和挑战的同时也迎来了前所未有的战略机遇。经济发展新格局、生态文明建设、新型城镇化建设以及乡村振兴等若干国家重大战略的深入推进以及"十四五"规划的开篇实施都为构建新时代国土空间开发保护格局提供了引领和指导，明确了今后的发展方向，有力地推动了我国空间发展质量的提高和城乡区域的协调发展。步入新征程，国土空间布局应该以体现国家意志、坚持永续发展、注重城乡统筹、提升治理能力、适应市场经济为战略导向，以严守刚性约束底线、落实规划统领作用、实现人与自然和谐共生、推动城乡融合发展作为战略任务，严格划定永久基本农田红线、生态保护红线以及城镇开发边界，促进"三生"空间协同发展，创新国土空间用途管制制度，破解城乡二元难题，提升国土空间治理现代化水平，扎实推进国土空间的布局优化工作，最终构建融合"安全国土""绿色国土""美丽国土"的新时代高品质国土空间格局，推动社会经济高质量、高效率、可持续发展，进而为社会主义现代化建设注入全新活力、提供重要支撑。

三、基于"区域发展格局、国土开发格局、国土保护格局" 视角构建国土空间战略新格局

推动形成国土空间战略新格局是在新时代优化国土空间布局、推进区域协调发展和新型城镇化的战略目标,具有十分重大的意义。为此,"十四五"时期确立了国土空间开发保护格局得到优化的重要目标,并把构建国土空间开发保护新格局作为推进区域协调发展和新型城镇化的重要任务。因此,推动形成国土空间战略新格局,一是把该协调的区域统筹融合协调好,以推动京津冀协同发展为引领、示范,再造国民经济增长的国土空间动力格局;以全面推动长江经济带发展为关键,带动广大中西部国土空间效能聚集;以积极稳妥推进粤港澳大湾区建设为引擎,促进内地与港澳经济共同繁荣;以提升长三角一体化发展水平为途径,加快长三角区域一体化发展进程;以扎实推进黄河流域生态保护和高质量发展为基础,打造资源环境可承载的区域发展格局,从而形成众多引擎共同驱动国民经济发展的格局。二是把该开发的区域有序有度高效率开发好,立足资源环境承载能力,发挥各地区的比较优势,促进各类要素合理流动和高效集聚,推动形成主体功能明显、优势互补、高质量发展的"多中心网络化开放式集约型"国土空间开发格局。三是把该保护的区域坚决保护好,强化底线约束,以资源环境承载能力和国土空间开发适宜性评价为基础,科学划定三条控制线,有序统筹布局生态、农业、城镇等功能空间,形成生态安全、粮食安全、生产安全的国土空间保护格局。最终,逐步形成协调、效率、安全的国土战略新格局。

四、基于"本质诠释、体系框架、法治逻辑"三维架构加强国土空间规划与管控的顶层设计

本研究从国土空间规划本质诠释、体系框架和法治逻辑三个方面提出了加强国土空间规划与管控的顶层设计路径。从历史、权利、行政、宗旨、技术和管理上看，国土空间规划分别是人类文明用地的产物、国土空间发展权的分配、对土地要素市场失灵的纠正、对国土空间未来利用的控制、对国土空间利用系统时空的优化、提高国土空间利用决策科学性的手段。应按照国土空间规划"五级三类四体系"的框架，分级分类编制国土空间规划，协调总体规划、详细规划和相关专项规划之间的联系与约束作用，要体现战略性、科学性、协调性和操作性，不断强化规划权威、改进规划审批流程、健全用途管制制度、监督规划实施和推进"放管服"改革，进一步完善法规政策、技术标准和国土空间基础信息平台。另外，本研究从良法和善治视角解释了国土空间规划与管控的现代法治内涵，提出应当遵循"良"的价值理念与法的完整体系、"善"的思维意识与治的秩序机制的"良法善治"思路。国土空间规划治理的良法体系包括规划法律法规体系、规划地方法规规章体系、规划技术标准体系和规划方案成果体系等内容，善治平台则包括规划编制审批、规划实施监督、规划信息平台和规划工作平台四个方面。

五、严守国土资源利用底线，建立巩固国土资源利用安全体系

作为人类一切活动的基础支撑和空间平台，如何实现安全、合理和有

效的国土资源治理，推进国土资源治理体系和治理能力现代化本身已是重大的命题。在新冠疫情的冲击下，国土资源治理更面临着百年未有之大变局，在面临严峻挑战的同时，也应当视其为推进国土资源治理改革的重大机遇。本研究通过探讨国土资源利用的资源底线划定、空间阈值确定、安全内涵体系构建，探讨分析了农用地底线划定、城镇发展底线划定、生态安全底线划定的理论、方法和实践案例；尝试从地理条件、自然环境、资源禀赋等方面构建比较全面的基于自然条件约束的国土开发建设适宜性评价体系，测度国土开发强度阈值并与情景值进行比较分析，获得研究区域的临近阈值系数并以此进行阈值和情景值的反馈调整，为建设用地管控提供决策支持，进而为国土空间规划编制与空间用途管制策略实施提供参考；围绕如何满足国家宏观发展战略下"保安全"、"调结构"、"提品质"和"促均衡"的国土资源合理利用需求，结合国土资源合理利用的内涵，提出了国土资源利用安全评价指标体系，对实现社会主义现代化新征程中国土空间资源的底线划定与安全保障具有启示意义。同时，本研究以高质量发展为导向，提出在"保安全"的基础上，进一步实现"调结构"、"提品质"和"促均衡"，推进人地关系再调适：首先，从数量、空间和时序三方面推动土地资源利用结构调整。一是在控制增量的同时优先保障基础设施与公共服务等重点功能用地指标；二是重构国民经济各部门区域的布局体系，引导产业转移和产业升级，同时优化公共服务设施用地的空间布局，推动职住平衡；三是完善地类变更机制，创新存量用地供给机制，提高土地资源利用弹性，提高土地资源利用调整应对用地需求变化的及时性和有效性。其次是通过提升土地资源利用品质，补齐国土空间格局生态与公共服务功能短板。此外，还要构建城乡土地要素流动机制进而推动城乡均衡，促进区域土地利用调整与产业转移升级相结合进而推动区域均衡，统筹规划和调整沿海地区及海岸带产业布局、推进自然岸线与海岛保护进而推动陆海均衡。最后，后疫情时代，"自然资源安全之治"的战略导向应遵循"道法自然"、坚守"耕地保护红线"、强化"民生保障"、优化"要素配置"；战略保障包括加强"韧性城乡"建设、注重"规划留白"、完善公共卫生基础设施和加速大数据智能化建设等。

六、全面提高国土资源利用效率是破解人地矛盾的重要手段，但不是国土资源利用的终极目标

随着社会经济的不断发展以及人们对多元化高质量生活的需求的不断提升，建设用地需求量也越来越高。为此，既要保障粮食安全和生态安全，又要使有限的国土资源发挥无限的价值以满足人们日益增长的需求，需要全面提高国土资源利用效率。因此，全面提高国土资源利用效率是今后一段时间内国土资源利用所面临的重要挑战。基于此，全面提高国土资源利用效率应以战略背景为前提、以相关理论为支撑、以路径模式为重点、以保障机制为依托，通过科学发挥国土空间规划的引导作用、充分激活土地要素市场化配置的优势、健全完善三维地籍信息技术平台、探索建立多元主体专项融资渠道以及加快推进国土资源利用相关法律体系构建等为推进全面提高国土资源利用效率提供有效保障。此外，全面提高国土资源利用效率是破解人地矛盾的重要手段，但不是国土资源利用的终极目标。因此，在全面提高国土资源利用效率的同时，还应当加快推动国土资源"合理"利用内涵的构建，在集约利用和提高效率的基础上，结合国家战略要求，将安全、协调、美丽和品质等内容融入国土资源"合理"利用

的内涵中。同时，要拓展"合理"利用的外延，将生态空间、地下空间、海岸线和海岛等均纳入"合理"利用的范畴中，进行统筹规划和协调配置。另外，还要探索通过"调结构"、"提品质"和"促均衡"推进人地关系再调适。需要指出的是，全面提高国土资源利用效率是一项复杂的工程，不能仅靠某个部门、某个领域或某个地区独立完成，而是需要多方力量相互配合协作完成。同样，全面提高国土资源利用效率理论研究也是一个复杂的系统，涉及多学科交叉、多领域融合，其内容丰富、内涵深远，绝非一篇论文能够全面覆盖。因此，本研究就全面提高国土资源利用效率展开了一定的思考，以期为相关工作和理论研究提供价值导向，更具体更详尽的内容有待进一步深入挖掘和分析。

七、推动国土综合整治战略转型，以功能单元为载体实现"精准整治"

新时代国土综合整治的本质可以界定为"对人与国土关系的再调适"，其内涵是以提高国土利用效率和效益、保障国土资源永续利用、改善生态景观环境为主要目的，利用整理、开发、修复、治理和保护等一系列手段，通过山水林田湖草路村城综合整治提升人类生活和生产条件、保育生态空间，最终促进人与自然可持续统筹发展的活动。国内外宏观经济形势的重大变化、中国不断发展的经济社会转型需求和逐步深入的全面改革预期将使国土综合整治面临更多的机遇和挑战，国土综合整治在"四期叠加"时期要实现向"十大战略导向"转型，如此才能应时所需，切实成为新形势下以服务国家顶层战略为导向，统筹推进现代化建设、生态文明建设、乡村振兴和城乡融合的综合平台和重要抓手。在实践层面上，市域整治的宏观尺度与工程项目的微观尺度难以顺应城乡交错区精细化整治的要求，基于"三生"空间优化的国土综合整治功能单元划定过程，是宏观的"三生"空间优化目标向微观的国土综合整治功能实现的传导过程。作为典型城乡交错区的海淀区，未来可以划分为农业生产提质增效类（F）、产业园区节地类（I）、乡村人居环境提升类（R）、城镇更新类（U）和山水林田湖综合整治类（E）整治功能单元。其中R、I、F类整治功能单元集中分布在北部，U类整治功能单元集中分布在南部，E类整治功能单元分散在中部和北部，在安排和实施国土综合整治项目时应根据北部、中部和南部功能区定位和国土综合整治功能类型体现差异化特征，根据整治功能，开展整治设计，配套规划统筹引导机制、国土综合整治共同体运行机制、"三生"空间政策差异化机制、协同管理机制等实施机制，为国土综合整治项目提供有力支撑，实现"精准整治"。

八、落实推动国土空间治理改革，实现国土空间治理体系现代化

针对当前面临的诸多挑战，通过对国土空间利用规划管理进行供给侧结构性改革，从功能协调、层次有序、动态反馈这三个层面进行思考，使得国土空间利用规划成为一个开放的系统，以及时应对经济发展中的变化，调适土地供给时序，实现国土空间资源供需动态平衡，优化国土空间资源配置，提高国土空间资源生产效率，促进国土空间资源的高效利用。同时深化土地要素市场化改革要坚持问题导向、目标导向和任务导向，明确土地要素市场化改革的战略目标与导向，聚焦更深刻的战略问题，制定更系统的改革战略，切实推进土地要素市场化改革的落实深化，由产权主

体决定土地交易方式，由市场决定土地价值，实现所有土地都有主，所有土地都有价，所有土地流动自主有序、配置高效公平，实现土地市场治理体系和治理能力现代化。并且，土地要素市场化改革要与乡村振兴、高质量发展、城乡融合、国土空间规划、自然资源产权制度等多项改革紧密衔接、协调推进。此外，国土空间治理数字化转型成为提高土地治理现代化水平的重要路径，通过土地数字化改革，提升国土空间治理数字化水平，充分发挥数字化改革降低交易成本、实现多元数据共享集成、打破时空约束、提升运作效率等积极作用。

九、基于"人类命运共同体"视角拓展规划的国际视野，推进国际公地治理发展

国际形势变化影响国土空间开发开放格局，因而，基于"人类命运共同体"视角拓展规划的国际视野，是未来国土空间规划新的发展方向，而国际公地作为更深层次的公共空间资源，正是未来国土规划所关注的对象。鉴于此，本研究秉持"人类命运共同体"的理念，积极推进国际公地治理发展，构建了以文明观、权力观、义利观和秩序观为指导伦理观的治理模式与政策优化框架，提出国际公地治理应以兼容并蓄、持续发展的文明观包容不同治理模式，以相互尊重、平等共享的权力观优化主体权能，以大国责任、义利兼顾的义利观划分责任与利益，并以规则至上、实事笃行的秩序观确定规则、制定政策、提升效率和保障效果。然而，国际公地治理不仅要将国际关系与国内诉求相结合，而且要考虑国土空间与自然资源领域的国外合作，还要考虑治理水平和治理能力的国内外衔接和优化提升。本研究通过推进国际公地治理发展，以期助力中国构建全球开放创新

国土空间发展新格局，从而实施更大范围、更宽领域、更深层次的对外开放，强化现代流通和新型基础设施网络，发挥在全球经济大循环中的联通纽带作用，共谋"一带一路"高质量发展，提升国土空间畅通性，贡献国际公地治理的中国方案。

参考文献

[1] 安旭东，陈浮，彭补拙．长江三角洲土地资源可持续利用系统分析与策略选择 [J]．资源科学，2001 (3)：47-54.

[2] 鲍文涵．英国的南极参与：过程、目标与战略 [J]．世界经济与政治论坛，2016 (2)：70-84.

[3] 常青，石晓冬，杨浚．新时代推动国土空间规划重构的实践探索：以北京为例 [J]．城市规划，2021，45 (5)：61-67.

[4] 陈德铭．坚定不移地走中国特色的开放式发展道路 [J]．求是，2008 (24)：40-42.

[5] 陈家刚．全球治理与中国发展的路径选择 [J]．学海，2017 (2)：5-14.

[6] 陈美球，刘桃菊．新时期提升我国耕地保护实效的思考 [J]．农业现代化研究，2018，39 (1)：1-8.

[7] 陈明星，梁龙武，王振波，等．美丽中国与国土空间规划关系的地理学思考 [J]．地理学报，2019，74 (12)：2467-2481.

[8] 陈银蓉，梅昀，孟祥旭，等．经济学视角下城市土地集约利用的决策分析 [J]．资源科学，2013，35 (4)：739-748.

[9] 城市规划学刊编辑部. "空间治理体系下的控制性详细规划改革与创新"学术笔谈会 [J]. 城市规划学刊，2019 (3)：1-10.

[10] 城市规划学刊编辑部. 国土空间规划体系改革背景下规划编制的思考学术笔谈 [J]. 城市规划学刊，2019 (5)：1-13.

[11] 程功，吴左宾. 县域国土综合整治与生态修复框架及实践 [J]. 规划师，2020，36 (17)：35-40.

[12] 程广燕，王小虎，郭燕枝，等. 大食物理念下国家粮食安全保障需求与途径对策 [J]. 中国农业科技导报，2017，19 (9)：1-7.

[13] 仇童伟，罗必良. "好"的代理人抑或"坏"的合谋者：宗族如何影响农地调整？[J]. 管理世界，2019，35 (8)：97-109，191.

[14] 刁琳琳，严金明. 论中国土地政策参与宏观调控的传导机制：一个基于修正的 IS-LM 模型的理论诠证 [J]. 中国土地科学，2012，26 (12)：48-56.

[15] 丁文，冯义强. 土地承包经营权流转市场的问题与对策研究 [J]. 华中师范大学学报（人文社会科学版），2016，55 (3)：30-39.

[16] 董祚继. 试论土地整理的内涵及当前任务 [N]. 中国土地报，1997-03-08.

[17] 杜茎深，陈箫，于凤瑞. 土地立体利用的产权管理路径分析 [J]. 中国土地科学，2020，34 (2)：1-8.

[18] 樊杰，李思思，郭锐. 中国式现代化与我们的使命担当：对地理学、人文与经济地理学自主知识创新的讨论 [J]. 经济地理，2023，43 (1)：1-9.

[19] 范伟伟. 人力资源与经济布局如何协调发展 [J]. 人力资源，

2021 (6): 16-17.

[20] 方创琳. 城市多规合一的科学认知与技术路径探析 [J]. 中国土地科学, 2017, 31 (1): 28-36.

[21] 方兴东, 钟祥铭, 彭筱军. 全球互联网 50 年: 发展阶段与演进逻辑 [J]. 新闻记者, 2019 (7): 4-25.

[22] 房绍坤. 土地征收制度的立法完善: 以《土地管理法修正案草案》为分析对象 [J]. 法学杂志, 2019, 40 (4): 1-12.

[23] 高国力, 刘保奎, 李爱民. 我国城镇化空间形态的演变特征与趋势研判 [J]. 改革, 2020 (9): 128-138.

[24] 高洁, 王列生. 规划体系引领国土空间永续利用 [J]. 居舍, 2019 (25): 3, 193.

[25] 郭建科, 秦娅风, 董梦如. 基于流动要素的沿海港: 城网络体系空间重构 [J]. 经济地理, 2021, 41 (9): 59-68.

[26] 郭仁忠, 罗平, 罗婷文. 土地管理三维思维与土地空间资源认知 [J]. 地理研究, 2018, 37 (4): 649-658.

[27] 韩保江, 李志斌. 中国式现代化: 特征、挑战与路径 [J]. 管理世界, 2022, 38 (11): 29-43.

[28] 韩雪晴, 王义桅. 全球公域: 思想渊源、概念谱系与学术反思 [J]. 中国社会科学, 2014 (6): 188-205.

[29] 郝思雨, 谢汀, 伍文, 等. 基于 RBF 神经网络的成都市城镇建设用地需求预测 [J]. 资源科学, 2014, 36 (6): 1220-1228.

[30] 何芳, 龙国举, 范华, 等. 国家集体农民利益均衡分配: 集体经营性建设用地入市调节金设定研究 [J]. 农业经济问题, 2019 (6):

67 - 76.

[31] 洪银兴. 论市场对资源配置起决定性作用后的政府作用 [J]. 经济研究，2014，49（1）：14 - 16.

[32] 洪银兴. 实现要素市场化配置的改革 [J]. 经济学家，2020（2）：5 - 14.

[33] 胡耀文，张凤. 城镇开发边界划定技术方法及差异研究 [J]. 规划师，2020，36（12）：45 - 50.

[34] 黄大全，张文新，梁进社，等. 三明市建设用地开发适宜性评价 [J]. 农业工程学报，2008，24（S1）：202 - 207.

[35] 黄国勤. 长江经济带稻田耕作制度绿色发展探讨 [J]. 中国生态农业学报，2020，28（1）：1 - 7.

[36] 黄金川，林浩曦，漆潇潇. 面向国土空间优化的三生空间研究进展 [J]. 地理科学进展，2017，36（3）：378 - 391.

[37] 黄琦，王宏志，顾江，等. 城乡景观复杂度视角下的城乡交错带界限确定：以武汉市为例 [J]. 经济地理，2019，39（10）：71 - 77.

[38] 黄贤金，陈逸，赵雲泰，等. 黄河流域国土空间开发格局优化研究：基于国土开发强度视角 [J]. 地理研究，2021，40（6）：1554 - 1564.

[39] 黄贤金. 论构建城乡统一的建设用地市场体系：兼论"同地、同权、同价、同责"的理论圈层特征 [J]. 中国土地科学，2019，33（8）：1 - 7.

[40] 黄贤金. 自然资源产权改革与国土空间治理创新 [J]. 城市规划学刊，2021（2）：53 - 57.

[41] 黄征学. 推进"一带一路"建设与国家重大区域战略融合发展

[J]. 宏观经济管理，2019（9）：26-31，44.

[42] 贾克敬，张辉，徐小黎，等. 面向空间开发利用的土地资源承载力评价技术 [J]. 地理科学进展，2017，36（3）：335-341.

[43] 江苏省南京市江宁区四大改革路径促中小工业区转型 [N]. 中国自然资源报，2019-06-28（6）.

[44] 姜海，陈磊. 县域国土空间主体功能区土地资源空间配置效率及管制策略：以江苏赣榆为例 [J]. 自然资源学报，2021，36（9）：2424-2436.

[45] 蒋辉，张康洁. 粮食供给侧结构性改革的当前形势与政策选择 [J]. 农业经济问题，2016，37（10）：8-17，110.

[46] 金贵，王占岐，姚小薇，等. 国土空间分区的概念与方法探讨 [J]. 中国土地科学，2013，27（5）：48-53.

[47] 孔雪松，刘耀林，邓宣凯，等. 村镇农村居民点用地适宜性评价与整治分区规划 [J]. 农业工程学报，2012，28（18）：215-222.

[48] 雷潇雨，龚六堂. 基于土地出让的工业化与城镇化 [J]. 管理世界，2014（9）：29-41.

[49] 李成悦，史雅娟. 国土空间规划体系下的陆海统筹规划路径研究 [EB/OL].（2020-08-18）[2020-09-10]. https：//mp. weixin. qq. com/s? __biz＝MzU2MzAwODQ4Nw＝＝&mid＝2247496604&idx＝1&sn＝e5ee14600b83793f4284dd247ec89417&chksm＝fc627514cb15fc02a1c4b8d4195ac63c19f1f8d5271d40a7aeb3cfa26a70ffb22684fa01d7d8&scene＝27♯wechat_redirect.

[50] 李国平，王志宝. 中国区域空间结构演化态势研究 [J]. 北京大

学学报（哲学社会科学版），2013，50（3）：148-157.

[51] 李林子，傅泽强，王艳华，等．京津冀制造业转移与环境影响实证研究 [J]．环境科学研究，2017，30（12）：1813-1821.

[52] 李明月，张志鸿，胡竹枝．土地要素对经济增长的贡献研究：基于土地资源与土地资产双重属性的视角 [J]．城市发展研究，2018，25（7）：61-67.

[53] 李伟，Indrawati Sri Mulyani，等．中国：推进高效、包容、可持续的城镇化 [J]．管理世界，2014（4）：5-41.

[54] 李文明，罗丹，陈洁，等．农业适度规模经营：规模效益、产出水平与生产成本：基于1552个水稻种植户的调查数据 [J]．中国农村经济，2015（3）：4-17，43.

[55] 李小建，文玉钊，李元征，等．黄河流域高质量发展：人地协调与空间协调 [J]．经济地理，2020，40（4）：1-10.

[56] 李鑫，李宁，欧名豪．土地利用结构与布局优化研究述评 [J]．干旱区资源与环境，2016，30（11）：103-110.

[57] 林坚，叶子君，杨红．存量规划时代城镇低效用地再开发的思考 [J]．中国土地科学，2019，33（9）：1-8.

[58] 刘畅，高洁，董珂．论国土空间规划的资产效应 [J]．城市发展研究，2021，28（8）：41-49.

[59] 刘巧芹，郭爱请，吴克宁，等．中国土地整理分区研究进展与展望 [J]．资源开发与市场，2013，29（1）：72-75，93.

[60] 刘曙光，尹鹏．浅析国家管辖外海域海洋治理 [N]．中国社会科学报，2017-03-21（7）.

[61] 刘晓红，李国平. 基于区位熵分析的区域产业结构实证研究 [J]. 统计与决策，2006 (5)：78-79.

[62] 刘一鸣，吴磊，李贵才. 空间理论的图景拓展：基于哈格斯特朗与布迪厄的理论互构研究 [J]. 人文地理，2019，34 (6)：1-9.

[63] 刘咏梅，李谦，江南. 三维地籍与城市立体空间开发的信息技术应用分析：以南京市为例 [J]. 地球信息科学学报，2010，12 (3)：392-398.

[64] 陆大道. 论区域的最佳结构与最佳发展：提出"点-轴系统"和"T"型结构以来的回顾与再分析 [J]. 地理学报，2001 (2)：127-135.

[65] 罗丹，李文明，陈洁. 粮食生产经营的适度规模：产出与效益二维视角 [J]. 管理世界，2017 (1)：78-88.

[66] 罗婷文，姚尧，罗平，等. 秉承三维思维的土地立体化利用评价指标研究 [J]. 资源科学，2017，39 (1)：74-84.

[67] 马世发，黄宏源，蔡玉梅，等. 基于三生功能优化的国土空间综合分区理论框架 [J]. 中国国土资源经济，2014，27 (11)：31-34.

[68] 念沛豪，蔡玉梅，张文新，等. 面向综合区划的国土空间地理实体分类与功能识别 [J]. 经济地理，2014，34 (12)：7-14.

[69] 乔伟峰，孙在宏，邵繁荣，等. 高度城市化区域土地利用结构演化与驱动因素分析：以苏州市为例 [J]. 长江流域资源与环境，2012，21 (5)：557-564.

[70] 曲福田，马贤磊，郭贯成. 从政治秩序、经济发展到国家治理：百年土地政策的制度逻辑和基本经验 [J]. 管理世界，2021，37 (12)：1-15.

[71] 曲衍波，张凤荣，姜广辉，等．基于生态位的农村居民点用地适宜性评价与分区调控 [J]．农业工程学报，2010，26 (11)：290 - 296.

[72] 沈嘉瑜．杭州市区存量低效用地空间格局及再开发策略研究 [D]．杭州：浙江大学，2020.

[73] 沈坤荣，赵倩．"十四五"时期完善建设用地市场的重点和难点 [J]．经济学家，2020 (11)：19 - 28.

[74] 沈志荣，沈荣华．公共服务市场化：政府与市场关系再思考 [J]．中国行政管理，2016 (3)：65 - 70.

[75] 史平平，张军连，杨燕敏．我国城市地上地下土地权利的设立：以中关村西区为例 [J]．自然资源学报，2010，25 (10)：1639 - 1648.

[76] 苏黎兰，杨乃，李江风．多目标土地用途分区空间优化方法 [J]．地理信息界，2015 (1)：18 - 21.

[77] 孙柏宁，沈春竹，张志飞．国土空间全域综合整治赋能乡村振兴的路径：以江苏省为例 [J]．中国土地，2021 (10)：35 - 37.

[78] 孙代尧．论中国式现代化新道路与人类文明新形态 [J]．北京大学学报（哲学社会科学版），2021，58 (5)：16 - 24.

[79] 孙翔，姚燕华．基于规划发展单元的总规—控规联动机制研究：以广州市为例 [J]．城市规划，2010，34 (4)：32 - 37.

[80] 覃成林，樊双涛．黄河流域空间发展格局演进特征及优化研究 [J]．经济问题，2021 (9)：104 - 110.

[81] 唐健．首槌落西部说明了什么？ [N]．中国国土资源报，2015 - 09 - 15.

[82] 涂建军，罗运超，张骞，等．改革开放 40 年来中国城市经济联

系空间格局演化 [J]. 经济地理，2019，39（3）：1-11.

[83] 王军，钟莉娜. 土地整治工作中生态建设问题及发展建议 [J]. 农业工程学报，2017，33（5）：308-314.

[84] 王令超，宋艳华，宋富强，等. 农用地分等中最高单产和最高产量-成本指数确定方法 [J]. 农业工程学报，2017，33（12）：255-261.

[85] 王娜，张年国，王阳，等. 基于三生融合的城市边缘区绿色生态空间规划：以沈阳市西北绿楔为例 [J]. 城市规划，2016，40（S1）：116-120.

[86] 王群，王万茂，金雯. 中国城市土地集约利用研究中的新观点和新方法：综述与展望 [J]. 中国人口·资源与环境，2017，27（S1）：95-100.

[87] 王万茂. 规划的本质与土地利用规划多维思考 [J]. 中国土地科学，2002（1）：4-6.

[88] 王万茂. 土地利用规划学 [M]. 北京：中国大地出版社，2000.

[89] 王晓磊. 社会空间论 [D]. 武汉：华中科技大学，2010.

[90] 韦俊敏，胡宝清. 基于改进 TOPSIS 法的土地整治合理度评价：以广西农垦国有金光等 4 个农场为例 [J]. 资源科学，2013，35（7）：1407-1414.

[91] 吴次芳，邵霞珍. 土地利用规划的非理性、不确定性和弹性理论研究 [J]. 浙江大学学报（人文社会科学版），2005（4）：98-105.

[92] 吴雷钊. 北极地缘政治和安全态势及我国参与的北极治理 [J]. 世界知识，2021（1）：22-23.

[93] 吴士存. 全球海洋治理的未来及中国的选择 [J]. 亚太安全与海

洋研究，2020（5）：1-22，133.

[94] 吴振方. 农业适度规模经营：缘由、路径与前景 [J]. 农村经济，2019（1）：29-36.

[95] 夏春云，严金明. 土地利用规划实施评价的指标体系构建 [J]. 中国土地科学，2006（2）：19-23.

[96] 夏方舟，严金明，刘建生. 农村居民点重构治理路径模式的研究 [J]. 农业工程学报，2014，30（3）：215-222.

[97] 夏方舟，严金明. 农村集体建设用地直接入市流转：作用、风险与建议 [J]. 经济体制改革，2014（3）：70-74.

[98] 夏方舟，严金明. 土地储备、入市影响与集体建设用地未来路径 [J]. 改革，2015（3）：48-55.

[99] 夏方舟，杨雨濛，严金明. 城乡土地银行制度设计：一个新型城乡土地资本化制度探索 [J]. 中国土地科学，2020，34（4）：48-57.

[100] 夏方舟，张东昇，严金明. 融合精准扶贫诉求的"多规合一"规划结构耦合模型研究：以昆明市寻甸县为例 [J]. 中国土地科学，2019，33（6）：18-27.

[101] 夏菁，田莉，蒋卓君，等. 国家治理视角下建设用地指标分配的执行偏差与机制研究 [J]. 中国土地科学，2021，35（6）：20-30.

[102] 夏军，石卫. 变化环境下中国水安全问题研究与展望 [J]. 水利学报，2016，47（3）：292-301.

[103] 信桂新，杨朝现，魏朝富，等. 人地协调的土地整治模式与实践 [J]. 农业工程学报，2015，31（19）：262-275.

[104] 徐进才，徐艳红，庞欣超，等. 基于"贡献—风险"的农地征

收转用土地增值收益分配研究：以内蒙古和林格尔县为例［J］. 中国土地科学，2017，31（3）：28 - 35.

［105］徐志搏，罗婷文，文楚君，等. 基于改进多边形面积法的城市土地立体化利用潜力评价：以深圳市为例［J］. 自然资源学报，2018，33（3）：504 - 514.

［106］薛领，杨开忠. 中国式现代化背景下国土空间优化与调控：抗解性范式转型［J］. 经济纵横，2023（6）：47 - 55.

［107］鄢慧丽，王强，熊浩，等. 中国"四纵四横"高铁对沿线站点城市可达性及其经济联系的影响［J］. 经济地理，2020，40（1）：57 - 67.

［108］严金明，陈昊，夏方舟. "多规合一"与空间规划：认知、导向与路径［J］. 中国土地科学，2017（1）：21 - 27.

［109］严金明，陈昊，夏方舟. 深化农村"三块地"改革：问题、要义和取向［J］. 改革，2018（5）：48 - 55.

［110］严金明，迪力沙提·亚库甫，夏方舟. 基于协同发展的省域狭义国土开发强度内涵界定与阈值测度［J］. 农业工程学报，2019，35（4）：255 - 264.

［111］严金明，迪力沙提·亚库甫，夏方舟. 乡村振兴战略实施与宅基地"三权分置"改革的深化［J］. 改革，2019（1）：5 - 18.

［112］严金明，迪力沙提·亚库甫，张东昇. 国土空间规划法的立法逻辑与立法框架［J］. 资源科学，2019，41（9）：1600 - 1609.

［113］严金明，董立宽. 全面提高国土资源利用效率：战略背景、理论支撑与路径选择［J］. 公共管理与政策评论，2022，11（1）：120 - 130.

［114］严金明，郭栋林，夏方舟. 中国共产党百年土地制度变迁的

"历史逻辑、理论逻辑和实践逻辑" [J]. 管理世界，2021，37（7）：19 - 31，2.

[115] 严金明，李储，夏方舟. 基于"人类命运共同体"的国际公地治理模式优化与政策展望 [J]. 中国土地科学，2021，35（3）：1 - 8.

[116] 严金明，李储，夏方舟. 深化土地要素市场化改革的战略思考 [J]. 改革，2020（10）：19 - 32.

[117] 严金明，刘杰. 关于土地利用规划本质、功能和战略导向的思考 [J]. 中国土地科学，2012，26（2）：4 - 9.

[118] 严金明，王晓莉，夏方舟. 重塑自然资源管理新格局：目标定位、价值导向与战略选择 [J]. 中国土地科学，2018，32（4）：1 - 7.

[119] 严金明，夏方舟，李强. 中国土地综合整治战略顶层设计 [J]. 农业工程学报，2012，28（14）：1 - 9.

[120] 严金明，张东昇，迪力沙提·亚库甫. 国土空间规划的现代法治：良法与善治 [J]. 中国土地科学，2020，34（4）：1 - 9.

[121] 严金明，张东昇，夏方舟. 国土空间规划与土地要素市场化改革：引入"治理均衡器"和"电路图"的具象化协同机制设计 [J]. 中国土地科学，2022，36（10）：1 - 12.

[122] 严金明，张东昇，夏方舟. 自然资源资产管理：理论逻辑与改革导向 [J]. 中国土地科学，2019，33（4）：1 - 8.

[123] 严金明，赵哲，夏方舟. 后疫情时代中国"自然资源安全之治"的战略思考 [J]. 中国土地科学，2020，34（7）：1 - 8.

[124] 严金明. 促进人与自然和谐共生的中国式现代化 [J]. 中国人民大学学报，2022，36（6）：13 - 16.

［125］严金明．简论土地利用结构优化与模型设计［J］．中国土地科学，2002（4）：20-25．

［126］严若谷，闫小培，周素红．台湾城市更新单元规划和启示［J］．国际城市规划，2012，27（1）：99-105．

［127］杨贵庆，顾建波，庞磊，等．社区单元理念及其规划实践：以浙江平湖市东湖区规划为例［J］．城市规划，2006（8）：87-92．

［128］杨俊，黄贤金，王占岐，等．新时代中国城市土地集约利用若干问题的再认识［J］．中国土地科学，2020，34（11）：31-37．

［129］郧文聚，严金明，汤怀志．后工业化城市区域土地整治功能单元规划探索：以北京市海淀区为例［J］．中国土地，2015（5）：17-19．

［130］郧文聚，宇振荣．土地整治加强生态景观建设理论、方法和技术应用对策［J］．中国土地科学，2011，25（6）：4-9，19．

［131］张佰林，钱家乘，蔡为民．论农村居民点用地混合利用的研究框架［J］．自然资源学报，2020，35（12）：2929-2941．

［132］张传伟，石常英．增减挂钩中增值收益分配研究：以辽宁省大洼县为例［J］．中国土地，2014（11）：13-15．

［133］张京祥，夏天慈．治理现代化目标下国家空间规划体系的变迁与重构［J］．自然资源学报，2019，34（10）：2040-2050．

［134］张竞珂，陈逸，黄贤金．长江经济带土地开发均衡度及限度评价研究［J］．长江流域资源与环境，2017，26（12）：1945-1953．

［135］张明斗，王雅莉．城市网络化发展的空间格局演变与结构体系研究［J］．城市发展研究，2018，25（2）：55-60．

［136］张文瑞．土地生态化整治与农业景观设计实证研究［J］．中国

农业资源与区划，2016，37（4）：224-227.

[137] 张晓瑞，方创琳，王振波，等．基于 RBF 神经网络的城市建成区面积预测研究：兼与 BP 神经网络和线性回归对比分析 [J]．长江流域资源与环境，2013，22（6）：691-697.

[138] 张亚光，毕悦．中国式现代化的百年探索与实践经验 [J]．管理世界，2023，39（1）：41-56.

[139] 赵渺希．长三角区域的网络交互作用与空间结构演化 [J]．地理研究，2011，30（2）：311-323.

[140] 郑红玉，黄建洪，卓跃飞，等．土地混合利用测度研究进展 [J]．中国土地科学，2019，33（3）：95-104.

[141] 郑红玉，吴次芳，沈孝强．土地混合利用研究评述及框架体系构建 [J]．经济地理，2018，38（3）：157-164.

[142] 郑红玉，吴次芳，郑盛，等．空间一致性视角下的城市紧凑发展与土地混合利用研究：以上海市为例 [J]．中国土地科学，2016，30（4）：35-42.

[143] 中共中央文献研究室．习近平关于全面建成小康社会论述摘编 [M]．北京：中央文献出版社，2016.

[144] 中国式现代化研究课题组．中国式现代化的理论认识、经济前景与战略任务 [J]．经济研究，2022，57（8）：26-39.

[145] 钟镇涛，张鸿辉，洪良，等．生态文明视角下的国土空间底线管控："双评价"与国土空间规划监测评估预警 [J]．自然资源学报，2020，35（10）：2415-2427.

[146] 周立三．我国国土整治方针与任务的探讨 [J]．经济地理，

1982 (4)：243 - 246.

　　[147] 周尚意. 文化地理学研究方法及学科影响 [J]. 中国科学院院刊，2011，26 (4)：415 - 422.

　　[148] 朱喜钢，崔功豪，黄琴诗. 从城乡统筹到多规合一：国土空间规划的浙江缘起与实践. 城市规划，2019，43 (12)：27 - 36.

　　[149] 卓泽渊. 国家治理现代化的法治解读 [J]. 现代法学，2020，42 (1)：3 - 14.

　　[150] 邹兵. 增量规划向存量规划转型：理论解析与实践应对 [J]. 城市规划学刊，2015 (5)：12 - 19.

　　[151] Batten D F. Network cities：creative urban agglomerations for the 21st century [J]. Urban Studies，1995，32 (2)：313 - 327.

　　[152] Benayas J M R，Newton A C，Diaz A，et al. Enhancement of biodiversity and ecosystem services by ecological restoration：a meta-analysis [J]. Science，2009，325 (5944)：1121 - 1124.

　　[153] Burnay M. China and the global commons：selective contributions and contestation [J]. International Community Law Review，2020，22 (5)：639 - 667.

　　[154] Comín F A，Miranda B，Sorando R，et al. Prioritizing sites for ecological restoration based on ecosystem services [J]. Journal of Applied Ecology，2018，55 (3)：1155 - 1163.

　　[155] Conrardy C，Tao Y，Kuzmin I V，et al. Molecular detection of adenoviruses，rhabdoviruses，and paramyxoviruses in bats from Kenya [J]. The American Journal of Tropical Medicine and Hygiene，2014，91

（2）：258.

［156］Fishman R. America's new city ［J］. The Wilson Quarterly, 1990 (14)：24 - 48.

［157］Fothergill S, Gudgin G. In defence of shift-share ［J］. Urban Studies, 1979, 16 (3)：309 - 319.

［158］He C, Han Q, Vries B, et al. Evaluation of sustainable land management in urban area：a case study of Shanghai, China ［J］. Ecological Indicators, 2017 (80)：106 - 113.

［159］Kansa E J. Multiquadric—a scattered data approximation scheme with applications to computational fluid dynamics-I surface approximations and partial derivative estimates ［J］. Compute. Math. Appl. , 1990 (19)：127 - 145.

［160］Kloosterman R C, Musterd S. The polycentric urban region：towards a research agenda ［J］. Urban Studies, 2001, 38 (4)：623 - 633.

［161］Liu P, Jiang J Z, Wan X F, et al. Are pangolins the intermediate host of the 2019 novel coronavirus（SARS-CoV-2）? ［J］. PLoS Pathogens, 2020, 16 (5)：e1008421.

［162］Liu Yansui, Li Yuheng. Revitalize the world's countryside. ［J］. Nature, 2017, 548 (7667)：275 - 277.

［163］Ostrom E, Burger J, Field C B, et al. Revisiting the commons：local lessons, global challenges ［J］. Science, 1999, 284 (5412)：278 - 282.

［164］Parr J. The polycentric urban region：a closer inspection ［J］.

Regional Studies, 2004, 38 (3): 231 – 240.

[165] Perlman S, Netland J. Coronaviruses post-SARS: update on replication and pathogenesis [J]. Nature Reviews Microbiology, 2009, 7 (6): 439 – 450.

[166] Petr Sklenicka. Applying evaluation criteria for the land consolidation effect to three contrasting study areas in the Czech Republic [J]. Land Use Policy, 2005, 23 (4): 502 – 510.

[167] Shasha Lu, Xingliang Guan, Chao He, et al. Spatio-Temporal patterns and policy implications of urban land expansion in metropolitan areas: a case study of wuhan urban agglomeration, Central China [J]. Sustainability, 2014, 6 (8): 4723 – 4748.

[168] Taylor J. The China dream is an urban dream: assessing the CPC's national new-type urbanization plan [J]. Journal of Chinese Political Science, 2015, 20 (2): 107 – 120.

[169] Yan Jinming, Chen Hao, Xia Fangzhou. Toward improved land elements for urban-rural integration: a cell concept of an urban-rural mixed community [J] . Habitat International, 2018, 77 (7): 110 – 120.

[170] Yan Jinming, Shen Yue, Xia Fangzhou. Differentiated optimization of sustainable land use in metropolitan areas: a demarcation of functional units for land consolidation [J]. Sustainability, 2017, 9 (8): 1356 – 1375.

[171] Zhimin C. State Governance, Global governance and the construction of world order [J]. Social Sciences in China, 2016, 37 (4): 152 – 163.